Le
Cabinet des Médailles
et Antiques

DE LA BIBLIOTHÈQUE NATIONALE

NOTICE HISTORIQUE

ET

GUIDE DU VISITEUR

I

LES ANTIQUES ET LES OBJETS D'ART

PARIS

ÉDITIONS ERNEST LEROUX

28, RUE BONAPARTE, 28

1924

Le
Cabinet des Médailles

et Antiques

DE LA BIBLIOTHÈQUE NATIONALE

Le

Cabinet des Médailles
et Antiques

DE LA BIBLIOTHÈQUE NATIONALE

NOTICE HISTORIQUE

ET

GUIDE DU VISITEUR

I

LES ANTIQUES ET LES OBJETS D'ART

PARIS

ÉDITIONS ERNEST LEROUX

28, RUE BONAPARTE, 28

1924

NOTICE HISTORIQUE

Le Département des Médailles et Antiques de la Bibliothèque nationale, qu'on désigne, dans le langage courant, sous le nom plus simple de Cabinet des Médailles, est formé de la réunion de monuments nombreux et variés qui appartiennent à l'antiquité classique ou orientale, au moyen âge ou même aux temps modernes. Outre les monnaies grecques et romaines, françaises et étrangères et les médailles artistiques qui en sont l'élément essentiel, il renferme des gemmes gravées, des statuettes de bronze et de terre cuite, des vases peints, des ivoires, des bijoux d'or et d'argent, des inscriptions. Plusieurs de ces diverses séries, si on les compare aux collections similaires d'autres musées français ou étrangers, tiennent la première place, ou bien occupent un rang honorable par le choix et l'importance des objets qui les composent.

La suite numismatique est d'une incomparable richesse; la galerie des camées et intailles de l'Antiquité et de la Renaissance est sans rivale et illustrée par des chefs-d'œuvre de glyptique que les cabinets de Naples, de Florence, de Petrograd, de Londres, de Berlin ou même de Vienne sont bien loin d'égaler. On chercherait en vain, ailleurs, une aussi belle réunion de diptyques consulaires et de cachets d'oculistes gallo-romains; la série des statuettes de bronze est de premier ordre, et les vases peints, moins nombreux, il est vrai, que dans les grands musées d'Europe constituent cependant, par leur sélection judicieuse, une des plus intéressantes collections qui existent.

Les origines primordiales de ce beau musée, le plus ancien du monde, se perdent dans les siècles du moyen âge; c'était jadis le Cabinet du Roi, c'est-à-dire la collection de médailles, gemmes, bijoux, objets précieux et curiosités de toute nature, que les rois de France s'étaient formée, pour leur instruction ou leur agrément personnel, à la manière des amateurs de nos jours. Philippe-Auguste, à l'imitation des rois antérieurs, avait une collection de gemmes et de joyaux dont le catalogue nous a été conservé. Les Croisades, surtout celle de 1204 qui mit Constantinople au pillage, en déversèrent une immense quantité aussi bien dans le Trésor des Rois et des princes français, que dans les Trésors des églises où ils parurent auréolés de légendes chrétiennes. Jean le Bon, Charles V et ses frères, les ducs d'Anjou, de Berry et de Bourgogne, ainsi que d'autres de nos rois, se montrèrent passionnés pour les gemmes et les bibelots anciens ou exotiques; les Inventaires des monuments qu'avaient rassemblés ces princes dans leurs diverses résidences nous frappent aujourd'hui d'étonnement par le nombre et l'importance des objets précieux ou curieux qu'ils énumèrent. Les garde-meubles des palais étaient, comme les Trésors des églises et des monastères, les musées du moyen âge; nous retrouvons sous nos vitrines un certain nombre d'objets antiques qui ont appartenu à Charles V, d'autres qui ont fait partie des Trésors de la Sainte-Chapelle et de Saint-Denis, et les noms de saint Louis, de Suger, voire même des rois mérovingiens et de Charlemagne y sont attachés par les traditions les plus respectables.

François Ier, Henri II et Catherine de Médicis eurent aussi de merveilleuses galeries d'objets d'art et de joyaux, les uns antiques, les autres imités de l'antique; on sait que ces prin-

ces attirèrent à leur cour des artistes italiens tels que Benvenuto Cellini et Matteo dal Nassaro, dans le même temps qu'ils envoyaient des voyageurs dans le Levant à la recherche des manuscrits, des antiquités et des curiosités. Malgré les malheurs de son temps, Charles IX fut, comme ses ancêtres, grand collectionneur, et c'est à ce prince que revient l'honneur d'avoir constitué administrativement le Cabinet des Médailles. Dès 1560, au début de son règne, il fit dresser par une commission d'orfèvres et de gens des finances, au nombre desquels figurait Florimont Robertet, l'inventaire des joyaux et autres objets d'art conservés au château de Fontainebleau ; puis, il eut idée de réunir en musée, au Louvre, les curiosités recueillies par lui et avant lui, et disséminées dans plusieurs palais royaux ; il créa la charge de Garde des Médailles et Antiques du Roi. Malheureusement, les guerres de religion qui survinrent bientôt après, dispersèrent la plus grande partie de la collection royale qui avait déjà, une première fois, été dilapidée durant la guerre de Cent ans, après Charles V. C'est à la faveur de ces désordres que le célèbre camée de l'église Saint-Sernin de Toulouse, qui se trouvait, à cette époque, dans la collection royale, à Fontainebleau, fut emporté à Vienne, où il est, à présent.

Tout était à recommencer sous Henri IV. Le prince, après avoir pacifié le royaume, résolut de rétablir le Cabinet des Médailles et Antiques, tel que Charles IX l'avait constitué. Il fit rassembler les débris qui en subsistaient encore, et en 1602, il en confia la garde à un gentilhomme provençal, le sieur Rascas de Bagarris, qui prit le titre de Maître ou Intendant des Cabinets des Antiques du Roy. Un document contemporain nous fournit des renseignements circonstanciés sur la façon dont Henri IV comprenait et voulait organiser son musée : il est intitulé : « Abrégé d'inventaire des pièces que le sieur de Bagarris a en main pour dresser un Cabinet à Sa Majesté, de toutes sortes d'antiquités, suivant le commandement donné audit sieur Bagarris par sadite Majesté, tant de bouche que par lettre du 22 mars 1602 ». Le roi donne l'ordre d'acheter plusieurs cabinets particuliers de médailles et d'antiquités, notamment ceux du sieur Curion et de François du Périer ; outre des monnaies romaines de la République et de l'Empire, il lui signale : « grand nombre de camayeux d'agathe et d'autres pierres fines contenant histoires, fables, triomphes, moralités des anciens Grecs et Romains ; le tout antique. Les douze premiers empereurs de bronze sur buste, assez grands, antiques ». Il est question de gemmes comprenant « cinquante petites figures en ronde bosse de pierres fines comme agates, onices, jaspes, cornalines, hellietropes, presme » ; de deux cents statues de marbre, d'un « tir espine » (tireur d'épine) de marbre, de 5o têtes de marbre et de « plusieurs autres pièces, instrumans, vases, urnes, larmoirs, anneaux, pénates trouvés dans les monumans des anciens ».

La mort de Henri IV vint brusquement arrêter les développements de la collection. Bagarris n'étant plus encouragé par les nouveaux maîtres du pouvoir, se retira en Provence, dès l'année 1612, et la charge d'Intendant du Cabinet demeura sans titulaire. Louis XIII, dans une lettre du 3 juillet 1638, à son frère Gaston, duc d'Orléans, l'informe que pour ses antiquités et médailles, il s'en rapporte au P. Sirmond ; il envoie à Gaston un lot de vieilles pièces trouvées à Chantilly et expliquées par ce dernier. Gaston d'Orléans, au contraire, se montrait un passionné pour l'art, les Antiques et les Curiosités. C'était le temps où un autre collectionneur français, Fabri de Peiresc (1580-1637), posait les bases de la critique archéologique et donnait la première impulsion à un mouvement scientifique qui, désormais, ne devait plus s'arrêter.

Gaston n'avait que 22 ans lorsqu'en 1630 il faisait déjà venir de Rome par l'intermédiaire de Claude Vignon, des antiquités renfermées dans cinquante-six caisses. Vers 1638, le duc d'Orléans charge Raphaël Trichet du Fresne de voyager à l'étranger pour lui recueillir des antiquités qu'il doit installer dans ses châteaux de Blois et du Luxembourg. Un touriste qui visita Blois, en 1734, raconte que le prince « a logé ses antiquités de marbre, de bronze et autres, dans la galerie de l'aile droite, longue de trois cents pas ».

Quant à la collection royale, si elle paraît avoir momentanément cessé de s'accroître, son vieux fonds était si riche, qu'en 1644, lorsque l'intendance en fut rétablie et donnée à Jean de Chaumont, seigneur de Boisgarnier, elle passait encore pour une des plus remarquables qu'on pût visiter. Mais l'événement qui la porta tout d'un coup au premier rang, et en fit désormais une collection sans rivale, fut le legs de Gaston d'Orléans.

En 1660, ce prince mourait, léguant au roi Louis XIV, son neveu, toutes ses collections qui composaient, dit un contemporain, « un des plus riches cabinets de l'Europe ». Au mois de novembre 1661, Louis XIV accepta ce legs par lettres patentes enregistrées au Parlement le 5 juin 1663. Dans ces lettres, le Roi proclame sa reconnaissance envers son oncle, pour « le don qu'il nous a fait, et à cette Couronne, par l'un des articles de sondit testament, de toutes ses médailles d'or, d'argent et de cuivre, des pierres gravées, des antiques et autres raretez qui estoient à la garde du sieur Bruno, comme aussy de tous les livres de fleurs et d'oyseaux qu'il a fait portraire par Robert peintre, et tous les livres d'histoire et autres qui sont dans son Cabinet du palais d'Orléans; pour estre le tout, avec quelques boetes de cocquilles fort rares, mis dans nostre Cabinet du Louvre et servir a nostre divertissement... »

Le sieur Bruno dont il est question dans ce document était Benigne Bruno, seigneur de Montmuzar, qui remplissait les fonctions de Bibliothécaire du duc d'Orléans et de garde de son Cabinet de curiosités; le Roi le prit à son service et le chargea de dresser, des collections léguées, un inventaire qui nous est parvenu.

En 1662, c'est-à-dire presque en même temps que Gaston d'Orléans léguait son Cabinet, Hippolyte de Béthune, neveu de Sully, donnait de son vivant le sien a Louis XIV, refusant de se laisser tenter par l'or de la reine de Suède qui lui offrait cent mille écus de ses collections. Nous sommes informés que ce Cabinet renfermait, outre des livres, manuscrits et tableaux, « des statues et bustes de marbre et de bronze antiques ».

Le Cabinet du Roi était alors installé dans une salle du Louvre, sous la garde de Bruno de Montmozar, lorsqu'en novembre 1666, ce dernier y fut assassiné par un voleur. Cet événement donna à penser que la collection n'était pas suffisamment en sécurité au palais du Louvre, et on la transporta « en la rue Vivienne, auprès du logis de M. Colbert », où se trouvait déjà la Bibliothèque. Le successeur de Bruno fut Pierre de Carcavi, l'ami et le correspondant de Pascal, de Fermat et de Huygens ; sous son impulsion active et grâce aux encouragements de Colbert, le Cabinet du Roi s'accrut chaque jour de nouvelles richesses rapportées de l'étranger par les ambassadeurs ou les voyageurs. Nointel, Antoine Laisné, Antoine Galland, M. de Monceaux, Paul Lucas, Petis de la Croix, le P. Wansleb, Jean Vaillant et vingt autres rapportèrent au Roi, de leurs missions ou de leurs voyages, des manuscrits et des curiosités ethnographiques, des bronzes, des médailles, des marbres, des inscriptions, des pierres gravées. En outre, on acheta successivement pour le Roi les collections de Loménie, comte de Brienne ; de Huet, de Pierre Séguin, de Tardieu, d'Alexandre de Sève, de Le Charron, de Claude de Térouanne, de Lauthier d'Aix ; cette dernière avait été formée d'une partie de l'ancien cabinet de Bagarris.

Sur le désir de Louis XIV, en 1684, Louvois, surintendant des Bâtiments depuis la mort de Colbert, fit transférer le Cabinet des Médailles et Antiques au palais de Versailles où on l'installa à côté des appartements royaux. Louis XIV, raconte le P. du Molinet, aimait à étudier et à passer en revue ses antiquités, ses pierres gravées et ses médailles ; pendant qu'on les rangeait, il venait là, tous les jours, au sortir de la messe, jusqu'au dîner, « témoignant qu'il en avait d'autant plus de satisfaction, qu'il y avait toujours quelque chose à apprendre ». En même temps, il donnait des ordres pour qu'on ne négligeât aucune occasion d'acquérir les médailles, les camées, intailles et autres antiquités offrant quelque intérêt historique ou artistique. Il fit entourer les plus beaux de ses camées des montures en or émaillé que nous admirons aujourd'hui. Nombre de collectionneurs de cette époque, dans

le but, sans doute, de s'attirer la faveur royale, faisaient à
Louis XIV des cadeaux pour son Cabinet : entre autres, le
professeur Fesch, de Bâle, le président de Harlay, le duc
de Valentinois, l'Électeur de Mayence qui lui offrit les
armes et bijoux d'or du tombeau de Childéric Ier ; l'un d'eux
même,» François de Camps, abbé de Signy, « était dans
l'usage de donner tous les ans au Roi des étrennes assez
singulières : c'était pour l'ordinaire quelques médailles qui
pouvaient convenir au Cabinet de Sa Majesté ».

Pendant la minorité de Louis XV, les accroissements de
la collection royale continuèrent tout aussi importants. En
1727, on acheta la collection de Maludel formée en partie
du célèbre cabinet d'antiquités de l'Intendant Nicolas Fou-
cault, mort en 1721 ; en 1730, entrèrent les suites rapportées d'Orient par Fourmont et Peyssonnel. A cette époque,
le Cabinet des Médailles avait à sa tête Claude Gros de
Boze dont l'activité rappelait Carcavi. Ce fut lui qui eut
l'idée de ramener, de Versailles à Paris, la collection des
Médailles et des Antiques afin de la rendre plus accessible
aux savants. Le déménagement et le transfert commencés
en 1720 ne furent achevés qu'en 1741, et encore, les pierres gravées devaient rester à Versailles jusqu'en 1791.

La rue Colbert qui fait communiquer la rue Richelieu
avec la rue Vivienne était couverte, dans la partie qui about-
tit à la rue Richelieu, d'une arcade au-dessus de laquelle se
trouvaient de somptueux appartements habités par la marquise de Lambert qui y réunissait les beaux esprits de son
temps : Louis de Sacy, l'auteur du Traité de l'Amitié, La
Mothe, Saint-Aulaire, Fontenelle. C'est dans ces vastes sa-
lons, attenant au palais Mazarin qu'on installa le nouveau
Cabinet de Médailles. La plupart de nos médailliers actuels
datent de cette époque et les connaisseurs les citent parmi
les chefs-d'œuvre des meubles du style Louis XV. Vanloo,
Natoire et Boucher furent appelés à décorer le Cabinet du
Roi, et aux places d'honneur on installa deux tableaux
représentant les portraits en pied de Louis XIV et de
Louis XV.

Gros de Boze s'adjoignit pour l'aider dans le classement

des séries de médailles et d'antiquités, l'abbé J.-J. Barthélemy dont on voit, dans notre Salle de travail, un admirable buste en marbre par Houdon. En même temps qu'à Vienne le P. Joseph Eckhel commençait la publication de son immortelle Doctrina numorum veterum, l'abbé Barthélemy écrivait son célèbre Voyage du jeune Anacharsis en Grèce. Sous la direction de cet illustre savant qui succéda à Gros de Boze en 1754, le Cabinet du Roi s'enrichit de suites importantes, en tête desquelles il faut placer celles que le comte de Caylus, un des antiquaires qui ont le plus contribué aux progrès des études archéologiques, légua au Roi. Cette collection de premier ordre, connue par la publication que Caylus en fit lui-même, de 1752 à 1767, se composait principalement d'antiquités égyptiennes, grecques et romaines.

Ce n'est point en Allemagne, avec Winckelmann, à partir de 1764, que furent posées les bases scientifiques et critiques de l'Archéologie figurée: c'est en France, avec les Jean Vaillant, les Peiresc, les Montfaucon, les Barthélemy, les Caylus; le Cabinet du Roi était alors le centre où convergeaient les études de cette pléiade de savants.

A la veille de la Révolution, en 1791, Louis XVI ordonna de transférer à Paris les camées et les intailles demeurés au palais de Versailles; la collection s'était notablement accrue depuis 1741, surtout dans les séries modernes. On y remarquait, parmi les nouveautés, les magnifiques camées et intailles qui constituent l'œuvre de Jacques Guay, le protégé de Madame de Pompadour.

Au mois d'octobre 1790, en décrétant propriété nationale tous les biens des églises, l'Assemblée législative fournit au Cabinet des Médailles et Antiques du Roi l'occasion de s'enrichir aux dépens des trésors religieux et des collections des Émigrés. Malheureusement, dans les années qui suivirent, on ne se contenta pas de la spoliation légale; on aliéna, on dispersa, on détruisit. De 1791 à 1794, des épaves des trésors de la Sainte-Chapelle, de la cathédrale de Chartres, de l'abbaye de Sainte-Geneviève, de l'abbaye de Saint-Denis échouèrent au Cabinet des Médailles. Tandis que ces

évènements s'accomplissaient, il fut question de vendre ou de
faire fondre les monnaies, médailles et monuments en métal
précieux du Cabinet, comme on avait déjà fait fondre presque tout le *Trésor de Saint-Denis*; Barthélemy, qui avait
79 ans en 1793, fut jeté en prison; cependant, au bout de
quelques semaines, il fut mis en liberté sur l'ordre du minis-
tre Paré, qui s'honora dans cette circonstance.

Parmi les acquisitions du Cabinet des Médailles, dans le
cours du XIX⁰ siècle, nous signalerons plusieurs diptyques
en ivoire romains et byzantins; des colliers et bijoux gallo-
romains trouvés à Naix (Nasium) près Commercy; le trésor d'argenterie trouvé à Berthouville (Eure) dans les ruines
du temple de Mercure Canetonnensis; des vases peints de
la collection d'Edmond Durand. De 1843 à 1848, vie nnent
coup sur coup : la donation par le prince Torlonia de vases
peints étrusques; le legs de Henri Beck comprenant plusieurs
beaux camées et un bijou en émail attribué à Benvenuto
Cellini; l'acquisition de quelques beaux camées et celle du
trésor mérovingien de Gourdon (Côte-d'Or); un don de
bronzes gallo-romains par Prosper Dupré. En 1862, ce fut
la donation des collections célèbres que le duc de Luynes
avait rassemblées dans son château de Dampierre.

Par suite de ces accroissements incessants, le local affecté,
depuis le règne de Louis XV, à nos collections, si admirable qu'il fût comme décoration et comme agencement, était
devenu trop étroit : de toute nécessité, il fallut songer à dé-
ménager pour agrandir.

Dans les plans de reconstruction de la Bibliothèque qui
furent adoptés à cette époque, l'emplacement assigné au nouveau Cabinet des Médailles était en bordure de la rue Vivienne, mais les bâtiments n'étaient pas encore construits, le
terrain même était occupé par des maisons privées qui
n'étaient pas encore expropriées.

En attendant, en 1865, le Cabinet fut logé temporairement
dans la vaste galerie, bien éclairée et nouvellement construite,
qui longe la rue de Richelieu, depuis la place Louvois jusqu'à
la rue des Petits Champs. Une petite porte voisine du Poste
de police, y donnait accès. Cette installation avait l'incon-

venaient de faire du Cabinet des Médailles une sorte d'enclave au milieu des collections des Imprimés et de gêner les services de ce Département. Faite pour durer seulement quelques années, cette situation se prolongea jusqu'en 1917.

L'ampleur des locaux permit du moins de loger sans gêne de nouvelles suites de monuments provenant de dons ou d'acquisitions. En 1865, le vicomte de Janzé léguait au Cabinet la plus grande partie de ses antiquités. L'année suivante, c'était un legs du duc de Blacas. En 1869, l'Empereur Napoléon III qui avait déjà donné antérieurement la collection de numismatique orientale formée par Saïd Pacha, offrit au Cabinet les splendides médaillons d'or du Trésor de Tarse. En 1874, le commandant Oppermann nous fit, à son tour, abandon de ses collections de bronzes antiques et de terres cuites. Le baron Jean de Witte donna un bracelet d'or sur lequel figurent les Divinités des Jours de la semaine ; il devait nous léguer une belle série de monnaies d'or des empereurs romains qui ont régné en Gaule. En 1899, ce fut le legs de Crignon de Montigny ; peu après, Pauvert de la Chapelle nous donnait, de son vivant, la belle collection de gemmes antiques à laquelle son nom est attaché.

En 1907, le Cabinet s'accrut par legs de l'importante suite de Médailles de la Renaissance et de quelques bronzes et terres cuites antiques qui formaient les collections d'Alfred Armand et de Prosper Valton ; cette magnifique libéralité fut accueillie avec bonheur surtout par les amis des médailles artistiques italiennes.

En 1909, ce fut le legs Charles Seguin qui nous enrichit d'un lot considérable de pierres gravées, moderne pour la plupart.

Tous ces dons et legs n'empêchèrent pas le Cabinet de s'accroître également chaque année avec son budget annuel consacré à peu près exclusivement à l'enrichissement de ses suites de numismatique et de glyptique, à l'exclusion des Antiquités proprement dites. Nous pûmes ainsi acquérir par voie budgétaire, de remarquables intailles grecques, romaines, gnostiques, sassanides et quelques camées dont le plus

important est celui qui représente le roi de Perse Sapor
faisant prisonnier l'empereur romain Valérien.

La guerre de 1914-1918 fut, à la fois une épreuve an-
goissante pour les collections du Cabinet des Médailles, et
une époque décisive de son histoire. Non seulement il fallut
faire transporter — avec quelles précautions délicates! —
loin de Paris, la plus grande partie de nos trésors numisma-
tiques et artistiques pour les soustraire aux dangers d'un
bombardement barbare et impie, mais l'Administration résolut de profiter de la fermeture du Cabinet imposée par les
événements, pour installer enfin nos médailliers et nos vitrines dégarnies dans les locaux préparés pour eux depuis si
longtemps et dont l'aménagement s'achevait lorsque la guerre
éclata. C'est ainsi qu'en mai et juin 1917, tout le mobilier
du Cabinet des Médailles et ce qui restait de nos collections
fut transféré dans les galeries actuelles qui s'étendent, par
deux façades en équerre, le long de la rue Vivienne et sur le
jardin de la Bibliothèque. Elles comprennent trois salles
d'Exposition où le public est admis les lundis et jeudis, une
salle de travail pour les érudits et les artistes, et un Salon
somptueux qui est l'ancien Cabinet du Roi de l'arcade
Colbert reconstitué avec ses médailliers Louis XV, ses boi-
series et ses peintures.

La majeure partie des Sculptures et des Inscriptions sur
marbre, étant de trop grandes proportions pour être installées dans nos nouveaux locaux, furent transférées au Musée
du Louvre.

Nous nous sommes abstenu à dessein dans cette Préface
sommaire de parler des accroissements des suites numisma-
tiques. La liste est longue des généreux amateurs auxquels
le culte de la numismatique a inspiré l'idée patriotique de
suppléer à l'insuffisance de nos ressources budgétaires. Mais
nous nous réservons de citer leurs noms et de leur témoigner
notre reconnaissance dans la seconde partie de ce Guide qui
sera spécialement consacrée aux collections de monnaies et
médailles. Le présent volume, en effet, comme l'indique son
titre, est exclusivement réservé aux Antiques, gemmes gravées et objets d'art. Il est à peine besoin d'observer qu'il ne

fait qu'indiquer ou décrire sommairement les monuments les plus importants et les plus dignes de l'attention des visiteurs et du grand public : il ne saurait tenir la place des catalogues spéciaux et techniques de chaque série, qui sont en cours de publication.

E. B.

Galerie des Donateurs

Cette belle et grande salle est ainsi appelée parce que
les noms des Donateurs, gravés sur plaque de marbre,
doivent y figurer à la place d'honneur. Décorée archi-
tecturalement de colonnes, elle s'ouvre sur l'escalier par
une grille du plus heureux effet; elle est bien éclairée
sur le jardin de la Bibliothèque et admirablement disposée pour une Exposition publique, mais son mobilier
définitif n'a pas encore été exécuté. Provisoirement, on
y a installé des vitrines provenant d'Expositions anté-
rieures, et placées sur des tables empruntées aux autres
Départements de la Bibliothèque. C'est dans ce mobilier
de fortune qu'ont été disposés les médailles, gemmes
gravées, bijoux et autres monuments. Un Guide spécial
pour les *Monnaies et médailles* sera publié ultérieure-
ment.

De chaque côté de la porte d'entrée, deux *grandes urnes étrusques* à panse cannelée, de la forme appelée *ot-
tina* (petit tonneau), trouvées en 1835 par le prince Tor-

louin dans les fouilles de son duché de Ceri et données par lui en 1845. Terre rouge. Haut. 1m,08.

A droite et à gauche, de belles *urnes funéraires*; deux d'enfants, celle de Ti. Cladius Victor, mort à sept ans et celle de Sex. Afranius Augazons, mort à six ans. Une troisième urne, au nom d'une femme nommée Margaris, est décorée d'un bas relief dont la scène principale représente deux personnages jouant aux *latrunculi*, sorte de jeu de dames. (Fig. 1).

Fig. 1

Outre ces urnes funéraires et quelques autres, la galerie est décorée d'un certain nombre de monuments de sculpture d'époques diverses qui, pour la plupart, ont appartenu à l'ancien Cabinet du Roi. Nous distinguerons les suivants:

I. — MONUMENTS ÉGYPTIENS ET ORIENTAUX

9. **Scribe accroupi.** Granit rose. Époque de l'Ancien Empire (de la collection Caylus). — 10. **Autel** rond, à libations, le bord orné d'une inscription hiéroglyphi-

que. Basalte noir (de la collection Caylus). — 33, **Personnage accroupi** tenant devant ses genoux une statuette de Ptah. Basalte vert, Époque saïte (de la collection Caylus). — 11. *Imitation moderne* d'un cippe à tête humaine et à gaine carrée de la période saïte. Basalte noir (de la collection Caylus.)

12. Monument chaldéen, en serpentine noire, célèbre sous le nom de **Caillou**

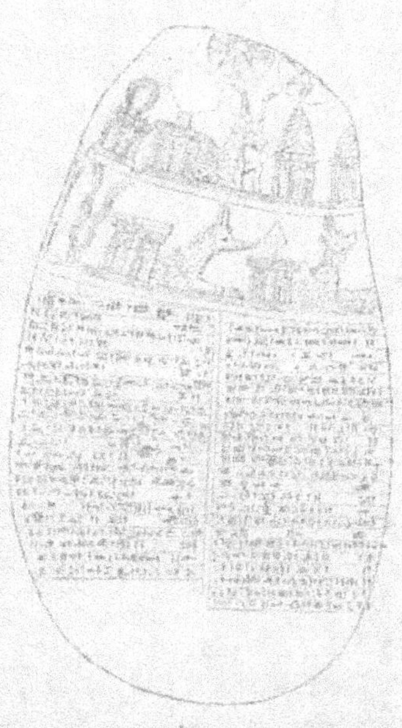

Fig. 2.

Michaux. (Fig. 2). Sa forme ovoïde et sa surface polie sont celles d'un énorme galet roulé par un torrent; il est de la classe des pierres sacrées ou bétyles que les Chaldéens appelaient *Koudourrou* et sur lesquels on trouve, en écriture cunéiforme, très explicitement consignées les limites de certaines propriétés privées. Ces limites sont placées sous la sauvegarde des divinités dont les images ou symboles sont sur le monument. Les *Koudourrous* étaient déposés dans les temples et confiés, comme des archives sacrées, à la garde des prêtres.

Celui-ci, daté du règne de Marduk-nadin-akhi, roi de Babylone, vers 1120 avant notre ère, détermine les

limites et la contenance d'un champ, « situé près de
la ville de Kar Nabu, sur le bord du fleuve Mé-Kaldan,
dans la propriété de Rim-Belit. » Cette immeuble est
constitué en dot par Siruçur, fils de Rim-Belit, à sa
fille, dame Dur-Sarginaïti, fiancée à Tab-asab-Marduk,
fils de Ina-E-Sagil-zir. De terribles imprécations sont
formulées contre quiconque ne respecterait pas ce contrat ou porterait atteinte aux limites du champ, ou à
ses récoltes. Les grands dieux Anu, Bel, Ea, et la
déesse Zarpanit sont invoqués et pris à témoin. Les
curieuses images symboliques qui décorent la partie
supérieure de cette pierre sacrée étaient évidemment
destinées à donner plus d'efficacité aux imprécations.
On y distingue, en deux registres reposant sur des
fleuves représentés par des lignes ondulées, plusieurs
autels surmontés de divers symboles, des bouquetins
ailés et cornus, un scorpion, des serpents à figure humaine, un chacal, deux oiseaux, et tout à fait au sommet, un long serpent allongé, à côté de deux globes
étoilés, sans doute le Soleil et la Lune. Il est probable
qu'il faut reconnaître là une représentation symbolique
du ciel, tel que l'avaient conçu et peuplé les astrolo-
gues Chaldéens. Le *Caillou Michaux* tire son nom de
celui d'un botaniste français, André Michaux, qui le
trouva, vers la fin du xviiiᵉ siècle, dans les environs
de Bagdad et le rapporta en France ; il est entré au
Cabinet des Médailles en 1801. Haut., 45 cent.

13. **Règle en basalte,** portant le nom et les titres pro-
tocolaires de Darius en écriture cunéiforme du système perse et provenant des ruines de Persépolis. C'est
une coudée perse, un peu fragmentée, mesurant 523
millimètres, au lieu de 530, longueur normale. Legs
Silvestre de Sacy.

II. — Monuments grecs et romains.

614. **Tête de Cybèle**, en bronze, de grandeur naturelle. Elle est surmontée d'une couronne murale octogonale. Cette tête, dit la tradition, a été trouvée à Paris en 1675, près de l'Eglise Saint-Eustache. Elle a appartenu successivement à l'abbé Berrier, au sculpteur Girardon, à Crozat et au duc de Valentinois qui la légua au Roi en 1731. Haut., 75 cent. (Fig. 3). — 42. **Petit autel** de pierre, élevé par L. Caecilius Urbanus, attaché au service de santé de la légion *III^a Augusta*, en l'honneur de Septime Sévère et de ses fils, à l'occasion de la construction du camp de Lambèse. Rapporté de Lambèse, en 1853,

Fig. 3.

par Léon Renier. — 15. **Tête de basalte**, complètement rasée. A cause des cicatrices marquées sur le crâne et rapprochées du témoignage de Tite-Live, on l'appelle généralement *Scipion l'Africain*. Mais certains archéologues inclinent plutôt à y reconnaître un prêtre d'Isis.

857. Tête de **Romain inconnu**, en bronze, de grandeur naturelle. (Fig. 4). Ce portrait d'un homme dans la force de l'âge, aux traits sévères et énergiques, est des plus remarquables. La barbe, rasée, est indiquée par une série de petits trous au poinçon ; les cils sont découpés dans une feuille de cuivre appliquée entre

l'orbite et le globe de l'œil; le blanc des yeux est en ivoire; la pupille se composait d'une pierre précieuse ou d'émail. La technique et le style placent cette tête vers la fin de la République romaine. Trouvée à Pietrabbondante (*Bovianum vetus*) en 1857 et léguée au Cabinet par le duc de Luynes. — 236. **Grande tête d'Hercule**, en marbre. — 235. **Buste colossal de femme**, de style grec, en marbre, les cheveux relevés et noués sur le haut de la tête; traces de pendants d'oreilles. Haut. 50 cent.

Fig. 4

42. Grande statuette en marbre d'une **Danseuse grecque** (*Ménade*); manquent la tête et les bras; les pieds sont en partie restaurés (fig. 5). Le torse est incliné et rejeté en arrière, dans un mouvement plein de grâce et de souplesse; la Ménade levait sans doute les bras, agitant un tympanon ou des crotales, comme la Danseuse de Pompéi, au musée de Naples. Sa tunique, retenue par une ceinture, laisse le sein droit à découvert et dessine gracieusement les formes du corps. Une statue de Ménade, au Musée de Berlin, a une attitude très voisine de celle-ci qui est digne de prendre rang parmi les chefs d'œuvre de la sculpture grecque. Haut., 61 cent. — 242. Grande stèle sans inscription, provenant de Phénicie : dans un édicule sculptural, **Astarté debout**, la main droite levée et ouverte. Le fronton est orné d'un coquillage (*murex*). — 6. Stèle funéraire grecque portant le nom de femme **Melitta**, et ornée d'un grand et remarquable bas-relief de style

attique à deux personnages. — 828. **Tête de bronze :** *Lépide ou Cœius Caldus.* Cette tête, qui provient de la collection de Caylus, aurait été trouvée à Montmartre (Paris) en 1737 ; mais son antiquité est douteuse ; on a prétendu y reconnaître une figure de saint, exécutée par un artiste de l'école de Donatello.

AU MILIEU DE LA SALLE

Siège en bronze doré, célèbre sous le nom de **Trône du roi Dagobert** (fig. 6). C'est une chaise curule romaine, restaurée au xiie siècle, et qui servit de trône aux rois de France pendant tout le moyen âge ; elle était conservée à l'abbaye de Saint-

Fig. 5.

Denis. L'opinion que ce siège avait appartenu au roi Dagobert était pleinement établie au xiie siècle, puisque l'abbé Suger, dans le livre *de son administration,* le mentionne en rappelant qu'il a fait réparer ce siège que les injures du temps avaient fortement endommagé. La partie inférieure de ce trône, celle qui constitue le siège proprement dit, est fort ancienne et paraît bien être une chaise curule antique. Quant à la galerie à jour qui forme le dossier et les bras du siège, elle est plus moderne. Ce fut dans l'adjonction de cette partie au siège antique que consista principalement la restauration ordonnée par Suger, et au moyen

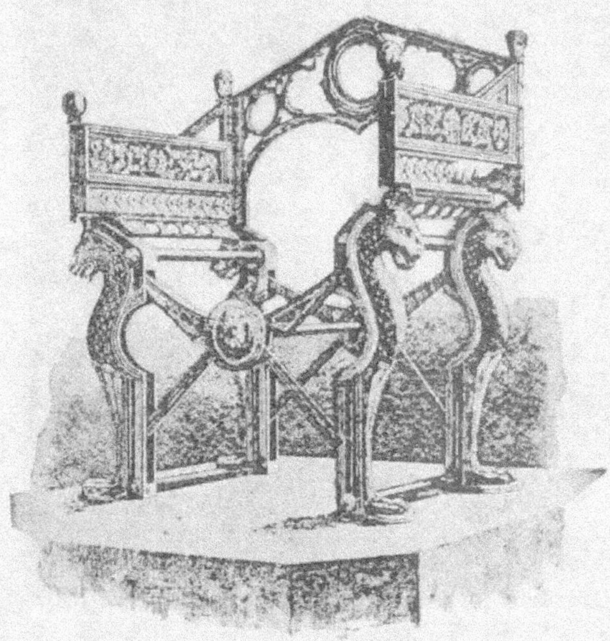

Fig. 6.

de laquelle ce siège, disposé auparavant en pliant, devint fixe et solide comme un fauteuil. Charles Lenormant a entrepris de prouver en s'appuyant sur la tradition de Saint-Denis, que le siège en question est un de ceux que saint Éloi exécuta pour Clotaire II. Voici d'abord le passage de la vie de saint Éloi par son disciple saint Ouen, où il est parlé des sièges fabriqués pour ce prince : « Le roi Clotaire voulait se faire fabriquer un siège élégant en or et en pierres précieuses ; mais il n'y avait personne dans son palais capable d'exécuter cette œuvre telle qu'il l'avait conçue. Le trésorier du roi, qui connaissait l'habileté d'Éloi, lui demanda s'il pourrait se charger d'un travail aussi difficile ; puis, certain qu'Éloi en viendrait facilement à bout, il annonça au roi qu'il avait trouvé un artiste qui se mettrait à l'œuvre sans retard. Alors, le roi charmé remit à son trésorier une énorme somme d'or que celui-ci s'empressa de livrer à Éloi. Ce dernier mena rapidement son travail. Quand il fut achevé, il se trouva qu'il avait pu fabriquer deux fauteuils avec la matière qu'il avait reçue pour en faire un seul, si bien qu'il paraissait incroyable qu'il eût pu exécuter tout cela avec le poids d'or qu'on lui avait livré. C'est sans la moindre fraude et sans qu'il s'en manquât du poids d'une silique, qu'Éloi avait exécuté son œuvre, et il n'avait pas fait comme bien d'autres qui dissimulent leur fraude en accusant le déchet occasionné par l'usure de la lime ou celui qu'aurait pu produire la fusion du métal ; faisant tout consciencieusement, il fut assez heureux pour mériter une double récompense. L'ouvrage achevé, il se hâte de le porter au palais et de livrer au roi le siège commandé, gardant par devers lui celui qu'il avait exécuté par dessus le marché. Le roi commence à admirer et à exalter l'élégance du travail, et il ordonne qu'on donne tout de suite à l'orfèvre une récompense digne de son talent. Alors Éloi, découvrant tout à coup l'autre siège : « Pour ne pas perdre l'or qui me restait, dit-il, je l'ai employé à cet autre objet. » Clotaire, stupéfait et de plus en plus émerveillé, questionne l'orfèvre pour savoir comment il a pu tout exécuter avec le même poids d'or. Et après qu'Éloi lui a expliqué son travail, le roi s'écrie dans l'admiration : « Voilà l'homme dans lequel je puis « me confier pour les plus grandes choses. »

On a cru généralement, avant Ch. Lenormant, que de ce texte il résultait qu'Éloi, ayant reçu de l'or pour faire un siége, en avait fabriqué deux semblables avec le métal qu'on lui avait livré pour un seul. D'après Ch. Lenormant, cette interprétation serait erronée. « Le poids de l'objet à fabriquer était fixé d'avance ; on en avait pesé l'or avec le soin convenable, *rex tradidit copiosam auri impensam*, et le premier soin que dut prendre le prince quand on lui apporta l'ouvrage qu'il avait commandé, fut de vérifier si le siége avait le poids convenu et de faire *toucher* l'or dont il était composé...; en pareil cas, les artistes d'alors, profitant de l'ignorance commune, s'efforçaient, par de vains prétextes, de cacher la fraude qu'ils ne manquaient pas de commettre; ils rendaient, il est vrai, moins de métal qu'on ne leur en avait livré, mais c'était la faute, ou de la lime qui avait fait disparaître en poussière une portion de l'or, ou du creuset qui en avait dévoré une autre partie... Éloi livre son travail, comme on dit, bon poids, bonne mesure, et après qu'il a reçu les compliments dont il était digne, il produit un autre siége, probablement de la même dimension que le premier, probablement aussi exécuté sur le même aspect à cause de la *dorure* dont il était couvert. Le roi et l'assistance se mettent à crier au prodige, mais l'habile et honnête artiste ne juge pas à propos de garder pour soi son secret : il explique au roi qu'il n'a pu donner au métal consacré au trône d'or massif la solidité nécessaire sans y introduire l'alliage dans une juste proportion; l'addition de cet alliage n'est pas assez considérable pour qu'en éprouvant l'or au moyen de la pierre de touche on se soit aperçu de la

présence d'un élément étranger... C'est ainsi que
saint Éloi avait pu retirer de la masse totale de l'or
une certaine quantité de ce métal précieux, sans rien
diminuer du poids attribué d'avance à l'objet exécuté,
et sans s'exposer à ce qu'on s'aperçut de l'absence
d'une partie de l'or. Il avait employé ce résidu à la
dorure d'une copie en bronze du même objet. » D'après
Ch. Lenormant, le plus précieux des trônes fabriqués
par saint Éloi, celui qui était en or enrichi de pierreries, a disparu. « La copie qui, à une époque sans
doute très rapprochée de son origine, fut déposée
dans le monastère fondé par le fils de Clotaire II,
s'est conservée à cause du peu de valeur du métal
dont elle se compose. Si c'est Dagobert Ier qui l'a
donné à l'abbaye de Saint-Denis, il n'est pas éton-
nant que le nom de ce prince y soit resté attaché. »

Malheureusement pour cette thèse ingénieuse, le
siège conservé au Cabinet des Médailles est de travail
romain et son style indique qu'il n'a pu être fabriqué
à l'époque mérovingienne.

Au xiiᵉ siècle, la chaise curule dorée passait pour
avoir appartenu au roi Dagobert, et Suger se glorifie
d'avoir restauré et embelli cette relique vénérable
entre toutes : « Nous nous sommes occupé, nous
aussi, dit-il, du siège du glorieux roi Dagobert. Ce
siège sur lequel, suivant une antique tradition, s'as-
seyaient les rois de France à leur avénement au trône,
afin de recevoir, pour la première fois, l'hommage
des grands de leur cour, était disloqué et tombait de
vétusté ; nous l'avons fait réparer, tant à cause du
noble usage auquel il servait, qu'à cause de son mérite artistique. »

Dans l'état actuel du monument, ce qui appartient
à l'époque romaine se distingue nettement des répa-
rations et des additions qui sont l'œuvre de Suger.

La chaise curule était un pliant de métal, recouvert
d'un coussin et sans bras ni dossier. Suger transforma
ce pliant en une chaise inflexible, munie de galeries
latérales et d'un large dossier terminé en fronton.
Les croisillons en X qui circulaient dans des rainures
perpendiculaires, suivant qu'on voulait ouvrir ou fer-
mer le siège, furent rivés et immobilisés au milieu
des montants. Ces additions furent naturellement
exécutées dans le goût du XIIe siècle : le cercle qui
décore le fronton du dossier était rempli par une
croix, aujourd'hui disparue, dont on aperçoit encore
les amorces ; les deux galeries latérales, découpées à
jours, sont ornées, l'une d'une rangée de rosaces, l'au
tre d'une guirlande de feuillage dans le style roman.
Les deux têtes barbues qui terminent les bras sont de
la même époque.

Un grand nombre de monuments du moyen âge,
sculptures, miniatures, sceaux et monnaies, représentent les rois de France sur un siège dont les quatre
pieds sont des têtes et des griffes de lion ; les sup-
ports de ces trônes sont disposés en forme d'X, de
sorte qu'on a quelque raison de croire que nos rois
se sont fait représenter assis sur le trône même de
Dagobert.

Le 30 septembre 1791, le trône de Dagobert fut
enlevé de Saint-Denis et transporté au Cabinet des
Médailles. Au mois d'août 1804, quand Napoléon, au
camp de Boulogne, voulut organiser une grande cérémonie pour la première distribution de croix de la
Légion d'Honneur à l'armée, le fauteuil de Dagobert
fut choisi par l'Empereur pour lui servir de trône. On
en fit hâtivement réparer les membres disloqués, par
un maladroit forgeron dont l'ouvrage n'est que trop
apparent, et le siège fut transporté au camp. Sur une
médaille frappée en cette même année pour rappeler

cette imposante cérémonie, on voit, au revers, Napoléon élevé sur une estrade, siègeant sur le trône de Dagobert, comme les Empereurs romains sur la *sella castrensis*, et distribuant les premières Croix d'Honneur.

ARMOIRES-VITRINES I, II, III

COLLECTION DE CAYLUS

LÉGUÉE AU ROI EN 1765

Les armoires-vitrines I, II, III contiennent un choix prélevé dans la Collection d'Antiquités que le comte de Caylus (1692-1765) donna au Roi à diverses époques, notamment en 1762, ou qu'il légua par son testament. Un grand *médaillon en plâtre* du généreux donateur, exécuté par Vassé, est placé au-dessus des vitrines.

ARMOIRE-VITRINE I. — *Antiquités égyptiennes.*

On remarquera: 5. **Groupe** de l'époque de l'Ancien Empire. Calcaire peint. Haut. 0ᵐ,54. — 65. Petit bas relief de l'époque ptolémaïque remarquable par la finesse du modelé. — 242. **Isis allaitant Horus.** Horus manque. Statue non terminée, les pieds et la figure sont finement ciselés, tandis que le reste du corps et des insignes est encore à l'état d'ébauche. Pièce intéressante au point de vue de l'étude du travail de la fonte et de la ciselure. Bronze. Haut. 0ᵐ,32. 9 **Fragment de sarcophage** orné de tableaux superposés. Bois peint. Haut. 0ᵐ,54 (encadré).

Premier tableau: Le scarabée protégé par les ailes d'Isis et de Nephthys émerge d'une fleur de lotus. Six divinités sont groupées à droite et a gauche.

Second tableau : Deux déesses soutiennent le disque au-dessus d'Osiris. Deux Aroëris et une déesse disquée sont à droite ; à gauche sont Atoum, une déesse disquée et Anubis. Deux uraeus posés sur une touffe de roseaux et coiffés du pschent regardent la scène.

Troisième tableau : Anubis embaume la momie protégée par les ailes d'Isis et de Nephtys. A droite une déesse amenant des présents est suivie d'Atoum ; à gauche une autre déesse suivie d'Aroëris remplit le même office.

Les tableaux s'étagent ensuite en deux colonnes symétriques. Dans les quatre premiers, le défunt adore successivement quatre divinités ; viennent ensuite deux pleureuses ; enfin deux chacals couchés sur des coffrets funéraires complètent cet ensemble.

241. **Isis allaitant Horus**. Horus a disparu. Isis porte une longue perruque cannelée et recouverte du vautour aux ailes étendues. Cette coiffure est surmontée de la couronne d'uraeus, des cornes et du disque. Les yeux sont plaqués d'or. Très belle statuette. Bronze. Haut. 0ᵐ,17. — 6. Grande statuette d'un **personnage assis**. Calcaire peint. Style remarquable de l'époque de l'Ancien Empire. Haut. 0ᵐ,68. — 8. **Vase de Xerxès**. Albâtre. (Fig. 7). Ce vase, qu'on appelait autrefois, comme beaucoup d'autres du même genre « vase des noces de Cana », porte sur sa panse une inscription bilingue : en caractères cunéiformes du système perse on lit : « Xerxès, roi grand », et dans un cartouche hiéroglyphique égyptien, le nom de Xerxès. — 7. Belle statue en bois rouge, représentant un **homme nu debout, marchant**. Les bras pendants avec les poings fermés sont rapportés ; les pieds ont été mutilés. Haut. 0ᵐ,60. Époque de l'Ancien Empire. — 3ᵇⁱˢ. **Imhotpou** assis, le rouleau de papyrus déroulé devant lui. Il est vêtu d'une *shenti*

courte. Un collier niellé d'or pare la poitrine du dieu. Bronze. Haut. 0^m,14. — 20. **Buste** en calcaire peint d'un personnage coiffé de la perruque. Epoque du Nouvel Empire. Haut. 0^m,19. — 27. **Esclave** portant un vase sur l'épaule gauche. Imberbe, la tête rasée, il est vêtu d'une courte jupe ornée de dessins. Bois rouge. Haut. 0^m,15. (Fig. 8). Bien que les deux avant-bras et le vase soient cassés et que les pieds paraissent refaits cette statuette est une des plus jolies de la série égyptienne.

Fig. 7.

— 486 *ter*. **Ptah** momiforme, tenant le sceptre. Les yeux, la barbe, le collier et les hiéroglyphes du sceptre sont niellés d'argent. Bronze. Haut. 0^m,31. — 124. **Osiris**. Bronze. Haut. 0^m,36. Cette statue a été recouverte d'un enduit doré, aujourd'hui en partie disparu. — 260. **Isis allaitant Horus**. Email. Cette statuette a été cassée en deux et la partie inférieure a dû subir une cuisson plus longue que le torse : ainsi s'explique la différence de couleur des émaux, brun foncé pour le torse et bleu clair pour le reste. — 507. **Statuette de bronze du bœuf Apis** avec collier niellé d'or. Haut. 0^m,11; long. 0^m,12. — 1838. **Tête de cercueil** gréco-égyptien en terre estampée peinte. Les cheveux, ondés, sont ornés d'une couronne de roses. Haut.

Fig. 8.

0^m,18. — 14 à 19. **Personnages en bois peint** représentant les passagers, les rameurs et le chef d'avant d'une barque.

ARMOIRES-VITRINES II ET III

1. — Bronzes grecs et romains.

8. **Jupiter** debout, tenant le foudre, une chlamyde sur l'épaule; barbe lisse, en pointe. Style archaïsant. — 9. **Jupiter** debout, tenant le foudre, une chlamyde sur l'épaule; il a une couronne de chêne et ses pieds sont chaussés de sandales à lanières. Excellent travail romain; belle patine. Trouvé à Châlon-sur-Saône en 1764. — 17. **Jupiter** assis sur un trône à dossier orné d'enroulements élegants. Bon travail romain. — 59. **Neptune** debout, la chlamyde sur l'épaule; les bras manquent. — 121. **Le Soleil et la Lune**. Plaque rectangulaire ornée de figures en relief. La Lune a la tête surmontée de la coiffure d'Isis. Travail alexandrin de l'époque romaine. — 130. **Diane chasseresse**, vêtue du chiton dorien relevé et serré à

la taille; de la main droite, la déesse brandissait un javelot. — 168. **Minerve** courant; elle est vêtue du double chiton serré à la taille et dont le vent fait flotter les plis; l'égide est sur sa poitrine. Statuette trouvée à Châlon-sur-Saône, en 1763. — 179. **Mars** debout, barbu, casqué, cuirassé, tenant son glaive et son bouclier. Trouvé en Sicile en 1761. — 197. **Génie de Mars** courant; il est armé de toutes pièces, sa cuirasse et ses cnémides sont décorées de fleurons. (Fig. 9). — 268. **L'Amour** courant. Trouvé à Châlon-sur-Saône en 1763. — 340. **Mercure** debout, vêtu de la *penula*, coiffé du pétase, tenant la bourse; son caducée a disparu; il a des ailerons aux chevilles.

Fig. 9.

Trouvé à Châlon-sur-Saône en 1763. — 401. **Satyre** à pieds de cheval. Ancien style grec. — 422. **Satyre** accroupi; il a une barbe taillée en éventail et des oreilles de cheval; sa physionomie rappelle les caricatures de Socrate; sa pardalide recouvre ses épaules. Trouvé à Véleia vers le milieu du xviiie siècle. — 427. **Satyre** nu, debout, tenant de la main gauche baissée un rhyton en forme de tête de bélier, et soutenant une pierre énorme du bras droit levé. Style grec. — 557. **Hercule** au repos, debout, nu, barbu, la tête ceinte d'une couronne ; il s'appuie sur sa massue recouverte de la peau de lion ; de la main droite il tient son arc et son carquois posés à terre. Travail romain. — 586. **Hercule** terrassant la biche Cérynite. Groupe de travail romain, trouvé en Bourgogne au xviiie siècle. — 605. **Télesphore** debout vêtu d'un ample manteau à capuchon. — 611. **Cybèle**. Buste tourelé, entre deux cornes d'abondance ; à la base, une cymbale vue de champ. Belle patine ; bronze romain trouvé à Tours, près Abbeville, vers 1754. (Fig. 10). — 673. **Génie mithriaque** ailé, debout. — 694. **Dispater**, debout ; la main gauche levée s'appuyait sur un maillet à long manche ; la main droite tient l'*olla*, le dieu gaulois est vêtu de la *caracalle* à manches longues et étroites, fendue

Fig. 10.

du haut en bas sur le devant et serrée à la taille par une ceinture. Travail gallo-romain. Trouvé à Lyon au xviiie siècle — 798. **Sanglier gaulois** à trois cornes. (Fig. 11). Travail gallo-romain. Curieux monument de la mythologie gauloise, trouvé en Bourgogne, en même temps qu'un taureau, aussi à trois cornes, conservé au musée de Besançon. — 854.

Buste d'un Romain inconnu. Il est nu, entièrement chauve et imberbe, la tête légèrement inclinée à droite ; les yeux sont incrustés d'argent. La figure rappelle celle de Jules César. — 863 **Pontife étrusque**, debout, vêtu d'une tunique qui descend jusqu'aux chevilles, et d'un péplum rejeté sur l'épaule. — 869-873. **Pontifes romains** drapés dans leur toge, tenant l'un une boîte à parfums (*acerra*) et un grain d'encens, l'autre une corne d'abondance remplie de fruits et une patère. — 884. **Tibicine** ou *spondaules*

Fig. 11.

debout ; il porte la double flûte à ses lèvres. — 884. **Victimaire** tenant la hache ; il a le torse nu et est vêtu seulement d'une sorte de jupon ou *limus*. — 906. **Guerrier** debout. Style étrusque. — 908. **Guerrier et pontife** debout, côte à côte, se tenant par la taille et les épaules. Ce groupe a probablement surmonté le couvercle d'une ciste étrusque. — 918-920. **Guerriers et chasseurs sardes.** — 925. **Discobole** debout. Les jambes sont mutilées. Travail gréco-romain. — 934. **Athlète Apoxyomènes** debout, nu, imberbe, et tenant un strigile à l'aide duquel il se gratte l'omoplate. Travail gréco-romain. — 956. **Athlète** debout, tenant des deux mains, par derrière, les plis d'un ample manteau qu'il étale sur son dos et dont il s'apprête à se couvrir ; ses jambes sont protégées par des cnémides. Style étrusque. — 957. **Danseur** nu, debout, touchant de sa main gauche le lobe de son oreille. Style étrusque. Trouvé dans la marche d'Ancône. —

Fig. 12.

963. **Saltimbanque** (*cernuator*) marchant sur les mains. Époque romaine. Trouvé à Nîmes. — 984. **Acteur comique** avec une tête de rat ; il est drapé dans sa toge et tient un *volumen*. Époque romaine. — 989. **Tête de Maccus,** imberbe, avec un nez énorme déviant à gauche, et la bouche souriante ; il est coiffé d'une espèce de calotte. Travail romain. — 1009 **Esclave éthiopien** nu, debout, imberbe, les cheveux calamistrés. (Fig. 12). La cambrure du torse, le déhanchement des reins traduisent l'extrême souplesse des gens de race éthiopienne ou nubienne ; ses jambes sont longues et grêles ; il jouait, vraisemblablement, du *trigonon* ou de la *sambuca*. Les yeux sont incrustés d'argent. Patine remarquable ; époque romaine. Cette admirable statuette a été trouvée à Châlon-sur-Saône en 1763. — 1046. **Jeune femme** assise sur un siège, dans une attitude méditative ; sa pose est particulièrement souple et gracieuse. Excellent style hellénistique. — 1063. **Main droite votive** ; manquent le médius et l'annulaire. Sur la paume, une inscription grecque : ΣΥΜΒΟΛΟΝ ΠΡΟΣ

ΟΥΕΛΑΥΝΙΟΥΣ des *Velauni* de la région des Al-
pes.) (Fig. 13). — 1122 et 1123. **Tigre et tigresse**, en
marche et rugissant, placés sur des so-
cles de bronze qui devaient être fixés
sur des hampes, comme l'indiquent
les trous d'attache. Ces figurines rappellent les images qui surmontaient
les *vexilla* des légions romaines. —
1137. **Vache** debout, au repos; sa
queue est ramenée sur le flanc droit.
Style remarquable; il s'agit peut-être
de la réduction de l'une des célèbres
vaches de Myron. Trouvé à Herculanum au xviiie siècle. (Fig. 14).

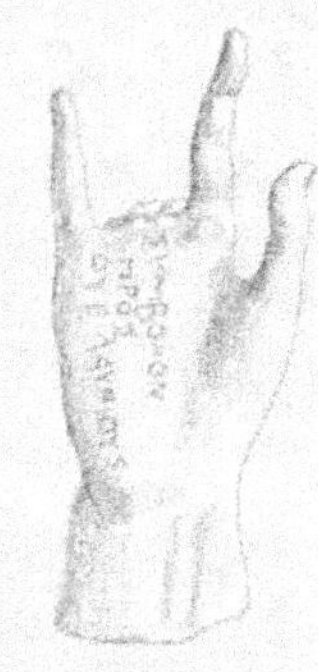

Fig. 13.

2. — *Vases peints et terres cuites.*

175. **Amphore** à figures noires. Personnage couché sur
un lit funèbre et près duquel se tient debout une

Fig. 14.

femme qui paraît veiller sur lui. — 220. **Amphore** à
figures noires. Le char du Soleil s'élevant au-dessus

de la mer. — 1143. **Emblema** de coupe romaine. Figure en relief représentant le monstre Scylla. — 5196 **Silène ivre**, soutenu par un génie bachique. Fragment de bas-relief en terre cuite. — **Figurines** de terre cuite trouvées en 1756 dans un tombeau de la campagne romaine et offertes à Caylus par l'abbé Barthélemy qui les avait rapportées d'Italie.

ARMOIRES-VITRINES V et VI

COLLECTION DE JANZÉ
LÉGUÉE EN 1865

Deux hautes vitrines, placées au fond de la galerie, à droite de la porte, renferment un remarquable ensemble de bronzes antiques et quelques terres cuites et vases peints légués par Hippolyte de Janzé en 1865.

I. — *Bronzes.*

1. **Jupiter** nu, debout (les deux bras manquent). — 5 **Jupiter** nu, debout, tenant le sceptre et le foudre. — 58. **Neptune** nu, debout. Excellent travail grec se rattachant à l'école de Polyclète. — 61. **Neptune** à demi nu, debout, couronné de feuilles marines. — 100. **Apollon** à demi nu, debout, la tête ceinte d'une large couronne ; il a un collier orné de trois bulles et sa chlamyde est enroulée autour de ses reins ; il tient la lyre et le plectrum ; style étrusque — 103. **Apollon** nu, debout, la tête ceinte d'une torsade ; son visage est d'une grande finesse et tout le torse est d'un modelé remarquable. Cette statuette se rattache aux répliques de l'Apollon exécuté par Canachos pour les Milésiens. — 107. **Apollon** nu, debout, tenant le plectrum, les jambes croisées, les cheveux noués sur

la tête. — 122. **La muse Erato** debout, drapée, la tête ceinte d'une large stéphané surmontée de deux plumes de sirène. — 128. **Diane chasseresse** tenant un faon sur sa main droite et vêtue du chiton dorien. — 130. **Athèna Promachos**, la poitrine et le dos couverts de l'égide (sa lance et son bouclier ont disparu). Style grec archaïque. — 244. **Vénus** nue, debout, détachant sa sandale et tenant de la main gauche une boule de fard. — 248. **Vénus marine** debout, tenant une pomme et accompagnée d'un dauphin enroulé autour d'une rame brisée. — 249. **Vénus et l'Amour** sur le bord d'un bassin à degrés; la déesse tient une boule de fard et s'appuie sur une rame autour de laquelle est enroulé un dauphin; l'Amour lui présente un coquillage et un alabastron. — 306. **Adonis** debout, nu, ses longs cheveux ramassés en chignon; d'une main il tient une pyxide à parfums et de l'autre un grain de myrrhe qu'il semble prêt à déposer sur un autel. Fig. 15) — 335. **Mercure.** — 372. **Bacchus** à demi nu, debout, la tête ceinte d'une large couronne de lierre et tenant une coupe. — 380. **Silène** debout, tenant des fruits dans sa nébride. — 409. **Silène** ivre, soutenu par un Bacchant. — 411.

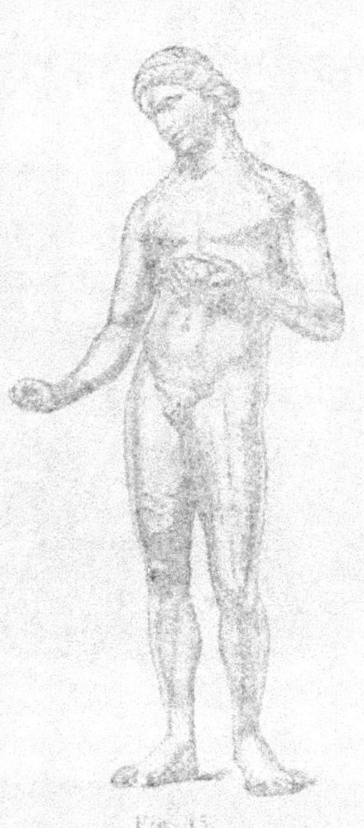

Fig. 15.

Satyre nu couché, avec oreilles et queue de cheval. — 425. **Satyre** debout, les jambes croisées, jouant avec sa queue ; le mouvement du torse est particulièrement souple et gracieux. Patine endommagée. — 591. **Iphiclès** effrayé par les serpents ; le jeune frère d'Hercule est assis à terre, les deux mains écartées. Remarquable statuette gréco-romaine de grandes proportions. (Fig. 16). — 399. **Esculape** debout à demi nu, tenant un bouquet de pavots et s'appuyant sur son

Fig. 16.

bâton. — 607. **La ville d'Antioche** assise sur un rocher. Réplique libre de la statue de Tyché exécutée par Eutychidès pour la ville d'Antioche au IIIe siècle avant notre ère. — — 623. **Démos** ou Génie de ville masculin debout, la tête surmontée d'une couronne murale, vêtu d'une chlamyde rejetée sur l'épaule (la main gauche tenait une corne d'abondance). (Fig. 17). Cette importante statuette de l'époque romaine reproduit le type d'une œuvre célèbre de l'école de Polyclète. — 703. **Génie funèbre** assis, tenant une hache comme le Charon étrusque. Figure d'applique posée sur une griffe de lion. Pied de ciste étrusque. — 824. **Alexandre le Grand** à demi nu comme Jupiter, assis sur son trône. Il est coiffé d'un casque corinthien à haute crista, sa chlamyde enroulée autour des jambes. Importante statuette trouvée à Reims. — 834. **Néron** debout, en Mercure. — 836. **Domitien**, debout, en Mercure. — 837. **Domitien** en Mercure, assis, sa chlamyde agrafée sur l'épaule ; il tient la bourse de la main droite. Statuette de grandes dimensions, reproduisant le type célèbre du Mercure de Naples. — 853. **Sophocle** assis ; il a une barbe et des cheveux frisés, ses yeux sont incrustés d'argent ; la chlamyde enroulée autour de ses jambes laisse la poitrine à découvert ; son manteau recouvre ses épaules et il tient un volumen de la main droite. Belle statuette romaine. — 902. **Archer** debout ; il fait le mouvement de décocher une flèche. Son arc a disparu. — 921. **Athlète** étrusque debout,

Fig. 17.

nu, tenant des haltères ; sur la jambe droite, une inscription étrusque ; belle patine. — 923. **Discobole** nu, debout ; il porte le disque appuyé contre sa cuisse. — 927. **Le Diadumène.** (Fig. 18). Sa tête est ceinte d'un bandeau incrusté d'argent ; la tête légèrement inclinée, les deux bras levés de côté, il est représenté au moment où il achève de se ceindre le front du diadème, symbole de son triomphe; la jambe gauche est légèrement infléchie, le poids du corps porté sur la droite.

Le nez et le front ont souffert de l'oxydation; les bouts du diadème tenus dans les mains de l'athlète ont disparu. Excellent style grec et belle patine. Cette statuette célèbre est une des plus belles répliques que l'on possède du Diadumène de Polyclète. — 1018. **Tête d'esclave éthiopien**; vase à parfums. — 1026. **Esclave** attaché au pilori; il a des entraves aux jambes et pour vêtement une courte tunique (*exomis*) serrée à la taille. Travail romain. — 1126. **Uræus** (serpent naja) dressant la tête, la gueule entr'ouverte.

Fig. 18.

2. — Terres cuites et vases peints.

91. **Vénus** nue jusqu'à la ceinture, penchée vers la droite, le pied gauche sur un cippe. — 94. **Deux femmes**, l'une portant l'autre sur son dos (Déméter portant sa fille Coré?); le jeu de l'*ephedrismos* — 95. **Vénus** à genoux, entre les deux valves d'une coquille. — 101. **Perséphone** cueillant des fleurs; traces de peintures. Charmante statuette — 102. **Dionysos** cornu et jeune Satyre. — 121 et 122 **Acteurs**, la figure couverte d'un masque. — 124. **Danseuse**, le corps renversé, les bras levés; statuette de grandes dimensions, dans une pose élegante. (Fig. 19). — 127. **Grand buste** de femme diadémée (Héra?), vêtue d'une tunique serrée à la taille, les cheveux retombant sur ses épaules,

les bras ornés de bracelets. — 160. **Grand vase** de Ruvo; les anses sont figurées par des Victoires; sur le devant de la panse, masque de femme surmonté d'une statuette de Vénus assise; sur la partie postérieure, groupe de Vénus et Adonis. — 1250. **Vase à relief,** ayant la forme d'une tête de femme ceinte d'une couronne; de chaque côté du goulot, une tête de femme émergeant d'un fleuron. — Bas relief de terre cuite représentant **Silène et Cupidon** s'embrassant ; une Bacchante jouant du tympanum assiste à cette scène. — **Colonnette de marbre consacrée à Hécate** et autour de laquelle sont adossées les statues de Cérès, de Proserpine, de Diane et d'un Satyre, surmontées des trois têtes d'Hécate.

Fig. 19.

ARMOIRE-VITRINE IV

COLLECTION OPPERMANN

LÉGUÉE EN 1874

L'armoire-vitrine IV (à gauche de la porte) renferme des bronzes, terres cuites et vases peints choisis dans la collection léguée au Cabinet des médailles en 1874 par le commandant Oppermann, ancien écuyer de l'Empereur Napoléon III.

1. — Bronzes.

148. **Athèna Promachos** enveloppée dans un chiton talaire très étroit qui ressemble à une gaîne. De la main droite levée, elle brandissait une lance qui a disparu, ainsi que le bouclier fixe à son bras gauche. Très ancien style grec. — 149. **Athèna Promachos**. Style grec archaïque; trouvé à l'Acropole d'Athènes en 1836. — 151. **Athèna Promachos**; style grec archaïque. — 181. **Mars** debout, cuirassé; les paragnathides de son casque sont relevées; d'une main il tient son glaive, et de l'autre le fourreau. Style étrusque. — 215. **Vénus** debout, relevant de la main gauche les plis de son chiton; ses cheveux et les broderies de son vêtement sont finement gravés au burin. Statuette étrusque d'une grande finesse d'exécution; belle patine verte. — 243. **Vénus** nue, debout, détachant sa sandale. Trouvé à Alexandrie en 1866. — 311. **Hermès Argeïphontès** debout, jouant de la syrinx. Il a une longue barbe, est coiffé du pétase conique, et vêtu d'une chlamyde ornée de broderies. Il porte à ses lèvres la syrinx dont il joue pour endormir Argus. Style grec archaïque. — 312. **Hermès Argeïphontès** accroupi, jouant de la syrinx. Figure d'applique de style étrusque. — 356. **Herm-Apollon** debout. Sa tête, ceinte d'une torsade, est surmontée de deux ailerons et d'une plume en guise d'aigrette; il tient la bourse et le caducée; à ses pieds un bélier chargé de deux bourses. — 362. **Hermès quadricéphale**, nu, debout; l'une des têtes est surmontée de deux ailerons. D'une main, il tient une bourse; le caducée qu'il tenait de l'autre a disparu. Deux des têtes sont imberbes, les deux autres sont barbues. — 364. **Dionysos Pogon** debout, vêtu d'un chiton talaire et d'une pardalide. Style grec archaïsant. — 368. **Dionysos** à demi

nu, debout, la tête surmontée d'une couronne de pampres, et vêtu d'une peau de bête ; trouvé à Amiens. — 378. **Silène** à demi nu, debout ; trouvé à Aix en Provence, en 1868. — 379 **Silène**, debout. — 382. **Silène** debout, vêtu du tribon ; sa physionomie rappelle les caricatures de Socrate. — 412. **Satyre hippopode** nu, couché. Style étrusque. — 430. **Jeune Satyre** lançant un rocher. — 449. **Panisque** dansant. Il a de petites cornes, une queue et des pattes de bouc ; d'une

Fig. 20.

main il tient la syrinx et de l'autre il paraît abriter ses yeux comme pour regarder au loin. Travail romain. — 508. **Pygmée** combattant. — 510. **Pygmée** subissant le supplice de la cangue. — 514. **Centaure** portant une branche d'arbre (mutilée) ; ses jambes de devant sont celles d'un homme. Style grec archaïque ; remarquable statuette trouvée sur l'Acropole d'Athènes en 1835. — 515 **Centaure** bachique tenant une panthère. Ses jambes de devant sont celles du cheval. Style étrusque.

— 518. **Héraclès** nu, debout, combattant. (Fig. 20). Sa barbe et ses cheveux sont frisés ; penché en avant, le pied gauche sur une petite éminence, la jambe droite arc-boutée en arrière, il fait usage de toutes ses forces pour asséner un coup vigoureux de sa massue, qu'il tient transversalement contre sa nuque. De la main gauche il tient à bras tendu son arc, dont la branche supérieure est brisée. Ce bronze, un des chefs-d'œuvre de l'art grec archaïque, est regardé par quelques critiques comme une réplique de la statue de l'Héraclès tyrien, œuvre du sculpteur Onatas, que, suivant Pausanias, les habitants de Thasos avaient dédiée à Olympie. — 646. **Harpocrate** nu debout, la tête surmontée du croissant lunaire et du pschent. A son cou une *bulla* ; il porte l'index de la main droite à ses lèvres et il s'appuie sur un cep de vigne, au sommet duquel est perché un épervier ; de la main gauche il tient une corne d'abondance. Trouvé à Alexandrie en 1867. — 675. **Victoire** assise jouant du tympanum. Trouvé à Reims en 1865. — 763. **Sphinx** assis, la patte posée sur une tête de mort. — 801. **Cyparissus** assis, caressant un jeune cerf au milieu d'une vigne. Manche d'ustensile étrusque. — 803. **Cycnus** assis, en embuscade, s'apprêtant à tirer son glaive du fourreau ; son casque est surmonté d'un long cou de cygne. Travail étrusque. — 804. **Ilioneus** debout, blessé à l'œil gauche ; ancien style grec. Ilioneus, fils de Phorbas, fut blessé à l'œil par Peneleus (Iliade XIV, 489 et s.). — 807. **Amphiaraüs.** Le devin est nu, coiffé du casque corinthien ; il porte l'index de la main droite à sa bouche, pour indiquer sa qualité de devin. Ancien style grec. — 811. **Compagnon d'Ulysse** debout, dans l'attitude d'un homme qui fait un effort vigoureux : le héros semble tirer le câble qui retient la voile d'un navire ; il est coiffé du pileus et vêtu d'une tunique sans manches,

serrée comme un maillot. Ancien style grec. — 812.
Polyphème égorgeant un compagnon d'Ulysse; époque romaine. — 820. **Héros** protégé par une ourse.
L'animal est assis, ses deux pattes de devant posées
sur deux boucliers entre lesquels le héros est accroupi.
Travail alexandrin. Ce curieux monument se rapporte,
sans doute, soit à la légende d'Arcas et de sa mère
Callisto changée en ourse, soit à la légende de Pâris
nourri par une ourse. — 838. **Antinoüs** debout, en
Mercure; vêtu d'une chlamyde. Type de l'Hermès de
Polyclète; trouvé à Lyon. — 941. **Bestiaire** combattant; trouvé à Varennes (Allier) en 1866. — 943 et
944. **Mirmillon** combattant. — 970. **Jongleuse** vêtue
d'une tunique courte serrée autour du corps. Style
étrusque.

2. — Statuettes de terre cuite. — Lampes.

18. **Vénus** assise, la tête surmontée d'un polos très élevé.
Trouvé à Camiros (Rhodes); style archaïque. — 39.
Vénus rajustant sa chaussure. — 47. **Eros** portant la
massue d'Hercule. — 69. **Iacchos** chevauchant un
porc. — 77. **Ariadne** assise sur le rocher de Naxos,
au bas duquel est une petite grotte. — 79. **Satyre**
dansant; statuette trouvée en Cyrénaïque. — 132.
Thésée combattant une Amazone à cheval; applique
découpée. — 151 et 152. **Acteurs** comiques.

3. **Lampe.** Minerve debout déposant son vote dans
une urne placée sur une table (jugement d'Oreste);
sous le pied, l'inscription: BASSA. — 211. **Lampe.**
Personnage assis, sans doute un philosophe, interrogeant un squelette; au-dessous, un enfant emmailloté.

TABLE-VITRINE DOUBLE I (*Vitrine de Luynes*).

Les Collections de Luynes données en 1862, qui, dans leur ensemble, comprennent des monnaies antiques, des vases peints, des bronzes, des bijoux, des gemmes gravées et d'autres monuments, sont, pour la plus grande partie, installées dans la *Salle* dite *de Luynes* (ci-après, *Salle III*). Mais, par exception et en raison de l'exiguité de la *Salle de Luynes*, on a disposé dans la *Galerie des Donateurs*, un certain nombre de monuments, qui, eux aussi, ont fait partie de la mémorable donation de 1862.

Ce sont notamment :

La suite des *Intailles* (vitrine double n° 1) et trois grands Papyrus placés au-dessus des armoires-vitrines, I, II, III, où sont représentés des fragments du Rituel funéraire égyptien désigné généralement sous le nom de *Livre* ou *Rouleau des Morts*.

Premier papyrus (n° 824, au-dessus de la vitrine I). La première scène, à gauche, montre, assis sur un trône, sous sa forme humaine, le dieu Harmachou-Toum qui représente le Soleil du jour et celui de la nuit. Il est coiffé du disque orné de l'uræus, et tient dans ses mains le fléau et le sceptre, attributs de la royauté divine. Derrière lui, debout, les déesses Iu-s-aas et Neb-Hotep. On voit ensuite le défunt, Semes-amen, faisant acte d'adoration devant une table d'offrande. Dans la seconde scène, un dieu à tête d'épervier, assis sur un trône, tient les sceptres divins et la croix ansée. C'est encore le Soleil, sous le nom d'Harmachou-Hoet, qu'il porte à Edfou. La déesse Ma est derrière lui. Thoth, une palette à la main, lui adresse ses prières ; plus loin le dé-

funt fait une libation devant une table chargée d'offrandes.

Deuxième papyrus (n° 825, au-dessus de la vitrine III).
La course du Soleil, symboles du cours de la vie humaine. Dans la première scène, à gauche, le dieu Harmachou-Toum à tête d'épervier, assis sur un trône porté
par quatre personnages dont deux ont des têtes de scarabées, les deux autres des têtes de serpents. La deuxième
scène se partage en deux registres ; dans celui du haut,
entre deux bras, le disque solaire orné de la fleur de
lotus, adoré par quatre cynocéphales ; dans celui du
bas, le dieu Chéper, dont la tête est surmontée d'un
scarabée, adoré par quatre personnages, deux à tête
d'épervier, deux à tête de chacal. Dans la scène suivante,
momie d'Osiris couchée sur un lit funèbre. Deux déesses, Neit et Noût, veillent à la tête et aux pieds du dieu.
La dernière scène représente Osiris ayant pour corps
un Tat, adoré par un personnage à tête de chacal et un
autre à tête d'épervier.

Troisième papyrus (n° 826, au-dessus de la vitrine II).
Chapitres extraits du Rituel funéraire et relatifs aux
voyages et aux transformations de l'âme humaine dans
les régions infernales. A gauche, assis sur un trône
dans un naos, se tient Osiris coiffé de la mitre à plumes
d'autruche et portant les attributs de la royauté divine.
Transport de la momie à l'hypogée : elle est étendue
sur un lit funèbre placé dans un bateau qui repose lui-
même sur un traîneau tiré par quatre bœufs. Actes
d'adoration de la défunte adressés à divers génies. Types de transformation : échassier, épervier, hirondelle,
fleurs de lotus, etc. Dernière scène, montrant la momie
couchée sur son lit funèbre entre les bras d'Anubis et
sous la protection d'Isis et de Nephthys, qui se tiennent
à la tête et aux pieds, dans l'attitude de la douleur.

INTAILLES DE LUYNES (*Table-Vitrine Double*, I).

COMPARTIMENT A.

Cylindres chaldéo-assyriens.

1. Groupe de monstres fantastiques dressés sur leurs pattes de derrière. — 2. Lion s'élançant sur le taureau. — 22. Le héros Gilgamès luttant avec le lion. — 26. Deux groupes symétriques : Gilgamès luttant contre un personnage fantastique pareil à lui et qu'il tient par les jambes, la tête en bas. — 30. Gilgamès luttant contre le taureau. — 38. Groupe d'animaux fantastiques : lions, taureaux à têtes humaines, œgagres dressés sur leurs pattes de derrière, en présence d'un héros divin qui paraît les maîtriser. — 94. Dieu assis sur une estrade accueillant un pontife qui lui amène un adorant, en le tenant par la main. — 135. Dieu barbu, debout, vêtu d'un long châle à rayures, posant le pied droit sur un quadrupède à face humaine ; devant lui, un personnage debout fait une libation ; il est accompagné d'un adorant en prière, debout, les deux mains levées. — 322. Personnage assyrien entre deux sphinx ailés, à têtes humaines qui se dressent devant lui et qu'il tient par une patte de devant. — 358. Dieu imberbe, coiffé de la tiare cornue, debout sur un taureau et recevant les hommages de deux personnages vêtus de tuniques talaires. — 376. L'arbre sacré surmonté d'un disque divin ; de chaque côté, deux adorants et un bouquetin destiné au sacrifice. — 392. Le dieu-poisson bandant son arc pour tirer sur un lion. — 397. Roi achéménide tenant deux lions par la queue ; à ses pieds, deux sphinx couchés. — 452. Déesse nue, de face, entourée d'êtres fantastiques placés sur deux rangs ; devant elle s'avance un

personnage qui tient une masse d'armes sur sa poitrine. — 479. Personnage dans un char attelé de deux lions; derrière le char, deux suivants debout coiffés et vêtus à l'égyptienne. — 493. Personnages et animaux fantastiques, avec le croissant, le disque solaire, un sphinx, un bouquetin, la tresse à triple enroulement; l'un des figurants élève la croix ansée.

COMPARTIMENT B.

1° *Antiquités égyptiennes* : scarabées, statuettes d'Osiris, d'Isis, Apis, Ptah, éperviers, amulettes diverses en terre bleue ou verte, jaspe, porphyre, recueillies dans des tombeaux de la vallée du Nil.

2° *Intailles et cachets conoïdes* chaldéens, assyriens, perses achéménides et perses sassanides.

COMPARTIMENTS C ET D.

1. — *Intailles asiatiques.*

188. **Divinité à quatre ailes**, coiffée d'une tiare, vêtue d'une tunique talaire, debout, de profil, devant elle un pontife chaldéen vêtu d'une longue tunique. Derrière, une femme agenouillée. Améthyste. — 190. **Astarté** debout dans un édicule; elle est drapée et ramène ses mains sous ses seins. Calcédoine. — 205. **Lion** dévorant un taureau. — 213. **Dagon** barbu tenant une couronne dans la main droite et un céras dans la gauche. Dans le champ, un dauphin. Jaspe vert. — 238. **Patèque phénicien** debout, de face, entre deux lions qui se dressent; la tête du dieu est surmontée d'une couronne de plumes. De chaque côté, le Soleil et la Lune. — 250. **Melqart** barbu, de face, vêtu d'une tunique, tenant de chaque main un lion la tête en bas; dans le champ, inscription cypriote. Ser-

pentine — 210. **Eschmoun** debout, tenant des épis
et une corne d'abondance ; a ses pieds, deux serpents.
Dans le champ, inscription phénicienne. — 232. **Isis**
ailée, tenant sur ses genoux Horus enfant.

2. — *Intailles grecques et romaines.*

22. **Saturne** dans un char traîné par deux dragons ; le
dieu tient la *harpè* ; au-dessus, les constellations du
Verseau et du Capricorne. Jaspe rouge. — 24. **Zeus
Arotrios**, assis de face, tenant un sceptre et des épis.
Améthyste. — 27. **Apollon devin**, debout, s'appuyant
sur le trépied delphique et tenant une branche de
laurier. Dans le champ, ΧΡΗCΜΟΔΟΤΗΝ *(le dieu qui
rend des oracles)*. Agate rubanée. — 31. **Apollon et
Marsyas**. Le dieu refuse à Olympus la grâce du Satyre. Calcédoine blanche. — 32. **Apollon Philesios**

debout, jouant avec un faon qui se
dresse. Type rappelant la statue que
Canachos exécuta pour le temple des
Branchides, près de Milet, entre 494
et 479 avant notre ère. — 48. **Athéna
Lemnaia**. (Fig. 21). Buste de profil,
la tête nue ; le casque est devant le
visage. Copie du buste d'une statue
célèbre de Phidias. Grenat oriental.

Fig. 21.

— 57. **Mercure** portant Bacchus en-
fant ; réplique de l'œuvre de Praxitèle, trouvée à Olympie. Hyacinthe. — 58. **Mercure** assis, tenant le caducée, type d'une statue de bronze du musée de Naples.
— 62. **Bacchus** barbu tenant un thyrse et un canthare, la partie inférieure du corps en gaine. — 64.
Silène ; tête de face sur un cippe. — 69. **Satyre tireur
d'épine** ; il est agenouillé et attentif à extraire une
épine du pied d'un de ses compagnons assis devant

lui. — 70. **Satyre préparant un sacrifice**; il est agenouillé, aiguisant un couteau auprès d'un autel sur lequel est lié un chevreau. Son attitude rappelle la statue célèbre sous le nom de l'*Arrotino* ou le *Rémouleur*. — 71. **Satyre**. Buste signé ΕΠΙΤΥΓΧΑΝΟΥ. Améthyste; travail des plus remarquables. (Fig. 22). — 72. **Bacchant** debout, se ceignant la tête; il est vêtu d'une peau de chèvre. Type rappelant le Diadumène de Polyclète. Jaspe noir. — 76. **Marsyas** apprenant à Olympus à jouer de la syrinx. Marsyas, reconnaissable à ses cornes et à ses pattes de bouc, est debout à côté de son élève, le pedum à la main. Le jeune Olympus, son disciple, assis sur un rocher, tient la syrinx. Au second plan, la grotte du satyre.

Fig. 22.

251. **Poseidon** ouvrant la source de Lerne, pour la nymphe Amymone; le dieu frappe le roc de son pied droit. — 252. **Minerve** arrachant le bras du géant Acratès. Scarabée étrusque en cornaline. — 259. **Héraclès discobole.** Le dieu saisit le disque de la main droite et s'appuie sur sa massue; son arc est à terre derrière lui. Agate rubanée. — 260. **Héraclès et Echidna**, dont les jambes se terminent en serpents. Echidna fut la mère de l'Hydre, de la Chimère et de Cerbère. — 261. **Phaéton** renversé de son char. — 262. **Céphale** et le chien Lælaps. Le chasseur, nu, tient le *pedum* et présente un appât au chien dont Artémis lui avait fait cadeau. Scarabée étrusque d'un style remarquable. — 263. **Satyre** nu, debout à droite, portant une outre sur son épaule. — 264. **Scylla**; au-dessous de sa poitrine, le

Fig. 23.

buste d'un chien; sa queue est anguiforme. — 110.

Les Héraclides, tirant au sort les villes du Péloponnèse (fig. 23). Apollodore raconte au sujet des descendants d'Héraclès la fable suivante : « Lorsque les Héraclides furent maîtres du Péloponèse, ils élevèrent trois autels à Zeus Patroos, et après avoir offert un sacrifice, ils tirèrent les villes au sort. Argos fut le premier lot, Lacédémone le second et Messène le troisième. On apporta un vase plein d'eau et il fut convenu que chacun y mettrait son suffrage. Temenos et les deux fils d'Aristodème (Proclès et Eurysthénès) y déposèrent des pierres ; Cresphonte voulant avoir Messène, y mit une boule de terre, pour qu'elle se fondît et que les deux autres sortissent les premières. Celle de Temenos sortit d'abord, ensuite celle des fils d'Aristodème, et Cresphonte eut Messène par ce moyen... » On reconnaît sur notre cornaline les trois rois tirant au sort Argos, Lacédémone et Messène.

100. **Persée**, vainqueur de la Gorgone. Le héros, debout près d'une colonne, tient une Victoire et la tête de sa victime. — 102. **Méléagre**, vainqueur du sanglier de Calydon. — 106. **Adraste** tombant de cheval.

267. **Castor** puisant de l'eau à la fontaine, dans le pays des Bébryces. Théocrite (*Idylle* XXII) raconte les aventures de Castor et de Pollux quand ils prirent part à l'expédition des Argonautes. Le navire Argo s'étant arrêté sur la côte du pays des Bébryces, en Bithynie, les deux jumeaux en profitèrent pour débarquer et faire une excursion dans ce pays inconnu. Après avoir marché quelque temps, à l'aventure, au milieu des montagnes et des bois, ils découvrirent sous une roche escarpée une source abondante. Ils allaient s'y désaltérer, et déjà Castor y puisait, comme on le voit sur notre scarabée, lorsque parut l'hôte de ce site sauvage, le géant Amycus. Un colloque s'engage : « Eh quoi, mon ami, dit Pollux, ne pourrons-

nous même pas nous désaltérer à cette source ? » Le barbare prétend s'y opposer, et finalement Pollux engage avec Amycus un combat terrible dans lequel le géant est terrassé et vaincu. Scarabée étrusque.

268. **Jason** à la conquête de la Toison d'or et luttant contre le dragon. Le héros, vu de dos, essaye de maintenir le monstre de la main gauche, tandis qu'il lui plonge son épée dans le cou. — 269. **Méléagre** à cheval, poursuivant le sanglier de Calydon. — 270. **Tydée** blessé ; ses genoux fléchissent et il essaye d'arracher un trait enfoncé dans son flanc droit. — 271. **Capanée** foudroyé. Le héros argien, nu, tombant à la renverse, se couvre de son bouclier et regarde le ciel, d'où le coup fatal lui a été porté. Sa main droite a laissé échapper son épée, dont la lame est recourbée. Capanée, qui avait épousé Évadné, fille d'Iphis, roi d'Argos, fut un des sept héros argiens qui marchèrent contre Thèbes, lors de la guerre entre Étéocle et Polynice. Il s'était vanté que le feu de Zeus lui-même ne l'empêcherait pas de monter à l'assaut de la capitale de la Béotie et n'arrêterait pas son audace. Mais au moment où le téméraire s'élançait sur l'échelle pour escalader le rempart, Zeus le foudroya. Scarabée étrusque.

272. **Pandarée** emmenant le chien de Crète. Le grammairien Antoninus Liberalis raconte la fable suivante : « Quand Rhéa, qui craignait Cronos, eut caché Jupiter dans l'antre de Crète, la nymphe Aex vint le nourrir de son lait ; un chien d'or gardait Aex, d'après l'ordre de Rhéa. Après que Jupiter eut ôté l'empire à Cronos par la victoire qu'il remporta sur les Titans, il donna l'immortalité à sa nourrice. Quant au chien d'or, il l'établit gardien de son temple dans l'île de Crète. Pandarée, fils de Mérope, ayant volé ce chien, le conduisit au mont Sipyle et le donna

en garde à Tantale, fils de Jupiter et de Pluto. Quelque temps après, Pandarée étant venu au Sipyle, réclama le chien ; mais Tantale jura ne pas l'avoir reçu. Jupiter, pour punir Pandarée du vol qu'il avait commis, le changea en pierre et précipita Tantale en bas du mont Sipyle, pour se venger de son parjure. » Sur notre scarabée étrusque, le voleur Pandarée,

Fig. 24.

armé du casque, de la lance et du bouclier, tenant un scyphos, emmène le chien de Crète. Dans le champ, on aperçoit une tête de Silène qui sert d'orifice à une fontaine.

273. **Polyeidos** retirant le corps de Glaucos du vase de miel (fig. 24). Le jeune fils de Minos, roi de Crète, et de Pasiphaé, tombe dans un tonneau (πίθος) de miel, en poursuivant une souris ; il y meurt étouffé, avant qu'on ait pu songer à l'en retirer. Minos s'adresse alors à Polyeidos, devin d'Argos, descendant du fameux Mélampos, qui avait guéri les filles de Prœtos. Mais Polyeidos se fait prier : ce n'est que contraint par la force et les menaces qu'il se décide à retirer l'enfant. Minos exige en outre qu'il le ressuscite et pour forcer le devin à avoir recours à toute sa science, il l'enferme avec le cadavre jusqu'à ce que l'enfant soit ramené à la vie. Le miracle s'accomplit et Glaucos revoit le jour. Sur le scarabée, nous voyons Polyeidos, debout, à demi nu, enveloppé dans son péplos et tenant une baguette magique qu'il enfonce dans le vase de miel ; la tête de Glaucos émerge du vase. Minos debout, enveloppé dans son péplos, et Pasiphaé, assise, posant les mains sur le bord de la cuve, assistent à l'opération théurgique. Scarabée étrusque. — 274. **Achille** au tombeau de Patrocle. — 275. **Ajax** emportant le corps d'Achille. — 276. **Enée**

portant Anchise. — 277. **Ulysse et Diomède**, debout, conversant; jaspe rose. — 278. **Diomède** portant la tête de Dolon. Le héros grec nu, armé d'un bouclier, d'une épée et de deux javelots, tient sur sa main droite la tête casquée de Dolon. Sur d'autres monuments on voit Diomède et Ulysse coupant la tête à Dolon, que les Troyens avaient chargé d'espionner l'armée des Grecs au cours du siège de Troie. Scarabée étrusque.

279. **Ulysse** égorgeant une victime avant de consulter Tirésias. — 280 et 281. **Compagnon d'Ulysse** déliant l'outre des Vents. Le roi d'Ithaque étant allé consulter le roi des Vents sur son voyage, pour le prier de l'aider à faire une heureuse navigation, Éole lui confia les Vents enfermés dans une peau de bouc dont l'orifice était lié avec un fil d'argent. Mais les compagnons d'Ulysse s'imaginèrent que l'outre mystérieuse renfermait des trésors. Profitant du sommeil de leur chef, ils délièrent l'outre et les Vents déchaînés s'échappant provoquèrent une tempête qui faillit les faire tous périr. — 283. **Dolon surpris par Ulysse et Diomède.** Le malheureux Troyen, fait prisonnier, va périr; l'un des guerriers grecs pose le pied sur le genou du captif accroupi et qui demande grâce; il s'apprête à le transpercer, tandis que son compagnon lève aussi sa lance pour frapper l'espion troyen. Scarabée étrusque.

113. **Cassandre** embrassant en suppliante le Palladium, au moment où Ajax pénètre dans le sanctuaire pour l'en arracher. — 114. **Ulysse** contemplant les armes d'Achille; dans le champ: A. SCANT. FELIX. — 115. **Héros grecs** jouant aux échecs. Améthyste. — 83. **Philoctète** à Lemnos; il est assis sur un rocher, occupé à déplumer un oiseau qu'il vient de tuer pour son repas. — 117. **Othryadès** mourant sur le champ

de bataille et écrivant sur un bouclier le mot *Victoria*, pour annoncer que sa patrie, Lacédémone, reste victorieuse des Argiens. — 118. **Alexandre le Grand** sur Bucéphale mourant; le cheval s'abat sous le héros. — 91. **Victoire** jouant aux osselets. Cornaline montée dans un anneau d'or antique. — 92. **Victoire**, tenant un caducée. Dans le champ, l'inscription: C. MARCIVS NICEPHORVS. — 95. **Cratère** destiné au vainqueur des jeux. Sur la panse est figurée une Victoire conduisant un bige; sur le pied, deux sphinx. — 98. **La ville d'Antioche** personnifiée, assise sur un rocher entre son Démos qui la couronne et la Fortune; à ses pieds, le fleuve Oronte sous l'aspect d'un génie nageant. Reproduction d'une œuvre célèbre du sculpteur Bryaxis. — 119. **Brutus le jeune** et ses licteurs. — 120. **Captif** enchaîné à un trophée. — 125. **Ouvrier mineur** tenant une lampe et un pic. Prime d'émeraude. — 129. **Athlète** nu, debout; dans le champ, la signature d'artiste, ΑΥΛΟC. — 137. **Taureau** portant sur ses cornes les bustes du Soleil et de la Lune; à l'exergue, le nom HELIODORVS. — 148. **Marc Antoine.** — 149. **Sextus Pompée.** —

150. **Juba II**, roi de Maurétanie — 152. **Germanicus.** — 153 et 154. **Corbulon.** — 160. **Constantin le Grand**; sur le casque, le monogramme du Christ. — 161. **Julien l'Apostat.** — 176. **La Nativité de Jésus-Christ.**

Fig. 25.

Jaspe sanguin; gemme de forme pyramidale (fig. 25).

TABLE-VITRINE DOUBLE II

Cette vitrine-double contient trois séries de monuments: 1º Des bijoux d'or; 2º Des bagues; 3º Des gemmes gravées.

1. — Bijoux d'or.

101. **Osiris.** Buste en cristal de roche sur un cippe carré en or émaillé. Statuette égyptienne. Hauteur 44 mill. — 98. **Harpocrate** assis, le *pschent* sur la tête, la tresse de cheveux sur l'oreille droite ; le dieu pose le doigt sur sa bouche, suivant le geste rituel. Statuette égyptienne en or. Haut. 40 mill. — 99. **Roi** agenouillé, *l'uraeus* sur la tête ; il tient le fléau et le crochet. Statuette égyptienne en or. Hauteur, 22 mill.

272. **Fibule** d'or massif ornée de trois perles d'or dans sa partie supérieure et de cinq cordelettes enroulées, vers l'ardillon. Travail romain. Haut. 70 mill. trouvée à Rennes, avec la patère d'or décrite ci-après, p. 146. — 273. **Fibule** d'or massif, le dos incrusté d'émail. Travail remarquable de l'époque romaine. Haut. 70 mill.

133. **Victoire**, les ailes déployées, tenant une couronne. Pendant de collier grec trouvé à Athènes.

504. **Anneau** décoré de trois bustes en ronde bosse, formant chaton, qui représentent la Triade éleusinienne : *Demeter, Perséphone et Triptolème*. Cet anneau, de travail grec, a fait partie de la collection de Caylus. Haut. 20 mill.

249. **Bracelet** plat à sept pans sur lesquels sont gravées les figures des *divinités des sept Jours de la semaine*, accompagnées de leurs noms en grec. Don de J. de Witte, 1881.

114. **Collier** étrusque composé de quinze plaques d'or au repoussé, offrant alternativement deux sujets : l'un est l'*Enlèvement de Thétis par Pelée*; la déesse lève les bras, le héros est nu et imberbe, un serpent est à ses pieds. Le second sujet représente une femme nue, ailée, tenant un poisson, et posant le pied sur un rocher.

130. **Collier** formé par huit nœuds d'or massif, alternant avec sept cylindres d'émeraude. Long. 40 cent. Trouvé à Naix, en 1809.

159ᴬ. **Bijou pendentif** : tête de bœuf formant boîte, avec bélière. Travail grec. Trouvé à Kertch.

118. **Torques** ou plutôt ceinturon gaulois. Torsade d'or massif fermée par deux grands crochets. Long. 1 mètre ; poids, 330 gr. Trouvé à Saint-Leu d'Esserens, près de Creil, en 1843.

284. **Cuillère celtique,** le bord du manche orné d'un filet au pointillé. Long. 170 mill. Trouvée dans le département des Côtes-du-Nord en 1856.

On remarquera encore une suite de colliers et de pendants d'oreilles représentant des Eros, des colombes, des sphinx, des têtes de taureaux ou de lions, des amphores et d'autres motifs décoratifs, souvent de l'élégance la plus raffinée.

2. — *Bagues d'or, d'argent et bronze.*

471. **Bague** d'or ; au chaton, gravé en creux, *Isis-Cérès* debout avec le *pschent*, s'appuyant sur son sceptre, et tenant des épis. Époque romaine. — 476. **Bague** d'or ; au chaton, gravé en creux, *Sphinx et Pégase* affrontés. Trouvée en Etrurie. — 478. **Bague** d'or ; au chaton en creux : *Sphinx et Chimère* affrontés, séparés par une palme et une croisette.

480. **Bague** d'or, au chaton en creux : *Apollon tuant à coups de flèches Phlegyas.* Le dieu est sur son char, traîné par deux chevaux ailés ; l'infortuné père de Coronis tourne la tête du côté d'Apollon, en cherchant à se soustraire à ses traits inévitables. Sous les chevaux, *Lelaps*, chien d'Apollon. Derrière le char, jeune guerrier, nu, armé d'une épée, et tenant une branche de laurier.

482. **Bague** d'or; au chaton. *Héros* s'élançant dans son char, traîné par un *sphinx* et un *cerf*; un personnage nu s'avance à sa rencontre. — 483. **Bague** d'or; au chaton en creux. *Héros* montant dans son bige, dans lequel est déjà l'aurige tenant le fouet et les rênes. Devant les chevaux, homme agenouillé portant une palme. Trouvée en Étrurie.

485. **Bague** d'or; au chaton en relief, exécuté par estampage. *Dieu ailé* combattant un *sphinx* et un *lion* qu'il saisit par les pattes. Style étrusque. — 487. **Bague** d'or; au chaton en forme d'œil, au repoussé, le *Soleil dans son char*, traîné par quatre chevaux ailés, sortant de l'Océan, précédé par *Phosphoros*. L'Océan est figuré par un vieillard couché, tenant un roseau. — 489. **Bague** d'or au chaton en forme d'œil. Sujet au repoussé : le *corbeau* d'Apollon perché sur l'*omphalos* de Delphes, tenant l'anse d'un vase dans son bec.

563. **Bague indienne** en or, de l'époque antérieure à notre ère. Le jonc, large et mince, est aplati sur une face pour former un chaton circulaire sur lequel on lit une inscription en caractères bactriens (*kharosti*). Don de M. Émile Senart, 1918. — 561. **Bague indienne** en or; au chaton, une inscription en sanscrit gravée en creux. Provient de Java. Don de Van der Peel, 1835.

592. **Bague** de bronze; au chaton, buste de *Jupiter Sérapis* de face, en haut relief. — 566. **Bague** de bronze; au chaton qui est en argent, la tête de *M. Junius Brutus*, en creux. Don Oppermann, 1874.

511. **Bague** d'or; au chaton, en creux, un *roi Scythe* à cheval au pas, précédé par une femme à pied.

508. **Bague** d'or; dans le chaton est encastré un *quinaire* d'or de l'empereur *Maximin I*er (235-238).

510. **Bague** d'or; au chaton, une *Ancre*, symbole chrétien du salut, en relief.

547. **Bague** d'or dont le chaton est un *sou* d'or d'un
roi des Francs du nom de Clotaire.

465. **Bague** d'or dont le chaton est une cornaline sur
laquelle est gravée en creux, une tête d'*Apollon*, radié, de profil, de travail antique. Ce chaton est doublé
d'une feuille d'or sur laquelle est représentée, au
repoussé, la Vierge tenant l'enfant Jésus, de travail
byzantin.

550. **Bague** d'or mérovingienne, avec deux chatons conjugués, de forme ovale. Sur l'un, en creux, BAVDVL-
FVS; sur l'autre, HARICVL.[F]A. Anneau de mariage. Trouvé en 1849, près de Vitry-le-François. —

552. **Bague** d'or mérovingienne, dite « Bague de Sainte
Radegonde », trouvée à Airvault (Deux-Sèvres). Au
chaton, un monogramme. Don de Mlle Fillon, 1909.

558. **Bague** épiscopale en or, de Goderan, évêque de
Saintes et abbé de Maillezais; au chaton un saphir
cabochon. Trouvée dans son tombeau. Legs Benj.
Fillon, 1878.

559. **Bague** d'or médiévale; au chaton de forme octogonale, un saphir cabochon; autour, en caractères
gothiques : *Anulus Lodovici de Gaillal* (?). Sur le jonc
biseauté : *Verbum caro factum*.

560. **Bague** d'or de *Bertrand de la Tour* (xve siècle). Au
chaton, intaille sur agate représentant une tête de
jeune homme coiffée d'un bonnet décoré de trois coquilles. Sur le bord, S. B. DE. TURRE en caractères gothiques.

556. **Bague** d'or. Au chaton, en creux, les armes et le
nom du possesseur; sur l'écusson, un *griffon tenant
une proie dans son bec*. Le casque orné de lambre-
quins a pour cimier un griffon semblable à celui du
blason. On y lit : MARIN PIXIAN. Sur l'anneau, inscription en relief empruntée à l'Évangile de saint Luc :
Jesus autem transiens per medium illorum ibat en

caractères gothiques. Très élégant bijou du xvᵉ siècle. Donné en 1853 par Alphonse de Cailleux.

3. — *Gemmes gravées.*

Les **gemmes gravées** de la vitrine-double II, sont décrites ci-après p. 63.

Gemmes gravées (*Intailles*)

Tables-Vitrines III et IV

1. — *Cylindres chaldéo-assyriens et autres.*

Les cylindres chaldéo-assyriens, perses et hétéens sont des pierres gravées qui servaient de sceaux ou cachets. Ils sont généralement en hématite, jaspe ou calcédoine. On les apposait sur l'argile, encore malléable, au bas de l'acte ou du contrat, rédigé en écriture cunéiforme, qu'on voulait sceller ; généralement, dans cette opération, on poussait le cylindre comme une roue en le faisant tourner sur son axe, afin de développer l'empreinte du sujet gravé à la circonférence ; on obtenait une empreinte intégrale quand le cylindre avait accompli une révolution sur lui-même. Le gâteau d'argile ainsi scellé était soumis à la cuisson, de manière à rendre inaltérable, à la fois, la rédaction même de l'acte et l'empreinte des cylindres qui y avaient été apposés. Hérodote nous dit que chaque Babylonien avait son cachet ; il le portait suspendu à son collier au moyen d'un cordon passé dans le trou qui traverse le cylindre de part en part, dans son axe. Les moulages en plâtre, placés, dans nos vitrines, à côté de chaque cylindre, reproduisent les scènes gravées sur la surface ; ces images se rapportent généralement à la mythologie chaldéo-assyrienne, hétéenne ou perse ; les inscriptions qui les accompagnent contiennent tantôt des noms divins, tantôt les noms des personnages auxquels les cylindres ont servi de cachets.

a. — *Cylindres de Sumer et Akkad* (n⁰ˢ 3 à 303).

Les plus anciens remontent à l'époque des empires d'Agadé, d'Ur, des premières dynasties babyloniennes et des rois Kassites. Les principaux sujets qui s'y trouvent figurés interprètent la légende chaldéenne du roi mythique Gilgamès luttant contre des lions, des cerfs, des taureaux et des animaux fantastiques, les démons

Fig. 26.

de la mythologie chaldéenne; le héros est souvent accompagné du monstre Ea-bani, à tête humaine barbue et à corps de lion. Nous attirerons l'attention sur les cylindres suivants : 7. Scène de labourage. — 8 à 16. Animaux dressés et luttant ensemble ou avec des géants. — 20 à 37. **Gilgamès et Ea-bani** avec des lions et des taureaux. — Sur le n⁰ 28 (fig. 26), d'un style remarquable, on voit, entre Gilgamès et le taureau, un scorpion; entre Ea-bani et le lion, l'aigle de Sirpurla; les deux groupes sont séparés par un serpent et par une inscription qui nous donne le nom propre *Uqipa*. — 39 à 49.

Scènes variées du mythe du **taureau à tête humaine**.
— 50 à 67. Divinités diverses debout ou assises devant
des autels et recevant les hommages de leurs prêtres et
de leurs adorateurs vêtus de longues robes d'étoffes floconneuse. — 68 à 73. Scènes du mythe du **dieu aux ailes
de flammes**. — Sur le n° 71 le dieu est debout de face,
les bras soulevés, chaque main posée sur deux cônes
entourés de cercles ; à droite et à gauche deux pontifes
vêtus de robes striées, qui paraissent tenir ouvertes les
portes du tabernacle dans lequel se tient le dieu. — 74.
Un dieu assis, des épaules duquel partent symétriquement deux jets d'eau et auquel deux pontifes amènent
un monstre à corps d'oiseau. — 77. **Divinité assise sur
un trône** ; à ses pieds un taureau couché qu'un sacrifi-
cateur va immoler. Devant la figure du dieu, une étoile ;
derrière le taureau, un autel d'où s'échappent des flammes. — 78. Dieu à buste humain terminé en corps de
serpent, devant lequel deux personnages font une libation. — 84 à 152. Diverses scènes d'initiation et de
prière devant un dieu assis ou debout. — 156 à 173. Libations, offrande du chevreau, cérémonies liturgiques.
— 179 à 221. Scènes de prières et d'incantation ; sur le
n° 219, un pontife coiffé de la tiare à cornes de taureau,
vêtu d'une longue tunique à ramages, tuyautée, tient les
deux bras levés, les mains à hauteur du visage ; devant
lui, un personnage, tête nue, vêtu d'une tunique courte,
armé d'une hache et d'une masse d'armes, et portant le
panier aux offrandes. Derrière celui-ci, l'initié ou le
servant, dans une pose recueillie ; enfin, devant le pontife, une figure agenouillée semble attendre la bénédiction du prêtre, à moins que ce soit la victime qu'on
doit sacrifier. L'inscription est une invocation à la divinité. — 222. **La déesse Istar**, nue, de face, les deux
mains soutenant les seins. — 224 à 240. Déesses guerrières et leurs adorants. — 241 à 243 Dieu armé de

masses disposées en éventail. — 245 à 255. Dieu de la foudre, parfois debout sur un taureau. — 256. Dieu ayant pour attribut un bâton recourbé.

b. — *Cylindres assyriens* (n⁰ˢ 304 à 380).

304 à 308. Animaux réels ou fantastiques. — 309 à 317. Archer à la chasse. — 319 à 326. Génie à quatre ailes entre des quadrupèdes souvent ailés. — 327 à 333. Génie combattant avec l'arme recourbée en faucille. — 339 à 349. Scènes d'offrandes et de sacrifices sur des autels installés au pied des statues divines assises ou debout. — 351 et 352. Dieu entouré du nimbe rayonnant. — 353 à 355. Dieu à la hache; sur le n° 354 le dieu est debout sur un taureau couché sur l'autel; une autre divinité est devant lui, tenant une couronne, élevant la main droite, le glaive au côté, l'arc sur l'épaule; en haut, le soleil, la lune, les sept planètes, et le disque ailé entourant un buste divin; enfin un pontife se tient debout, au centre de la scène, faisant le geste de l'indication; derrière lui, l'arbre sacré. L'inscription signifie: *Sceau d'Assur-bel-ussur, préfet du pays de...* — 357 à 360. **Le dieu de la foudre ;** diverses scènes de son mythe. — 367 à 374. Scènes de chasse et de combats. — 378 à 380. **L'arbre sacré** autour duquel se tiennent des pontifes ou des génies ailés; souvent au-dessus, le disque divin ailé.

c. — *Cylindres néo-babyloniens*
(époque de Nabuchodonosor — nᵒˢ 381 à 389).

381, 382. Divinités avec leurs adorants. — 384. L'arbre sacré. — 387 à 389. Les hommes-scorpions, ailés.

d. — *Cylindres perses* (n°ˢ 391 à 405).

393 à 401. Le roi achéménide luttant contre des lions, des quadrupèdes ailés, ou en adoration devant le pyrée surmonté du disque divin. — 403 à 405. Scènes de guerre et de chasse. — 501. Cylindre perse avec inscription phénicienne.

e. — *Cylindres égyptiens* (n°ˢ 406 à 417).

f. — *Cylindres hétéens ou syro-cappadociens* (n°ˢ 419 à 497).

Sur le n° 425 (fig. 27), deux sujets séparés par une torsade. Dans le registre supérieur, dieu barbu assis sur un trône, vêtu d'une longue robe, la main droite ramenée à la ceinture, la main gauche portée en avant tient une amphore d'où s'échappent deux  jets d'un liquide qui se répand à ses pieds. Un personnage à double visage, debout, vêtu d'une robe longue, coiffé d'une tiare conique, s'adresse d'une main au dieu, et de l'autre paraît inviter une suite de six personnages à s'avancer. Le dernier a les mains levées dans l'attitude de l'adoration. Au second registre, des figures fantastiques d'hommes à têtes d'animaux.

Fig. 27.

434. Dieu barbu debout, le pied gauche sur la queue d'un animal fantastique, le pied droit sur la jambe de Gilgamès agenouillé ; il tient un vase d'où s'échap-

pent deux filets d'eau qui retombent dans un autre vase tenu par Gilgamès. Trois autres personnages complètent cette scène ; l'un d'eux tient sur sa poitrine un vase d'où s'échappent deux filets d'eau qui retombent dans deux autres vases posés à ses pieds ; un autre personnage (Gilgamès) nu, à demi agenouillé sur un lion couché, tient sur ses épaules un lion renversé. Dans le champ, divers symboles et animaux, cercopithèque, lièvre, chèvre, aigle, croissant et disque solaire.

Fig. 28.

435. Adoration de l'arbre sacré et sacrifice du taureau (fig. 28).

2. — *Cachets orientaux.*

a. — Cachets scarabéoïdes égyptiens, chaldéo-assyriens, araméens, phéniciens.

1081. **Roi égyptien** entre deux serviteurs qui lèvent une main en signe de respect ; le roi, vêtu d'une tunique courte, est coiffé du *pschent* et porte le sceptre à tête de lévrier. — 1080 ^{e}. **Pontife** debout, vêtu d'une tunique courte et d'un manteau. Il lève la main droite dans l'attitude de l'adoration, s'appuyant de la main gauche sur un sceptre. Scarabée égypto-phénicien.

523. **Déesse chaldéenne** assise sur un trône, coiffée d'une haute tiare, recevant les hommages d'un pontife debout devant elle ; entre le prêtre et la déesse, un autel. En haut le croissant et les sept globules pla-

nétaires. — 535. **Deux quadrupèdes ailés**, debout sur leurs pattes de derrière, se dressant de chaque côté de l'Arbre de vie. L'un a une tête humaine barbue surmontée d'une corne d'ægagre; l'autre est imberbe. — 603. **Pontife chaldéen** barbu, vêtu d'une longue robe, levant la main en signe d'adoration, de-

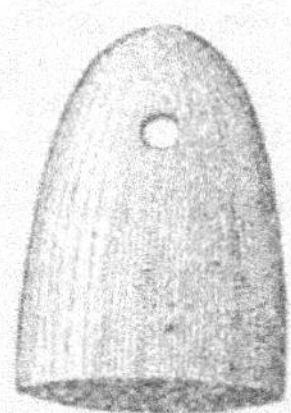

Fig. 29.

vant un autel sur lequel est couché un bélier accosté d'une lance et d'un trépied. En haut, symboles stellaires. — 603 *bis*. Variété de la même représentation avec une inscription cunéiforme (fig. 29). — 610. **Pontife** chaldéen debout en adoration devant l'Arbre de vie au-dessus duquel est posé le buste du dieu suprême dans un croissant; derrière le prêtre, un glaive. — 1050. **Le buste divin ailé**; au-dessous, inscription phénicienne donnant le nom du propriétaire du cachet: *de Sasraël*. — 1052. Représentation à trois registres: 1º deux éperviers séparés par une tige de lotus; 2º deux sphinx affrontés; 3º le disque divin ailé. 1052 *bis*. **Uraeus** à quatre ailes, de face; dessous, le nom du possesseur du cachet: *De Yahmolyahou* (fils de) *Ma'aseyahou*. Cachet israélite du vıᵉ siècle avant notre ère. — 1060. **Patèque phénicien** de face, coiffé de plumes et tenant de chaque main par la queue un lion renversé. — 1062. **Patèque phénicien** à quatre ailes, vu de profil, et luttant avec un lion; derrière le lion, un autre personnage levant les bras. — 1055. **Astarté à tête de vache**, assise sur un trône accosté de deux sphinx; la déesse tient un sceptre; devant elle un pyrée. Scarabée en cornaline.

*b. — Cachets perses ; cachets himyarites ;
pierres orientales diverses.*

642. **Roi achéménide** debout, luttant avec un lion qui
se dresse contre lui ; il est barbu, vêtu de la candys,
coiffé de la cidaris et armé du glaive. — 1031. **Roi
achéménide** luttant avec deux génies ailés à tête de
lion et à cornes d'ægagre. — 1049. **Roi achéménide**
barbu, coiffé de la cidaris crénelée, vêtu de la candys
et tirant de l'arc. — 1079. **Dattier chargé de fruits ;**
deux mouflons sont dressés contre le tronc de l'arbre.
— 1406-446. Pierres gravées ou cachets avec inscriptions himyarites (Arabie avant l'islamisme).

2255. **Grand moule de serpentine.** *Deux personnages,* un homme et une femme, de style hétéen, debout
l'un à côté de l'autre, de face. L'homme est coiffé
d'une sorte de casque pointu muni de petites cornes ;
sa barbe, longue et large, est frisée et disposée à la
mode assyrienne ; il est vêtu d'une sorte de robe courte
ressemblant à une cotte de maille. Ce personnage a
les deux mains ramenées sur la poitrine, dans un
geste qui rappelle celui de l'Astarté babylonienne ; les
mains de sa compagne sont placées de la même manière, soutenant les seins. Celle-ci est coiffée d'un
bonnet en forme de demi-lune, sur lequel sont tracées
des figures géométriques ; sa robe, qui laisse la poitrine entièrement nue, est serrée à la taille et descend
jusqu'aux mollets ; ses cheveux pendent en grosses
boucles le long des joues. Les prototypes des figures
que nous venons de décrire remontent, on l'a démon-
tré, jusqu'à la symbolique hétéenne, mais la fabrication du moule lui-même paraît beaucoup moins recu-
lée et pouvoir être attribuée à quelque secte gnostique.
Peut-être ce monument a-t-il été mis en usage par les

charlatans jusqu'à une époque avancée du moyen-âge.
Dans le procès fait aux Templiers, qui aboutit à la
destruction de l'Ordre, on accusa les chevaliers d'ado-
rer une idole en forme de *Baphomet* (*in figuram Ba-
phometi*), variante du nom de Mahomet. Il exista ainsi,
au moins jusqu'au XIVe siècle, des croyants au Baphomet : c'est à ces sectaires que l'on a proposé d'attri-

Fig. 30.

buer le moule en serpen-
tine dont il est ici question et qui, pour cette
raison, a été souvent dé-
signé sous le nom de *Fi-
gure baphométique des
Templiers*.

2255 *bis*. **Grand moule de
serpentine** (fig. 30).
Deux personnages analo-
gues aux précédents : un
homme et une femme, de
style hétéen, debout côte
à côte. L'homme est
coiffé du bonnet pointu avec de petites cornes ; il a
une barbe longue et striée comme celle du dieu égyptien Bésa ; sa robe longue est tu-
yautée, comme celle de sa compagne ; de ses deux mains ramenées
sur sa poitrine, l'une tient un sceptre terminé par un oiseau. La femme, pareille à celle de la gemme précédente, fait des deux mains le geste
symbolique d'Astarté soutenant ses
seins. Entre les deux personnages,

Fig. 31.

un bouquetin debout sur ses pattes de derrière, rappelant ceux des cylindres chaldéens.

2268. Personnage debout, nu-tête, drapé, armé d'une

lance. Dans le champ, deux lignes en écriture estran-
ghelo (ancien syriaque), du haut moyen-âge. Cristal de
roche (fig. 31).

1385. **Achoucha**, *Prince des Ibères Carchédiens*. Buste
de profil, avec de longs cheveux disposés en tresses,
une barbe épaisse, et des pendants d'oreilles. Un vêtement serré couvre le corps. Légende en caractères
grecs, en creux : ΟΥCΑC ΠΙΤΙΑΞΗC ΙΒΗΡΩΝ ΚΑΡΧΗΔΩΝ,
Ousas ou *Achoucha Ptiachkh des Ibères-Karkèdes*.
(Cf. *Revue archéol.*, t. VIII, 1851, p. 536).

c. — Intailles sassanides.

1108. **Personnage debout**, vêtu d'une tunique longue,
en prière devant un pyrée ; dans le champ, étoile et
croissant. Au pourtour, inscription pehlvie. Agate
grise. — 1110. **Homme et femme** debout, tenant ensemble une sorte de croix ansée terminée par un long
ruban. Epoque sassanide. Calcédoine brune. — 1139.
Aigle éployé ; le corps et les ailes sont formés de trois
têtes barbues placées côte à côte. Légende pehlvie au
pourtour. Cachet muni de son anneau de suspension
en or. Agate grise.

1140. **Main** ouverte portée sur deux ailes ; au-dessus de
chaque doigt, un oiseau ; dans le champ, une étoile ;
au pourtour légende pehlvie. Calcédoine. — 1254 *bis*.
Personnage debout, à tunique courte, luttant avec
deux lions dressés contre lui ; au-dessus, inscription
pehlvie. Calcédoine brune. — 1293 *bis*. **Taureau ailé**,
à tête humaine. — 1297 *bis* **Tête humaine** surmontée
de grandes cornes de mouflon et posée sur deux ailes
éployées ; dans le champ, inscription pehlvie. —
1304 *bis*. **Lion** passant ; au-dessus, un scorpion ; au
pourtour, inscription pehlvie.

1313 *bis*. **L'Arbre de vie** ailé, la tige se terminant par

trois pavots sur lesquels sont posées deux colombes ;
au pourtour, inscription pehlvie. Jaspe. — 1336.
Ormuzd, buste posé sur un pyrée et entouré de flammes ; autour, inscription pehlvie. Sardoine veinée.
— 1337. **Ormuzd**, coiffé d'un bonnet terminé en tête
de griffon. Légende pehlvie.

1339. Buste d'un **roi sassanide**, barbu, coiffé d'une
haute tiare conique. Légende pehl-
vie. — 1339 *bis*. Buste d'un **roi
sassanide**. Légende pehlvie (fig.
32). — 1367. **Sapor à cheval.** Au
pourtour, légende pehlvie. Améthyste.

1330. **Le sacrifice d'Isaac.** Le pa-
triarche Abraham, le couteau à la
main, s'apprête à immoler son fils
couché sur un autel. Abraham se

Fig. 32.

retourne et aperçoit l'ange qui lui amène un bélier.
Sardonyx rubannée ; intaille chrétienne de la Perse
ancienne. — 1331. **La Vierge** assise, tenant l'enfant
Jésus ; au pourtour, légende pehlvie. Grenat. —
1331 *bis*. **Bustes d'homme et de femme** affrontés,
séparés par deux croix. Au pourtour, inscription pehlvie. — 1332. **La Visitation.** Sainte Élisabeth et la
Vierge debout se donnant la main ; entre leurs deux
visages, une croix. Au pourtour, inscription pehlvie.

d. — *Talismans et cachets arabes, turcs et arméniens.*

2256. **Talisman arabe** sur lequel sont inscrites trois
légendes concentriques. Légende du centre, en relief :
Dieu, Mahomet, Ali notre ressource. La légende intérieure, gravée en creux, se compose de versets du Co-
ran. La légende marginale comprend le célèbre verset du Trône, *Sourate II*, 256. Agate blonde en forme

de cœur. — 2262. **Talisman** sur lequel est représenté le roi Salomon, la couronne en tête et assis sur son trône, à la mode orientale ; au-dessus de sa tête, les démons et les génies ; à ses pieds, les hommes et les animaux qui lui sont soumis ; à droite, vole vers lui la huppe qui lui sert de messager dans ses entretiens avec Balkis, reine de Saba ; à gauche, on lit *Soliman* ; à droite, *fils de David* ; autour, dans une bordure servant de cadre, le *verset du Trône*. — 2276. **Talisman** en forme de cœur. Dans un carré, sont inscrits, sur quatre lignes, des chiffres arabes. Au revers, dans un parallélogramme, seize groupes de chiffres arabes disposés deux par deux. Des deux côtés, des guirlandes de feuillage.

2279. **Cachet arménien,** avec la date de l'hégire, 1193.

e. — Intailles de l'Inde.

1057. **Personnage** debout, barbu, diadémé, vêtu d'un costume serré à la taille par une ceinture ; le vêtement des jambes rappelle les anaxyrides perses. Devant, en caractères *kharosti* ou bactriens, le nom du possesseur du cachet, *Theodamas*. Scarabéoïde (fig. 33).

Fig. 33.

1402 A. Cavalier brandissant un glaive suivi de trois personnages à pied. Devant le cavalier une figure ailée debout (Victoire ?) paraissant l'accueillir. Au-dessus, une étoile ; à l'exergue, un serpent. Au revers une inscription en trois lignes, rédigée dans un alphabet indien. (Des inscriptions dans ce même alphabet trouvées dans le nord-ouest de l'Inde, sont au musée de Lahore). — 1402 *bis.* **Buste de femme,** de profil, les cheveux en chignon ; d'une main elle tient une fleur devant sa poitrine.

Au-dessous, une inscription en caractères *kharosti*. Cristal de roche. — 1402 *ter*. **Cachet** ovoïde avec inscription en caractères *goupta* (dérivés du sanscrit), viii² siècle de notre ère. Grenat. Gemme trouvée à Afrascal (Turkestan) et donnée par M. Hugues Krafft en 1899.

3. — *Intailles gnostiques*.

On désigne sous le nom de *Gnostiques* des sectes religieuses qui se développèrent en Orient dans les premiers siècles de notre ère, mais dont les origines remontaient jusqu'aux antiques civilisations de l'Égypte et de la Chaldée.

Montfaucon, a proposé de donner le nom d'*abraxas* aux pierres gravées si nombreuses que nous ont laissées les Gnostiques. Ce nom est, en effet, souvent inscrit parmi les mots inintelligibles gravés sur cette catégorie de gemmes; il y désigne toutefois, non point les pierres elles-mêmes, mais le Dieu suprême des Gnostiques. « Les lettres de ce mot, qu'on l'écrive *Abraxas* ou *Abrasax*, additionnées selon leur valeur numérale en grec, donnent pour total 365 ; c'est le nombre des jours de l'année solaire dans sa plénitude ; c'est le nombre des 365 *Éons* créateurs ; c'est le nombre dont la *plénitude* forme le Dieu suprême, le *Plérôme gnostique* » (Chabouillet, *Catalogue*, p. 283).

Les sujets figurés sur les intailles gnostiques sont, la plupart du temps, des copies ou des dégénérescences des types de la symbolique égyptienne, chaldéo-assyrienne, hétéenne, ou même gréco-romaine. On y retrouve des personnages dont il est aisé de signaler les prototypes, soit sur les monuments de l'Égypte pharaonique, soit sur les cylindres chaldéo-assyriens, soit enfin parmi les débris de la culture hétéenne en Cappadoce, en Syrie ou en Asie-Mineure.

Les intailles gnostiques étaient des talismans ou des amulettes ; on les portait à titre de préservatifs contre le mauvais œil, les maladies, les démons et tous les dangers qui peuvent menacer la vie de l'homme, au physique et au moral. On en tirait des empreintes qui participaient aux vertus de la gemme elle-même ; on guérissait des malades par l'attouchement de certaines de ces gemmes ou de ces empreintes, que les charlatans et les magiciens des derniers siècles de l'antiquité et de tout le moyen âge propagèrent dans le monde occidental. Les inscriptions dont sont couverts ces monuments forment, la plupart du temps, un véritable grimoire, ou bien ce sont des formules secrètes et cabalistiques inintelligibles pour nous et, sans nul doute aussi, pour ceux mêmes qui les prononçaient. « Il ne faut pas chercher, dit avec raison Chabouillet, dans les légendes de ces pierres, les doctrines de la Gnose ; on n'y trouvera guère que des formules magiques ; presque toutes doivent être attribuées à l'une ou à l'autre des deux plus célèbres sectes du Gnosticisme, les *Ophites*, qui tirent leur nom de l'adoration du serpent, en grec ὄφις, ou *agathodémon*, et les Basilidiens, d'où vient le nom de *pierres basilidiennes* sous lequel on a souvent désigné les pierres gnostiques. Les Basilidiens donnaient au Démiurge le nom d'*Ialdabaoth* ; ce nom n'est pas écrit sur les pierres dont on va lire la description, mais on y trouvera ceux de plusieurs des six génies émanés d'*Ialdabaoth* ; savoir : *Iaô* (Jéhovah), *Sabaoth*, *Adonaï*, *Éloï*, *Oraïos*, *Astaphaïos*. Le serpent des Ophites se trouvera, sous diverses formes, sur un grand nombre de ces pierres, ce qui peut les leur faire attribuer ; mais cependant, il ne faut pas oublier que ces sectaires n'avaient pas le monopole de ce type. Les influences planétaires jouaient un grand rôle dans les idées gnostiques ; aussi, trouvera-t-on souvent inscrites sur les monuments que nous allons dé-

crire, les sept voyelles A E H I O Y Ω qui correspondent
aux sept planètes ; c'est toujours le nombre sept comme
dans le mot *Abraxas*. On verra ces lettres répétées deux
fois, trois fois, *sept* fois, et toujours disposées selon des
modes cabalistiques. Les signes du zodiaque, ceux des
planètes se retrouveront aussi sur des pierres de cette
section ».

2168. **Iaô** figuré par un personnage à corps humain,
court vêtu, à tête de lion radiée, debout, tenant d'une
main la croix ansée et de l'autre un sceptre autour duquel s'enroule un serpent. A côté, son nom : ΙΑΩ. Au
revers : ΑΒΡΑCΑΞ. Jaspe sanguin. — 2169. **Iaô** représenté debout, tenant de la main droite la tête coupée
du traître Judas, et de l'autre une épée. Sur deux cartouches on lit cette même inscription répétée : ΑΑΧΑΜΙ
ΜΑΜΙΑΑΙ. Après ces deux mots, le signe planétaire du
soleil, un symbole en forme de X, un autre représentant un X dans un O, les lettres ΙΚΘ, enfin à la dernière
ligne les lettres : ΖΥΕΖΚ. Au revers, on lit : ΙΟΥΔΑC,
Judas. Jaspe vert. — 2170 **Génie**, à buste et bras humains, à deux têtes, l'une de bélier, l'autre de lion, à
jambes et pieds de bêtes. Il tient des deux mains une
croix ansée ; le serpent arrondi en cercle lui sert de
base ; dans le cercle formé par le serpent, chien contemplant une scène symbolique où figurent une femme
et Anubis. Au-dessous du serpent, une momie couchée. On lit en haut : ΘΕΡΦΩΤΘ ΜΟΥΠΡ. ℟. Les sept
voyelles planétaires : ΑΕΗΙΟΩΥ disposées en sept lignes
de sept manières différentes. A la 8ᵉ ligne, ΤΙΤΟΥΗ
(*Titoueh*), un des innombrables Éons des Gnostiques.
2174 *bis*. **Iaô** à tête de coq, les jambes terminées en
serpents ; il est armé de la cuirasse et du bouclier et
brandit un fouet ; au-dessous, une tête de Méduse ; en
légende : ΑΒΛΑΝΑΘΑ ΙΑΩ ΑΒΡΑΣΑ ΞΕ ΣΑΒΑΩ ΜΙΧΑΗ.

℞. Le Soleil radié debout sur un lion en marche, comme Jupiter Dolichenus ; il étend une main comme pour répandre la lumière ou bénir, et de l'autre, il tient son manteau et un fouet ; au-dessus de sa tête, deux étoiles. En légende, ΝΟΦΗΡ et ΑΒΛΑΘΑΝΑΒΛΑ. Jaspe sanguin. Pierre trouvée à Corbeny (Aisne), en 1898.

2175 *bis*. **Iaô** tenant un bouclier et un fouet ; au-dessous, un masque de Méduse ; autour, une inscription gnostique et cinq astres. ℞. Lion au pied d'un trophée ; inscription gnostique et six astres. Jaspe vert. — 2179. **Ananaël** ou *Athoniel*, un des sept génies inférieurs, représenté avec une tête d'âne, des ailes et un corps de momie, et tenant des deux mains un trident crucigère. Les noms de six de ses compagnons se lisent en légende : *Ouriel, Gabriel, Raphael, Mikael, Isigael*. A la fin de la légende, on lit ΙΩΝ et dans le champ sont éparpillées des lettres qui, rassemblées, forment le nom d'*Onoël*. A l'exergue, la formule si fréquente : ΑΒΛΑΝΑΘΑΝΑΛΒΑ, qui se lit dans les deux sens. ℞. En légende, les noms de trois génies stellaires d'Ialdabaoth, *Iaô, Sabaoth* et *Adonaï*, puis celui d'*Abraxas*. Dans le champ, symboles relatifs aux voyages du *Plérôme* : caducée d'Hermès-Psychopompe, le *vase des péchés*, le serpent *Chnouphis*, la clef des mystères et une fleur de lotus. Hématite.

2180 **Anubis** debout, tenant d'une main la croix ansée et de l'autre un sceptre, placé au milieu du cercle formé par le serpent qui se mord la queue. Autour, des noms de génies : *Ouriel, Souriel, Gabriel*, et ΙΩ peut-être pour ΙΑΩ. Au revers, le nom de *Mikael* au-dessous de deux étoiles. Jade. — 2181. **Athernoph**, génie à double tête, mais à une seule jambe, debout, tenant de la main droite un flambeau et de la gauche un sceptre. En haut, le nom ΑΘΕΡΝΩΦ. Agate jaune. —

2183. **Génie** portant un épervier sur la tête, vêtu d'une robe, les bras étendus et tenant à deux mains un serpent, debout sur une base carrée.

2185. **Chnouphis,** le serpent divin à tête de lion radiée ou *Agathodémon*, se dressant entre le soleil et le croissant de la lune. Au revers, XNOYBIC. — 2190 *bis.* **Le serpent Chnouphis-Glycon,** à tête de lion nimbée; dans le champ, XNOYMIC, ΓΑΥΚΩΝΑ et IAΩ. ℟. OPOI BAPBAPOY EPOI BOPBAPOY ΔΕΑΡΟΥΑΓΑ ΑΕΩΝΑΡΤICCOY PAMIOY EYA ΠΟΥΡΑΜΙ ΟΥΕΟΥΧΝΟΒΙC. Émeraude.

2196. **Horus** assis entre le soleil et la lune. Le dieu est au milieu d'un cercle formé par le serpent qui se mord la queue, et de cinq groupes d'animaux disposés trois par trois; au-dessus de sa tête, trois scarabées; à droite, trois gazelles; à gauche, trois éperviers; en bas, trois crocodiles; à droite, trois serpents. ℟. Sept lignes formées par les sept voyelles planétaires, rangées de sept manières différentes. Hématite.

2198 *bis.* Sur la face plane, le **Serpent Cnouphis**, la tête environnée de rayons formés de lettres et de

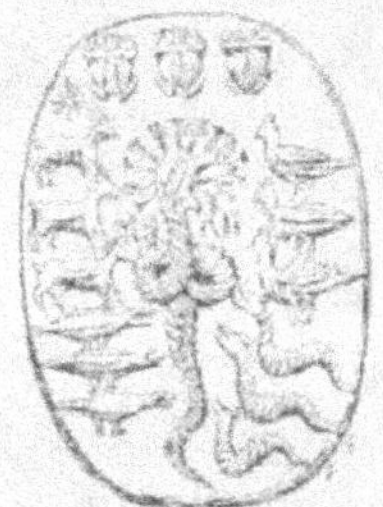

Fig. 34

clous. Autour, trois scarabées, trois oiseaux, trois serpents, trois biches, trois crocodiles. Dans le champ, ΠΑΕΙΧ. Sur la face convexe, personnage à tête de coq,

tenant un bouclier et un fouet ; ses pieds se terminent
en têtes de serpents. Autour, inscription gnostique.
Jaspe sanguin (fig. 34).

2203. **Hermès-Sérapis** barbu, assis, tenant un caducée
à l'extrémité duquel sont perchés un ibis et un coq.
Au-dessus de sa tête, un scarabée. Sous ses pieds, un
crocodile ; devant, un scorpion. A droite, les sept voyelles des planètes : A (Mercure), E (Vénus), H (Soleil),
I (Saturne), O (Mars), Υ (Lune), Ω (Jupiter). L'A est
répété sept fois, l'E six fois, l'H cinq fois, l'I quatre
fois, l'O trois fois, l'Υ deux fois, l'Ω une seule fois.
Le tout est renfermé dans un serpent qui se mord la
queue. ℞. Sept lignes correspondant aux sept planètes :
1º trois colombes ; 2º trois scarabées ; 3º trois gazelles ; 4º trois crocodiles ; 5º trois serpents ; 6º le mot
ΟΥΓΟΡΟΑΠΙ ; 7º ΑΧΕΑΟ. Jaspe sanguin.

2207. **Anubis** sous la figure d'un homme à tête de
chien, debout, tenant d'une main un seau et de l'autre
un quadrupède. Légende : ΦΠΙΘΙΙ.

2210. **Osiris** coiffé d'un disque entre deux cornes, debout, vêtu d'une longue robe et s'appuyant des deux
mains sur un sceptre. ℞. **Isis** avec la même coiffure
qu'Osiris, debout, vêtue d'une longue robe, tenant
d'une main un vase et de l'autre un bâton autour duquel s'enroule un serpent. Légende : ΑΒΛΑΝΑΘΑΝΑ,
puis peut-être ΙCΙΟ pour *Isis*. Sur la tranche, on
lit encore l'invocation habituelle ainsi variée :
ΑΒΛΑΝΑΘΑΝΟ. Jaspe sanguin.

2211. **Isis** assise tenant *Horus* sur ses genoux. Légende :
ΒΑΘΑΘΑΘΘΛ. ℞. **Typhon** ou *Bès*. Légende ΒΕΡΒΕΡΕ-
ΤΕΓΑC. Serpentine.

2216. **Anubis** debout, les mains étendues, donnant ses
soins à la momie d'**Osiris** couché sur un lion. Jaspe.

2218. **Salomon** à cheval, vêtu à l'antique, perçant de sa
lance un ennemi terrassé. Étoile devant la tête de Sa-

lomon. Légende : CΟΛΟΜΩΝ, ß. CΦΡΑΓΙC ΘΕΟΥ (*Sceau de Dieu*). Hématite.

2220. **Iaô** sous la forme d'une momie à quatre ailes et à trois têtes de chacal ou de chien, de vautour et d'épervier. Dans le champ, trois astres et des lettres à demi effacées. En bas, ΙΑΩ. ß. Trophée entre deux monogrammes. Serpentine.

2220 *bis*. **Hercule** debout, étouffant le lion de Némée ; derrière, sa massue. Au pourtour, longue inscription gnostique. ß. **Femme à trois têtes et à six bras** vêtue d'une longue robe (la triple Hécate). Ses têtes sont tutulées, ses mains portent des torches, des épées et des serpents. Dans le champ, les deux noms ΙΑΩ et ΑΒΡΑCΑΞ. Jaspe rouge.

2220 *ter*. Sur une face, personnage nu, debout sur le dos d'un autre personnage couché à plat ventre ; le premier a la tête surmontée d'une étoile et il porte trois fléaux sur son épaule. Le champ est couvert d'inscriptions cabalistiques. Au revers, un personnage debout, de face, ayant deux têtes, l'une de lion, l'autre de coq ; il est vêtu d'une tunique courte et il tient un serpent dans chaque main. Jaspe jaune foncé.

TABLE-VITRINE DOUBLE II. — COMPARTIMENT A.

PIERRES GRAVÉES PRIMITIVES : *Égéennes, crétoises héteennes, syro-cappadociennes.*

Un premier groupe est composé de sceaux ou cachets de formes diverses, en hématite, serpentine, jaspe, albâtre, calcaire bitumineux, serpentine, avec un côté plat sur lequel est gravé en creux le cachet proprement dit. Ce sont d'abord de simples lignes, des stries, des rectangles, des triangles ou d'autres figures géométriques, un clayonnage, des cercles concentriques, des enroule-

5

ments. Puis, les animaux font leur apparition : antilopes, lions, scorpions, taureaux, béliers, parfois dressés, croisés par deux, l'un à côté de l'autre, parfois en lutte l'un contre l'autre. Au règne végétal sont empruntés des fleurons, des arbres conifères. Ces cachets sont en forme de rectangles, de troncs de pyramide, avec tige rhomboïdale ou calotte sphérique percée d'un trou de suspension. Parfois ils affectent la forme grossière de quadrupèdes. De tels monuments ont été recueillis dans les fouilles de Suse et de Tello, ainsi que dans toute l'Asie antérieure. Ces gemmes grossières qui représentent les premiers essais de la gravure sur pierres fines se rattachent, les unes aux civilisations protohistoriques de la Mésopotamie, de la Syrie, de la Cappadoce, de la Phrygie, les autres aux civilisations proto historiques des îles de la mer Égée et de la Crète. Il règne encore beaucoup d'incertitude dans leur classement chronologique et leur répartition géographique et ethnographique.

Parmi les gemmes hétéennes de style avancé on remarquera les suivantes :

Fig. 35

649. — **Cachet hétéen** ayant la forme d'un disque plat. Au centre, des hiéroglyphes hétéens ; autour, des entrelacs, des hiéroglyphes et trois personnages symétriquement disposés. Hématite (fig. 35). — 650. **Cachet hétéen à deux faces.** Sur l'une, un cheval ailé (Pégase) entouré de divers symboles ; sur l'autre, le disque divin ailé, entouré d'hiéroglyphes hétéens.

Un second groupe est formé de gemmes qui appartiennent aux civilisations égéenne, crétoise et mycénienne. On remarquera, entre autres : — M. 5837. Pierre brune, carrée, sur une face de laquelle on voit une figure géométrique qui paraît représenter le labyrinthe crétois, et sur l'autre face, un personnage tirant de l'arc sur un centaure armé de deux branches d'arbres : première interprétation d'un mythe que la mythologie grecque développera plus tard.

M. 6984, représente une **Chasse au lion** (fig. 36.) Deux chasseurs luttant contre un lion qui se dresse devant eux sur ses pattes de derrière. L'un est armé de l'épieu de chasse qu'il cherche à enfoncer dans la gorge du fauve, tout en se protégeant derrière un grand bouclier aux côtés échancrés ; l'autre, courbé en avant, tient son arc et décoche une flèche dans le flanc du lion.

Fig. 36.

Jaspe rouge de forme cylindroïde percé d'un trou longitudinal. Trouvé en Crète et provenant de La Canée.

Beaucoup de gemmes égéennes et mycéniennes ont la forme de noyaux de pêche ou d'amande, percées d'un trou longitudinal, pour être suspendues à un collier. Sur l'une des faces sont représentés un ou plusieurs animaux, surtout des bouquetins, souvent dans des attitudes contorsionnées, d'une véritable virtuosité d'exécution technique. Il y a aussi des lions, des scènes de chasse, des femmes à larges robes bouffantes la poitrine emprisonnée dans un étroit corset, des hommes à membres grêles et à taille élancée.

M. 7271. **Personnage entre deux lions** dressés, qu'il tient à bras tendus, par la crinière.

M. 6252. **Centaure.**

N. 4854. Personnage nu, agenouillé tenant un javelot des deux mains ; au-dessous, quatre annelets. Jaspe brun, de forme rectangulaire, monté en bague.

M. 6673. **Personnage luttant contre un lion.** L'homme paraît caparaçonné ; svelte et élancé, les membres vigoureux, il a les hanches très serrées, suivant la mode mycénienne. Il est coiffé d'une sorte de pilos à côtes, surmonté d'un panache. Il enfonce l'épieu de chasse dans le flanc du lion au moment où le fauve dressé bondit sur lui. Jaspe lenticulaire, provenant de Sitia en Crète.

Sur les autres gemmes de la même famille : quadrupèdes croisés en sens inverse, cheval ailé, lions, bouquetins, poissons, pieuvres, femmes à longue robe tuyautée, chasseurs et guerriers.

COMPARTIMENTS B, C, D

GEMMES GRAVÉES (*Intailles*) GRECQUES ET ROMAINES

I. — *Mythologie.*

1407. **Saturne,** debout, tenant de la main droite la *harpé* ou faucille. Cornaline. — 1409. **Cybèle** tourelée, assise sur un lion en course, tenant d'une main un sceptre, et de l'autre, le foudre. Nicolo. — 1410. **Jupiter** portant une Victoire, assis entre Minerve et Junon debout. Calcédoine. — 1411. **Jupiter,** coiffé du *modius* comme Sérapis, assis entre les Dioscures Castor et Pollux, debout. — 1430. **Ganymède,** assis, présentant une coupe à Jupiter, représenté sous la forme d'un aigle. Derrière Ganymède, un arbre. — 1431. *Même sujet.* L'aigle posé sur un gland de chêne, arbre consacré à Jupiter, boit dans un vase.

Améthyste. — 1432. **Ganymède,** jouant avec le
τροχός (cerceau).

1437. **Mars,** casqué et revêtu d'une armure, s'appuyant
sur sa lance et posant la main sur son bouclier. —
1441. **Mars** portant un trophée.

1450. **Apollon Lycien.** Buste ; les cheveux, liés par une
bandelette, retombent sur les épaules. Cornaline. —
1459. **Apollon,** vu à mi-corps, avec l'arc et le carquois. Sardoine. — 1460. **Apollon** nu, debout, s'appuyant sur un cippe et tenant son arc à la main. —
1461. **Apollon** nu, s'appuyant sur un cippe et tenant
une branche de laurier. Jaspe rouge. — 1462. **Apollon** nu, une chlamyde sur les épaules, touchant d'une
lyre appuyée sur un autel. Cornaline. — 1463. **Apollon citharède** lauré, debout, vêtu d'une longue robe
et d'un manteau. Calcédoine. — 1470 *bis.* **Le supplice
de Marsyas.** Apollon est assis sur un rocher, devant
l'arbre auquel le Satyre est suspendu par les bras. Le
Scythe agenouillé au pied d'Apollon attend l'ordre
d'écorcher Marsyas que surveille un autre personnage coiffé du bonnet phrygien. — 1467. **Génie ailé**
d'Apollon debout, tenant la lyre posée sur un trépied.
Aux pieds du génie, griffon. Améthyste.

1471. **Melpomène,** muse de la tragédie, debout, tenant
une lyre ; à ses pieds, un masque tragique. Derrière
elle, une colonne sur laquelle est placée une statue
de Priape. Prase. — 1473. **Polymnie** assise, dans
l'attitude de la méditation ; sa main droite tient une
feuille de lierre ; elle fixe avec attention une statue
d'enfant assis, placée sur une colonne. Derrière le
siège de la muse, un casque. Grenat. — 1474. **Eu-
terpe,** muse de la poésie lyrique, debout, appuyée sur
une colonne, et tenant la double flûte.

1495. **Diane d'Éphèse,** entre ses deux cerfs. En haut,
le soleil et la lune. Cornaline. — 1498. **Diane chas-**

seresse, le carquois sur l'épaule. Buste. — 1499. **Diane**, l'arc à la main, assise sur un rocher. Grenat.

1499 *bis*. **Artémis** debout, accoudée sur un cippe et caressant une biche. Hyacinthe ; excellent travail de l'époque impériale.

1500. **Actéon** dévoré par ses chiens. Scarabée d'ancien style.

1502. **Minerve** Buste de profil. Améthyste. — 1513. **Minerve**. A ses pieds le serpent Erichthonius. Améthyste. — 1518 *bis*. **Minerve** debout, nicéphore ; devant elle, la chouette sur un cippe. Au revers, Jupiter nicéphore assis ; à ses pieds, l'aigle. — 1522. **Minerve** casquée debout, tenant sa lance et son bouclier, et portant un *hermès* surmonté d'une tête d'aigle. Aux pieds de Minerve, un aigle tenant une couronne dans son bec. Dans le champ, un autre *hermès*, surmonté d'une tête de divinité barbue. — 1524. **Minerve** casquée, debout, déposant son vote en faveur d'Oreste, dans une urne placée devant elle. Silex.

1526 *bis*. **Méduse** Tête de profil ; dans le champ, la signature de l'artiste ΗΑΜΦΙΑΟΥ. Améthyste (Legs de Pierre Gale, 1881.) — 1526 *ter*. **Méduse**. Tête de profil. Sardoine montée en bague. (Legs de Prosper Mérimée, 1871). — 1529. **La Louve** allaitant Romulus et Rémus. Nicolo. — 1531. **Faustulus** trouvant la Louve qui allaite Romulus et Remus sous le figuier ruminal ; le pivert est perché dans les branches de l'arbre. Dans le champ, buste de Rome casquée. Calcédoine.

1542. **Victoire** écrivant sur un bouclier. — 1543. **Victoire** conduisant un bige.

1549. **Vénus-Anadyomène** nue, debout. Améthyste. — 1549 *bis*. **Vénus** accroupie tenant une draperie dans ses mains. Calcédoine avec monture moderne en or. — 1552. **Vénus** à demi nue, s'appuyant sur un arbre et tenant d'une main un javelot, de l'autre, un casque. — 1552 *bis*. **Vénus Victrix**, à demi nue, vue de dos, s'appuyant sur une colonne ; à ses pieds, un bouclier orné d'un masque. Jaspe. — 1580 **Venus**, à demi nue, assise, tenant un bouclier orné de la tête de Méduse. Dans le champ, des inscriptions cabalistiques ajoutées postérieurement. — 1581. **Vénus** ou **Nymphe** surprise au bain par Pan. On lit dans le champ ΠΑΝΔΙΟΥ, et à l'exergue ΑΦΡΟΔΙΤΗ. Sardoine. — 1582. **Temple de Venus à Paphos**. Au milieu, le bétyle, simulacre de la déesse ; à droite et à gauche, sur une colonne, une colombe ; au-dessus le croissant et le soleil. Jaspe rouge. — 1585. **Amour** ailé sur une amphore, voguant au moyen d'une voile dont il tient les cordages. Jaspe rouge. — 1586. **Amour** brisant ses flèches. Cornaline. — 1587. **Amour** captif ; il est assis au pied d'une colonne surmontée d'un griffon. On lit à droite : ΔΙΚΑΙΟΣ. Jaspe rouge.

1593. **Mercure**. Buste avec le caducée et les ailerons. — 1596. **Mercure**. Buste coiffé du pétase posé sur deux mains jointes, entre une tête de bélier et le caducée. — 1597. **Mercure**, la barbe en pointe, debout, avec les talonnières, la chlamyde flottant sur l'épaule, et s'appuyant sur un long caducée. On lit dans le champ : ΑΕΤΙΩΝ. — 1604 *bis*. **Mercure** debout, tenant un caducée, une bourse et un coq ; un bélier est à ses pieds ; dans le champ, scorpion et tortue. Jaspe rouge monté en bague. — 1606 *bis*. **Mercure** nu, debout, la chlamyde sur l'épaule, tenant d'une main son caducée, et s'appuyant de l'autre sur sa lyre posée sur un cippe. Cornaline montée en bague. — 1607. **Mercure** nu, les talonnières aux pieds, ourant, une corbeille sur l'épaule. — 1608 **Mercure**, le caducée à la main, s'apprêtant à conduire un mortel aux Enfers. — 1614 *bis*. **Mercure et Bacchus**, debout, le premier accompagné du coq, et le second de la panthère. Derrière Bacchus un jeune Pan, portant sur sa tête une corbeille de fruits. Jaspe rouge. (Don de T. Michelin, 1894.)

1615 *bis*. **Hermaphrodite** debout, se découvrant devant la statue d'Artémis Phosphoros placée sur un autel. — 1616. **Cérès**, sur une base (*xoanon*). La déesse est représentée debout, avec le modius ; elle tient d'une main un fouet et, de l'autre, des épis et des pavots. — 1621. **Bacchus Pogon**. Tête de face, coiffée de la tiare. Améthyste. — 1626. **Bacchus Pogon**, revêtu d'une longue robe, debout, tenant d'une main le thyrse et, de l'autre, un canthare ; derrière le dieu, autel orné d'une guirlande, sur lequel est placé un

masque. Topaze. — 1628. **Bacchus** nu, debout, tenant une grappe de raisin qu'un jeune Bacchant s'efforce d'atteindre. — 1637. **Taureau dionysiaque**, le corps ceint d'une guirlande de lierre, marchant la tête baissée ; sous ses pieds, un thyrse. Dans le champ, en haut, la signature du graveur Hyllus : ΥΛΛΟΥ. Calcédoine ; admirable travail (fig. 37).

Fig. 37.

1641. **Silène** debout, jouant de la double flûte. — 1642. **Silène** vêtu d'une robe à manches, marchant, tenant le thyrse et le canthare. — 1642 *a*. **Satyre couché**, la tête de face, tenant la coupe qu'il vient de vider. Dans le champ, une amphore. Travail remarquable du meilleur style grec. Scarabée de cornaline. — 1647 *bis*. **Satyre** nu, debout, tenant le pedum ; en face de lui, une Bacchante debout, posant le genou sur un autel et tenant un thyrse et un masque humain.

Améthyste. — 1648. **Satyre** dansant, le thyrse à la main droite, un canthare dans la main gauche ; sur le bras, une peau de panthère. A ses pieds, un vase renversé. Sardonyx (fig. 38). — 1650 *bis*. **Satyre velu**, à pieds de bouc, debout, tenant d'une main un pedum et une nébride, de l'autre, une tête de quadrupède. — 1651. **Satyre** nu, debout, tenant d'une main une nébride et un pedum, et portant l'autre main à son front pour regarder au loin. A ses pieds un petit autel autour duquel est enroulé un serpent. — 1657. **Satyre** portant une Ménade sur son dos, et s'inclinant pour ramasser une pomme. — 1658. **Satyre** assis, la double flûte entre les jambes, dans une attitude méditative, devant un autel surmonté d'une statue de Mi-

Fig. 38.

nerve. — 1662. **Satyre** agenouillé faisant un geste d'effroi. — 1662 *ter*. **Satyre** jeune, assis sur un rocher, son pedum à côté de lui ; un Satyre plus âgé, agenouillé, lui tire une épine du pied. Dans le champ, l'inscription : ΑΣΚΛΗΠΙΟΔΩΡΟΥ. Jaspe rouge.

1672. **Sacrifice**. Personnage debout devant un autel, tenant d'une main un glaive, et de l'autre, saisissant un arbre ; près de l'autel, un quadrupède. — 1673. **Sacrifice**. Au pied d'un rocher, deux personnages immolant un quadrupède. Un *velum*, attaché aux branches de deux arbres, abrite la scène.

1674. **Olympus** assis, jouant de la *syrinx* en présence de Marsyas, qui l'écoute, appuyé sur un bâton. — 1678. **Sacrifice à Priape**. Une femme, à demi nue, apporte des gâteaux sur l'autel placé devant l'hermès de Priape ; elle est suivie d'un personnage silénique qui joue de la double flûte. Derrière la colonne, une femme debout. — 1689. **Hippa**, l'une des centauresses nourrices de Bacchus, buvant dans un rhyton en forme de Pégase. Cristal de roche. — 1689 *bis*. **Scène** bachique composée de huit personnages et d'un hermès. Grenat. — 1690. **Jeune Psylle** à demi nu, debout, le pied posé sur une base, tenant deux serpents.

1694. **Neptune** nu, debout, tenant un dauphin et un aviron, le pied posé sur un rocher. — 1699. **Thétis** à demi nue, portée sur les flots par un cheval marin ; la mère d'Achille tient un bouclier orné d'une tête de Méduse. Aigue-marine.

1708. **Vulcain**, assis, forgeant un bouclier en présence de Minerve. Sur une colonne, un casque. — 1709. **Prométhée**, à demi nu, s'inclinant pour dérober le feu sur l'autel de Jupiter. Au-dessus de l'autel, un papillon, symbole de l'âme. — 1710. **Prométhée** façonnant l'homme ; il est à demi nu et mesure sa maquette avec une règle.

1713. **Ascalaphe** assis, tenant de la main gauche une grenade, et levant la droite au ciel comme pour faire serment. Devant lui, un masque funèbre. Cornaline montée en bague. — 1714. **Clotho**, l'une des Parques, assise, filant la quenouille. — 1720. **Némésis Panthée**, debout, avec les ailes de la Victoire, la coiffure d'Isis, le serpent et la patère d'Hygie, et, à ses pieds, la roue, attribut de Némésis. — 1724. **Fortune** debout, s'appuyant sur une colonne, et tenant d'une main deux cornes d'abondance et, de l'autre, un sceptre orné de bandelettes. Cornaline montée en fibule d'or, le pourtour décoré de filigranes et de cabochons. — 1737. **L'Espérance** marchant, une fleur à la main, tenant sa robe de la main gauche. Prase. — 1738. **Bo-**

nus Eventus, marchant, tenant d'une main des épis, et de l'autre des fruits sur une patère.

1752. **Hercule.** Buste imberbe, lauré, avec la peau de lion. — 1760. **La dispute du trépied.** Apollon s'efforce de retenir le trépied qu'Hercule a déjà chargé sur ses épaules. Scarabée. — 1763. **Hercule** vainqueur d'Orthros, chien de Géryon et frère de Cerbère. Le dieu est représenté, l'arc et la massue à la main, debout sur le chien à deux têtes, qu'il vient de tuer. Scarabée d'ancien style. — 1764. **Hercule** agenouillé, tuant les oiseaux de Stymphale à coups de flèches. — 1766. **Hercule** vainqueur de l'hydre de Lerne. Il est debout, nu sauf une chlamyde, et tenant l'épée dont il vient de trancher les têtes du monstre. Scarabée. — 1768. **Hercule,** la peau du lion sur les épaules, la massue à la main gauche, et tenant dans la droite une pomme du jardin des Hespérides. Jaspe sanguin. — 1768 *bis*. **Hercule** nu, debout, vu de dos et contemplant la dépouille du lion néméen qu'il vient de tuer (fig. 39). — 1769.

Fig. 39.

Hercule, agenouillé, portant sur ses épaules le globe céleste. Prase. — 1770. **Hercule** combattant un Centaure, qu'il frappe de sa massue, tandis qu'un autre héros, sans doute Iolas, saisit la tête du monstre et va le percer d'un glaive. — 1771. **Hercule** tuant à coups de massue Diomède, roi des Bistoniens de Thrace. — 1771 *bis*. **Hercule et Antée.** Jaspe vert foncé. — 1772. **Hercule** jouant de la lyre. — 1773. **Hercule** debout auprès d'un arbre, tenant la massue et la dépouille du lion de Némée. — 1776. **Hercule** traversant la mer sur des outres liées; il est à demi couché et tient sa massue. La peau de lion sert de

voile. Scarabée d'ancien style ; le dos est taillé en
forme de tête de femme, de face. Pierre de touche.
— 1776 *ter*. **Hercule** domptant Cerbère. — 1778.
Hercule couronné par une Victoire aptère. Le dieu
tient sa massue ; la Victoire est revêtue d'une longue
robe. Dans le champ, deux astres. Scarabée de style
étrusque.

1779. **Omphale**. Buste coiffé de la peau de lion. —
1784. **Omphale** nue, sauf la peau de lion, marchant,
la massue d'Hercule sur l'épaule. — 1786. **Castor et
Pollux** debout. Scarabée d'ancien style. — 1789 *5*.
Castor nu, puisant de l'eau à la fontaine du pays des
Bébryces. Scarabée muni de son anneau antique. —
1790. **Pélops** dans un char traîné par les chevaux ailés
de Neptune. — 1790 *ter*. **Persée** debout, tenant la tête
de Méduse qu'il vient de couper et regardant l'image
de cette tête dans le bouclier qui est à ses pieds. Cornaline montée en bague. Travail remarquable. —
1791. **Narcisse** agenouillé pour se mirer dans la fontaine. Il est caractérisé par la fleur qu'il tient de la
main droite.

1792. **Cadmus**, le casque en tête, la chlamyde sur l'épaule,
le bouclier au bras, consultant l'oracle de Delphes ; il
est debout et fait un geste interrogatif. Devant lui, une
colonne autour de laquelle s'enroule un serpent, et sur
laquelle est un corbeau. Au pied de la colonne, un bélier. — 1793. **Héros**, le casque en tête et le bouclier
au bras, agenouillé, tenant un serpent qu'il semble
interroger (peut-être Cadmus consultant l'oracle de
Delphes). — 1793 *bis*. **Héros au repos**. Éphèbe à demi
nu, vêtu seulement d'une chlamyde, le pétase rejeté
sur les épaules ; il est assis sur un rocher et tient un
bâton noueux. Scarabée gréco-étrusque ; beau style
italiote du IVe siècle av. J.-C.

1794 *bis*. **Hector** nu, debout devant le Palladium. Cor-

naline montée en bague. — 1795. **Thésée** au moment
où il vient de soulever la pierre qui cachait l'épée de son
père Égée. Scarabée. — 1796. **Thésée** nu, le pied droit
posé sur un rocher, tenant sous son bras l'épée d'Égée,
son père. — 1797. **Bellérophon sur Pégase.** En bas,
ΕΠΙ (initiales probables du nom de l'artiste Épityn-
chanus). — 1804. **Jason** casqué, un genou en terre, et
paraissant nouer sa sandale.

1805. **Tydée** blessé, succombant. Il est nu, agenouillé,
se couvrant de son bouclier et levant les yeux au ciel.
On lit le nom du héros en lettres étrusques, TVTE.
— 1806. **Progné** et **Philomèle** apportant à Térée la
tête d'Itys, son fils. Térée est assis devant un trépied,
au pied d'un arbre, sur lequel sont perchés une hirondelle (*Progné*), un rossignol (*Philomèle*), une huppe
(*Térée*) et un chardonneret (*Itys*). Grenat. — 1807.
Œdipe interrogé par le Sphinx. Le monstre est accroupi sur un rocher; Œdipe est debout, portant la
main à son front. Améthyste. — 1809 *bis*. **Le Sphinx**
dévorant un héros thébain pour le punir de n'avoir pas
su deviner son énigme. Scarabée en cornaline. —
1812. **Sphinx**; devant, une tête humaine.

1812 *bis*. **Sphinx** tenant dans ses griffes un jeune
homme nu, renversé, les jambes
allongées le long des flancs du
monstre. Travail remarquable.
Scarabée en cornaline, trouvé à
Corfou.

1815. **Achille citharède**. Le fils
de Pélée nu, assis sur un rocher
sur lequel est placée sa chlamyde, chante en s'accompagnant de
la lyre. Derrière lui, son casque; devant, son épée et son

Fig. 40.

bouclier. Sur le bouclier sont sculptées une tête de

Méduse et des courses de chars. Dans le champ, en caractères grecs très fins, le nom du graveur : ΠΑΜΦΙ-ΛΟΥ. Améthyste (fig. 40). L'*Achille citharède* de Pamphilos est peut-être la plus parfaite intaille dela collection ; cette magnifique améthyste a été donnée à Louis XIV par Fesch, de Bâle, professeur de droit, l'un des ancêtres de l'illustre cardinal de ce nom. 1815 *bis*. **Achille** traînant le corps d'Hector autour des murs de Troie. Le char du héros grec auquel est attaché le cadavre d'Hector est suivi d'un Eros tenant deux couronnes ; plus loin, Minerve assise sur son trône. Des guerriers troyens assistent à cette scène, du haut des remparts. Jaspe rouge.   1815 *ter*. **Achille** courant pour arrêter le cheval qui porte Penthésilée. 1816. **Ménélas** relevant le corps de Patrocle. — 1816 *ter*. **Le supplice de Dircé** ; figuration du « taureau Farnèse » moins les personnages refaits. — 1817. **Combat** autour du corps de Patrocle. Quatre guerriers combattent pour enlever du champ de bataille le corps de Patrocle, qui vient de succomber. — 1817 *bis*. **Hypnos et Thanatos** emportant dans les Enfers le corps d'Achille. Scarabée. — 1818. **Ajax**, fils de Télamon, relevant le corps d'Achille. Améthyste. — 1819. **Le désespoir d'Ajax**. Le héros est assis sur un rocher, son casque à ses pieds ; il soutient sa tête de la main droite, et de la gauche, il tient l'épée dont il va se percer. Jaspe blanc. — 1820 *bis*. **Ajax** se perçant de son épée et succombant. Dans le champ, son nom en caractères étrusques. Scarabée. — 1821. **Héros** (*Ajax ?*) nu, assis sur une cuirasse, dans une attitude qui exprime la douleur ; à ses pieds, son casque. — 1822. **Aurore** ailée et revêtue d'une longue robe, enlève dans ses bras le corps de Memnon, son fils, qui porte encore son bouclier au bras. Scarabée. — 1822 *bis*. **Enée** portant son père Anchise et tenant par la main le petit Ascagne. — 1823. **Philoctète** assis sur un siège, le casque en tête; son carquois est devant lui. Agate rubanée. — 1824. **Cassandre** laurée. Buste avec les cheveux flottants sur les épaules. — 1825. **Cassandre** se réfugiant au pied du *Palladium*. — 1826. **Antiloque** disant adieu à son père Nestor. Scarabée. — 1827. **Ulysse** assis sur un rocher, tenant son épée à la main. Dans le champ, ΑΡΙΣΤΟΞΝΟΣ. Jaspe rouge. — 1827 *bis*. **Ulysse**, nu, coiffé du pilos, assis sur un rocher. — 1828. **Pélée**, vêtu d'une chlœna, s'appuyant sur un bâton. Des gouttes d'eau tombent à terre. Scarabée. — 1830. **Diomède** au moment d'enlever le *Palladium*. — 1831. **Diomède** nu, debout, tenant d'une main son épée et de l'autre le *Palladium* qu'il vient d'enlever. — 1832. **Ulysse et Diomède** agenouillés en face l'un de l'autre; tous deux ont le casque en tête et portent leur bouclier au bras. Scarabée. — 1832 ª. **Lycurgue** détruisant ses vignes; il brandit une hache au-dessus d'un cep. Cornaline. — 1833. **Pygmée** vainqueur d'une grue qu'il emporte sur ses épaules. Scarabée. — 1835 *bis*. **Lityersès** faisant la moisson. Au revers, une inscription gnostique. Hématite. 1846 *bis*. **Amazone** debout de profil, s'appuyant sur sa lance: type reproduisant l'un des chefs-d'œuvre de Polyclète. Agate-onyx à deux couches. — N. 4120. **Deux guerriers** agenouillés face à face et se prêtant mutuellement serment en posant tous deux leur lance sur le même bouclier. — M. 4013. **Guerrier** revêtant ses cnémides. — M. 7178. **Othryadès** mourant, nu, accroupi à terre, un bouclier au bras, et gravant sur un autre bouclier les premières lettres du mot VICTORIA. — M. 7992. **Guerrier** nu, de profil, un genou en terre, armé du javelot et du bouclier. 2023. **Sérapis** ou **Pluton** dans son temple, assis sur son trône; à ses pieds, Cerbère. Sur le fronton du temple, deux génies portant un globe. Prase. — 2027. **Tête de Sérapis** sur un pied humain. Ce type se trouve au revers de médailles d'Antonin, de Marc-Aurèle et de Commode, frappées à Alexandrie. — 2027 *bis*. **Sérapis** assis dans une barque entre Isis et la Fortune, debout. — 2028 *a*. **Tête d'Isis**, de profil, surmontée d'une fleur de lotus; devant elle, le sistre. Sardonyx montée en bague. — 2029. **Harpocrate** assis sur une fleur de lotus. Hématite. — 2030. **Canope.** Le dieu *Canope* ou *Chnouphis*, avec la barbe à l'égyptienne et le corps en forme de vase. Sardonyx. 2031. **Mithra** sacrifiant le taureau dans la grotte. Le dieu, coiffé du bonnet phrygien, vêtu de la candys, d'une courte tunique et des *anaxyrides*, saisit le taureau qu'il a terrassé et qu'il presse du genou; de la main gauche il lui plonge un couteau dans le cou. Derrière le taureau un pontife tenant deux flambeaux renversés. Un scorpion et un serpent rampent au-dessous de la victime. Au-dessus, buste radié du Soleil, croissant et corbeau. — 2033. **Mên ou Lunus,** revêtu du même costume que Mithra, un croissant derrière la tête; il est debout, tient de la main gauche une pomme de pin; de la main droite, il s'appuie sur un sceptre. — 2034. **Mên ou Lunus**, le pied sur la tête du taureau.

Table-Vitrine double V

Compartiments A et B.

II. — *Iconographie grecque et romaine.*

2035. **Eschyle.** — 2038. **Socrate.** — 2039. **Lycurgue.** — 2040. **Lycurgue et Cléomène III**, roi de Lacédémone. Bustes conjugués. — 2041. **Esope.** — 2043.

Sapho. — 2045. **Eucharis.** — 2047 *bis*. **Timoléon.**
(Legs Philippe de Saint-Albin, en 1878.) — 2048.
Alexandre le Grand. Buste diadémé, les cheveux
flottants. Jolie monture en or émaillé. — 2049.
Alexandre le Grand, à cheval. — 2051. **Amastris,**
reine de Paphlagonie. Buste avec la tiare orientale.
— 2052. **Séleucus III,** roi de Syrie. — 2053. **Antio-
chus VIII** *Grypus,* roi de Syrie. — 2054. **Buste**
diadémé; derrière la tête, personnage s'appuyant sur
un bâton ; devant, une panthère ; en bas, la signature
ΑΥΛΟΥ, ajoutée à l'époque moderne. — 2055 et 2056.
Ptolémée II Philadelphe, roi d'Égypte. — 2057 et
2058. **Ptolémée VI Philométor.** — 2059 et 2060.
Ptolémée XI Dionysos. — 2062. **Juba I**er**,** roi de
Mauritanie. Buste de profil, avec le bandeau royal et
le sceptre. Lapis-lazuli. — 2063. **Juba II,** roi de Maurétanie. Buste de profil, avec le bandeau royal.

2071. **Rome** assise, tenant de la main gauche un globe
sur lequel est une statue de la Victoire stéphané-
phore, et s'appuyant de la main droite sur une lance.
2072. **Marcus Junius Brutus.** Buste de profil, la tête
nue. — 2072 *bis.* **Sextus Pompée.** — 2073. **Auguste.**
Buste de profil, la tête nue. — 2074 et 2075. **Auguste et Livie.** Bustes conjugués. — 2077. **Cicéron.**
Buste de profil ; il est représenté à un âge assez avancé
et presque entièrement chauve. Der-
rière la tête, la signature de l'artiste:
ΔΙΟCΚΟΥΡΙΔΟΥ. Améthyste (fig. 41).
On a longtemps donné le nom de
Mécènes au portrait gravé sur cette
célèbre intaille, œuvre de Dioscoride.

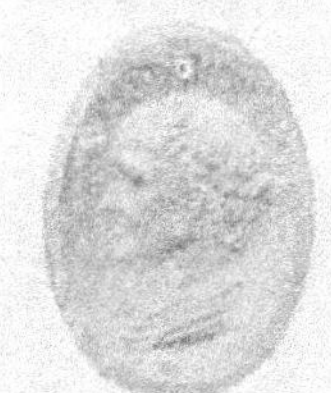

Fig. 41.

2079. **Drusus l'Ancien.** Buste lauré
avec l'égide et un javelot à la main.
— 2080. **Antonia,** femme de Drusus l'Ancien, en

Cérès. Elle est représentée à mi-corps, laurée, voilée et tenant une corne d'abondance. Améthyste. — 2081. **Britannicus.** — 2082 et 2083. **Néron.** — 2086. **Galba.** — 2090. **Julie,** fille de Titus. — 2091. **Sabine,** femme d'Hadrien. — 2092. **Antinoüs.** — 2093. **Antonin le Pieux.** Buste lauré de profil, avec le paludamentum. Intaille remarquable par le travail comme pour la beauté de la matière. Monture du xvie siècle. — 2094. **Faustine** la mère, femme d'Antonin le Pieux. — 2095. **Faustine** la Jeune, femme de Marc-Aurèle. — 2096. **Commode** à cheval, frappant une tigresse de son javelot. L'empereur est représenté nu tête, avec un manteau flottant sur les épaules. Nicolo. — 2097 et 2098. **Commode.** — 2099. **Pescennius Niger.** Buste lauré de profil; en haut, autel allumé; au milieu des flammes, le serpent d'Esculape. Dans le champ les lettres : A Ι CAB ΩΔN ΕΘΠ Υ, Λ Κ Ε ΠΕ Ν Δ Jaspe rouge. — 2100. **Septime Sévère et Caracalla.** Bustes en regard, tous deux laurés avec le paludamentum. Sardonyx. Magnifique intaille; monture en or émaillé. — 2103. **Caracalla,** assis, à demi nu comme Jupiter, tenant une corne d'abondance, présentant une Victoire à une statue de Mars Victor. A l'exergue : MAR(*ti*) VIC(*tori*), Agate rubanée. — 2104. **Plautille,** femme de Caracalla. — 2107. **Valentinien I**er. Monture en or émaillé sur laquelle on lit cette inscription erronée et moderne : CN. POMPEIUS MAGNUS.

III. — *Sujets de genre. — Athlètes, Animaux, Grylles.*

1852. **Athlète vainqueur,** prenant dans un vase la palme qu'il vient de conquérir. En haut, à gauche, un petit trépied. Scarabée. — 1857. **Deux enfants** luttant, au pied d'un palmier, en présence de deux pédagogues. — 1865 *bis.* **Course** de quatre biges dans le cirque.

conduits par des personnages nus ; au centre, deux colonnes (*meta*). — 1870. **Athlète** vainqueur dans la course des chars, debout dans son quadrige, tenant une couronne et une palme ; son casque est porté par un homme à cheval qui le précède. Dans le champ, CN. F. M. — 1871. **Athlète** vainqueur, la palme à la main, conduisant un char attelé de vingt chevaux. — 1876. **Gladiateur** (mirmillon), armé de toutes pièces, l'épée à la main, le bouclier au bras. Jaspe rouge. M. 7998. **Guerrier à cheval**, vu de dos ; le cheval se cabre. Cornaline. — N. 5010. **Taureau**, la tête couverte d'un long voile de sacrifice ; à côté, Victoire debout vêtue d'une tunique talaire. Cornaline.

1892. **Acteur tragique**, se frappant d'un poignard. — 1893. **Acteur comique** dans un rôle d'esclave, portant un vase. — 1894. **Acteur comique** dans un rôle de mendiant, le bâton à la main et la besace sur l'épaule. Jaspe noir.

1897 *bis*. **Fileuse**. Sa lampe est posée sur un cippe, et un papillon vient s'y brûler. Dans le champ : Σ. NVΩ. Bague. — 1898. **Homme jeune**, les reins couverts d'une légère draperie, assis devant un trépied, tenant de la main gauche une tablette. On distingue sur cette tablette, en caractères très fins, le mot ΛΓΕϹΑΡ. — 1891. **Jeune homme**, assis sur un siège, dessinant ou écrivant sur une tablette. A ses pieds, une patère. Devant lui une colonne surmontée d'un vase ; sur la base de la colonne, une tête jeune sculptée. — 1900. **Sculpteur** ciselant un vase de marbre ; il est assis sur le sol devant le vase qu'il cisèle, tenant son marteau de la main gauche, son ciseau de la droite. Un arbre ombrage la scène. — 1899 *bis*. **Toreuticien** assis sur un siège et martelant une tête humaine en bronze posée sur un épieu fixe en terre. Cornaline montée en bague d'or.

1909. **Chevrier** agenouillé, trayant une chèvre. Deux arbustes ombragent cette scène rustique. — 1906 *bis*. **Chevrier** debout, à côté d'un arbre sur lequel sont perchés deux oiseaux ; une chèvre se dresse en face du chevrier pour brouter les feuilles de l'arbre. Dans le champ, le croissant lunaire.

1911. **Éléphant** portant trois combattants et enlevant un ennemi avec sa trompe. Sardonyx. — 1933. **Lion** buvant dans un vase ; légende : EΠIΓONA. Jaspe jaune. — 1961. **Taureau** cornupète, au pied d'un rocher sur lequel s'élève un petit temple. — 2122. **Prisonnier** de profil, un genou en terre, entièrement nu , ses pieds et ses mains sont chargés de chaînes. Derrière, un arbuste.

2144. **Tête de Minerve**, avec un casque décoré de deux têtes siléniques. Cornaline montée en bague d'or émaillé. — 2146. **Tête d'éléphant**, la trompe levée, sortant d'un coquillage. Jaspe rouge.

2148. **Têtes de Mercure et d'un lion** réunies à un masque silénique. Auprès de chacune de ces têtes, un attribut : le caducée qui caractérise Mercure ; la massue d'Hercule près de la tête de lion et le *pedum* de Pan près du masque. Jaspe noir. — 2155. **Tête de cheval** bridé, posée sur une tête silénique avec ailes et pattes de coq. — 2156. **Têtes d'âne et de lion et crabe** sur des pattes de lion. Lapis-lazuli. — 2158. **Lapin** armé d'un fouet, posé sur une tête humaine juchée sur des pattes de coq ; une sorte de trompe partant du cou qui dépasse la tête est munie de rênes que tient un lapin, cocher de ce fantastique attelage. — 2162. **Dromadaire** conduit par un chien au moyen d'un licou ; un second chien est juché sur la croupe du dromadaire. Cornaline.

IV. — *Intailles à sujets bibliques et chrétiens.*

1334. **Le Christ**. Buste imberbe de profil ; au-dessous le poisson symbolique. Autour, XPIΣTOY. — 1334 *bis*. **Saint Jean**, coiffé de la mitre épiscopale, vu à mi-corps dans une vasque pleine d'huile bouillante ; de chaque côté, une palme.

M. 6793. **Le baiser de Judas.** Dans le champ de cette petite cornaline, de travail byzantin, on lit l'inscription : Η ΠΑΡΑ(δοσις), *la livraison*, ce qui ne laisse aucun doute sur l'interprétation de la scène. On distingue, en effet, parmi les minuscules personnages représentés, le Sauveur au pied duquel un jeune disciple est agenouillé, baisant le bord inférieur de sa robe. Judas est devant Jésus, s'approchant pour lui donner le baiser de la trahison. Autour de ce groupe central, on ne compte pas moins de treize soldats casqués et armés de lances ; mais la gravure est médiocre. De nombreux monuments du moyen âge, de toute nature, représentent le même épisode de la Passion.

M. 7554. **Triomphe de l'Agneau** mystique. Cornaline.

M. 6707. **Scène de martyre**. Cornaline.

2101. **Saint Pierre** Buste de profil, la tête nue, avec le paludamentum. Un artiste byzantin a ajouté une croix que le personnage paraît porter sur l'épaule et l'inscription : Ο ΠΕΤΡΟΣ, Améthyste. Ce portrait passait au moyen âge, pour être celui de saint Pierre. Des critiques modernes ont proposé d'y reconnaître une pierre antique avec le portrait de Caracalla, mais notre buste n'a qu'un lointain rapport avec les effigies monétaires de cet empereur. Ce joyau faisait partie de la décoration de la reliure d'un évangéliaire manuscrit, conservé à la Sainte-Chapelle du Palais, à Paris, avant la Révolution.

2165. **Poisson**. Cristal de roche. Fragment d'un vase, avec traces de dorure. — F. 7842. **Victoire** debout tenant un globe crucigère. Cristal de roche. Trouvé à Salamine (Chypre). Don de C. Enlart, en 1896. — 2166. **Le Bon Pasteur** portant une brebis sur les épaules; deux autres brebis à ses pieds. — M. 7551. **Le Bon Pasteur**. — M. 7555. **Saint Martin** à cheval partageant son manteau. — 2166 *bis*. Bustes de **saint Pierre** et de **saint Paul**, séparés par le monogramme du Christ; en légende, le nom ANOYBION. —

Fig. 42.

2166 *ter*. Buste nimbé et voilé de **la Vierge**, de profil. — 2166⁴. **La Vierge** assise de face, tenant l'Enfant Jésus. Cornaline montée en bague d'or. Sur le jonc de la bague, en caractères gothiques : ✝ *In manus tuas, Domine*, etc. — 2167. **Colombe**, palme et couronne, avec un monogramme. — 2167 *bis*. **Deux personnages** debout, portant une croix qu'ils tiennent entre eux des deux mains. Travail de l'époque mérovingienne. — 2167 *ter*. **La Crucifixion**. (fig. 42). De chaque côté de la Croix, la Vierge et saint Jean, et les deux centurions Longin et Dysmas tenant, l'un, la lance, et l'autre, l'éponge. Dans les cantons supérieurs de la croix, les bustes du Soleil et de la Lune. L'écriteau placé au-dessus de la tête du Sauveur porte IHS NAZAREN REX IV. Intaille des plus remarquables, sur cristal de roche, de l'époque carolingienne. M. 6678. **La Crucifixion**. Cristal de roche en forme de pyramide à base octogonale. — M. 6606. **Croix grecque** avec Dieu le Père et l'Agneau pascal. Cristal de roche. — M. 7552. **Saint Pierre** debout, de face. Calcédoine. — N. 4706. **Personnage nimbé**, à cheval, portant une oriflamme. Hématite grisâtre. — M. 7537. **Combat de deux cavaliers**. Agate.

COMPARTIMENTS C ET D

INTAILLES MODERNES

Ces compartiments contiennent un choix d'*Intailles de la Renaissance et des temps modernes*. A remarquer :

M. 4559. Plaque de cristal de roche, signée de Valerio Belli, représentant la scène de l'*Ecce Homo* ; les figures gravées en creux sont dorées.

N. 4346. **Le combat des Horaces et des Curiaces**. Cristal de roche signé de Giovanni Bernardi da Castelbolognese (xviᵉ siècle). — H. 2964. **La Crucifixion**. Cristal de roche signé de G. B. da Castelbolognese (Don Charles Séguin, 1904). — M. 5770. **L'Adoration des Bergers**. Cristal de roche.

2299. **Apollon et Marsyas**. Dans le champ, on lit : LAVR (*entius*) MED (*iceus*), ce qui nous apprend que la gemme a fait partie de la collection de Laurent de Médicis.

2337. **Bacchanale**. (fig. 43). Satyres, bacchants et bacchantes ; les uns boivent, les autres versent le vin ; d'autres portent des corbeilles remplies de raisins. Deux génies ailés tendent un *velum* qu'ils attachent à des ceps de vigne Vers le milieu de la composition, un cheval se cabrant A droite, groupe de deux femmes, dont l'une charge une corbeille sur la tête de l'autre A l'exergue, paysage représentant une rivière encaissée entre deux collines; un homme, assis au bord de cette rivière, pêche à la ligne.

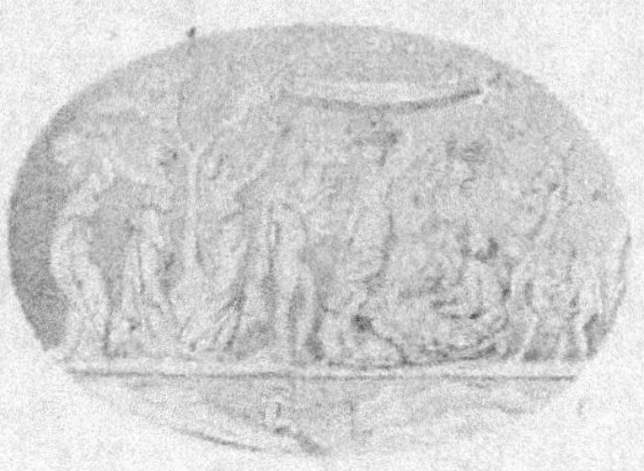

Fig. 43.

Ce pêcheur parait désigner en *rébus* l'auteur de cette admirable composition, Pierre-Marie da *Pescia*, graveur en pierres fines qui jouit de la protection du pape Léon X. Cornaline. — Il s'agit ici de la gemme célèbre sous le nom de *Cachet de Michel-Ange*. Voici le fondement de cette tradition qui n'a rien d'invraisemblable. Le garde du Cabinet du Roi, sous Henri IV, Rascas de Bagarris, mentionne cette *Bacchanale*, en 1608, comme faisant partie de sa collection privée. Plus tard, un collectionneur d'Aix en Provence, l'apothicaire Lauthier la posséda ; puis, en 1580, il la vendit au roi Louis XIV. Ce fut alors qu'on trouve l'assertion qu'elle avait servi de cachet à Michel-Ange. La tradition ajoute qu'un orfèvre de Bologne, Auguste Tassi, en hérita de Michel-Ange, puis elle passa aux mains de la femme d'un intendant de la maison de Médicis, qui la vendit à Bagarris.

2338. **Silène** ivre porté triomphalement par deux satyres; un faune conduit la marche en jouant du tambourin; à la droite de Silène, un autre faune jouant de la double flûte. Jaspe sanguin. — Cette belle gemme a fait partie, comme la précédente, de la collection de Rascas de Bagarris, sous Henri IV. Monture en or émaillé. — 2376 *bis*. **Hercule** assis, s'appuyant sur sa massue. Cornaline montée en bague. Legs de Prosper Mérimée, en 1872. — 2391. **Jupiter** assis sur son trône, entre Minerve et Mercure; aux pieds de Jupiter, Neptune. Autour de cette composition, les douze signes du zodiaque. — 2396. **L'Abondance et la Paix** couronnées par deux génies ailés. Sardonyx; monture en or émaillé, enrichie de pierreries.

2401. **Mucius Scevola** se brûlant la main gauche devant Porsenna. A l'exergue : COSTACIOR (*constancior*). Cornaline. — 2402. **La continence de Scipion.** Sardoine rubanée. — 2403. **Caton** le Censeur. Buste de profil; on lit : CAT. CEN. — 2404. **Jugurtha** livré à Sylla qui est assis sur son tribunal. — 2405. **Jules César.** Buste de profil, couronné de laurier; sur l'épaule, S. P. Q. R. Devant le buste, l'étoile qu'on voit sur des deniers d'argent au nom de César; derrière la tête, le *lituus*. — 2433. **Trajan** à cheval, combattant un lion. Dans le champ, on lit la signature d'artiste : C. RANIANI. — 2434. **Hadrien.** Buste lauré, de profil. — 2440. **Sabine.** Lapis-lazuli. — 2441. **Faustine,** la mère. Jaspe vert. — 2444. **Faustine,** la Jeune. — 2446. — **Lucius Verus.** — 2447. **Commode.** — 2450. **Pertinax.** Saphir.

2476. **Alexandre le Grand** faisant placer les œuvres d'Homère dans le tombeau d'Achille. L'auteur de cette pierre a copié une composition de Raphaël, gravée par Marc-Antoine.

2480. **Deux cavaliers et deux Amazones** combattant des animaux féroces; un dieu, sur les nues, assiste à cette scène. — 2482. **Une bataille.** Au milieu des cavaliers et des fantassins, l'Empereur monté sur un cheval qui se cabre, brandit son javelot. On lit sur une des enseignes, S. P. Q. R.; sur une autre, OPNS, qu'on interprète *OPus Nassari Sculptoris* (?). Sardoine. Matteo dal Nassaro, l'auteur présumé de cette intaille, travailla longtemps en France, où il fut appelé par François Ier.

2485. **François Ier**. Buste de profil, la tête nue, avec une armure richement ciselée et un manteau. Belle gemme attribuée avec beaucoup de vraisemblance à Matteo dal Nassaro. — 2486. **Alexandre de Médicis,** premier duc de Florence. Buste. Cristal de roche. — 2487. **Sixte-Quint**. Buste.

2489. **Philippe II et Don Carlos,** son fils. Bustes en regard et la date 1566 ; belle gravure sur topaze, attribuée à Jacopo da Trezzo. — 2490 et 2490 *bis*. **Henri IV**. Bustes. Belles gravures attribuées à Julien de Fontenay ou à Olivier Codoré, graveurs de la cour. — 2493. **Marie de Médicis.** — 2494. **Louis XIII.** — 2495. **Frédéric-Henri,** prince d'Orange, stathouder de Hollande. — 2495 *bis*. **Maurice de Nassau** prince d'Orange. Sur la tranche, G. D. F. (*Guillelmus Dupré fecit*). — 2495 *ter*. **Catherine II** de Russie.

2495 *bis*. **Buste** d'une jeune fille inconnue. Dans le champ, la signature de l'artiste, en grec : ΡΕΓΑ (*Rega*). — 2495 *d*. **Canning**. Buste. Dans le champ, la signature de l'artiste, *Alb. Jacobson.*

2211 *bis*. **Victoire** debout tenant un rameau ; à côté d'elle un serpent. Dans le champ, la signature CER-BARA. Cornaline montée en bague. (Cerbara, graveur romain de la fin du XVIIIe siècle.)

Œuvres des Pichler.

Les Pichler sont les membres d'une famille d'artistes, originaire du Tyrol, qui travaillèrent surtout à Vienne, à Naples, à Rome. On connaît des œuvres d'Antoine Pichler, de Jean Pichler, le plus célèbre et le plus fécond, qui mourut à Rome en 1791, et de son fils Louis Pichler mort vers 1820. Ces artistes, très habiles imitateurs de l'antique, ont généralement signé leur nom en grec. Naples eut, grâce à eux, au temps des rois Joseph Napoléon et Murat, une véritable école de graveurs sur gemmes dont les œuvres remarquables n'ont pas encore été étudiées avec le développement et l'intérêt qu'elles méritent. Dans le choix de celles de ces œuvres qui figurent dans notre vitrine, on remarquera des sujets mythologiques : Bacchants et bacchantes couronnés de lierre, en buste ou dansant, le thyrse en main ; Vénus, l'Amour, Sapho assise tenant une lyre, les Muses ; de très habiles interprétations des groupes du Taureau Farnèse et du Laocoön ; un portrait de Napoléon ; Femme vêtue à l'antique et écrivant sur un cippe sur lequel est posé le buste d'Homère ; en signature ΠΙΧΛΕΡ.

2518 *bis*. **Le prince de Metternich,** chancelier de l'empire d'Autriche. Buste signé de Louis Pichler : A. ΠΙΧΛΕΡ. — 2518 *ter*. **Canova,** sculpteur. Buste signé de Louis Pichler. Don de madame Charles Lenormant, en 1887.

Œuvres de Jeuffroy (1749-1826).

2514. **Louis,** Dauphin, fils aîné de Louis XVI. Buste de profil ; au-dessous, un dauphin sur la tête duquel plane la chouette de Minerve. Sur le corps du dauphin, l'inscription suivante : LVD. LVD. XVI ET MAR. ANT. DELPH. AN. AE. IX M. II D. X. (*Louis, fils de Louis XVI et de Marie-Antoinette, dauphin, âge de neuf ans, deux mois et dix jours*). Derrière la tête : JEUFFROY SCULPSIT, I. IAN. 1788. Cornaline. Louis-Joseph-Xavier-François, Dauphin de France, fils aîné de Louis XVI, né à Versailles, le 22 octobre 1781, mourut à Meudon le 4 juin 1789.

2515. L'architecte Charles de Wailly. Buste sur corna-

line. — 2495*. Buste d'une jeune fille inconnue. Dans
le champ, *Jeuffroy, 1788.*

Œuvres des Simon.

Le premier de cette famille de graveurs du xix⁰ siècle,
Mayer Simon, fut élève de Jacques Guay. Plusieurs de
ses fils et petits-fils furent aussi d'habiles graveurs sur
gemmes :

2519. **Charles X**. Buste de profil. Exergue ; SIMON
FILS. (Jean-Marie-Amable-Henri Simon, né en 1788,
fils de Jean-Henri Simon, aussi graveur en pierres
fines) — 2520. **Louis-Antoine**, duc d'Angoulême,
puis Dauphin de France. Buste de profil. Exergue :
SIMON FILS. — 2521. **Charles-Ferdinand**, duc de
Berry, second fils du roi Charles X. Buste de profil.
Exergue : SIMON FILS. — 2522 **Louis-Philippe Iᵉʳ**,
roi des Français. Buste de profil. Exergue : SIMON
FILS. — 2523 **Louis XIV et Louis-Philippe Iᵉʳ**,
Bustes en regard, le premier avec la couronne de lau-
rier, le second avec la couronne de chêne. Exergue :
1680 VERSAILLES 1837. Signature : SIMON
FILS. — 2524. **Louis-Philippe Iᵉʳ** et la reine **Marie-
Amélie de Bourbon-Naples**, sa femme. Bustes con-
jugués. Exergue : SIMON FILS. — 2525 à 2536.
Princes et princesses de la famille du roi Louis-
Philippe; le nᵒ 2529 représente Henri d'Orléans, duc
d'Aumale.

TABLE-VITRINE VI

COLLECTION PAUVERT DE LA CHAPELLE

Cette collection de pierres gravées antiques, donnée
au Cabinet des Médailles, en 1899, par Oscar Pauvert de

La Chapelle, et installée dans une vitrine spéciale, comprend 167 gemmes des plus remarquables, se répartissant en cylindres chaldéo-assyriens, perses et hétéens; cachets conoïdes orientaux; intailles lenticulaires de l'époque mycénienne; scarabées et scarabéoïdes phéniciens, sardes, cypriotes, grecs et romains, ayant, pour la plupart, servi de chatons de bagues et de cachets sigillaires. Il y a aussi quelques camées.

1. *Camées.* — Le camée n° 163 (fig. 44) qui représente une tête de Méduse, de profil, est un des plus beaux qui nous soit restés de l'antiquité; on y lit en creux, devant

le visage de la Méduse, la signature de l'artiste, ΔΙΟΔΟΤΟΥ. On ne saurait se lasser de contempler ce petit chef-d'œuvre d'un artiste grec dont cette précieuse gemme nous révèle à la fois le nom et le talent. — Le n° 162 n'est qu'un fragment de camée en pâte de verre antique; mais on peut, grâce à une autre pâte de verre du Musée britannique, en reconstituer la scène

Fig. 44.

complète. Il représente Poséidon surprenant la nymphe Amymone au moment où celle-ci était venue puiser de l'eau à une fontaine. Dans le champ, la signature de l'artiste, Aulus, fils d'Alexas : ΑΥΛΟC ΑΛΕΞΑ ΕΠΟΙΕΙ.

2. *Intailles mycéniennes.* — Parmi les intailles mycéniennes, nous signalerons : — 1. **Aegagre** couché, la tête repliée sur son ventre par une étrange contorsion de l'encolure. Le front de l'animal est surmonté d'une seule corne, à bourrelets, terminée en croissant; époque mycénienne. Onyx rubané; forme lenticulaire, la tranche percée d'un trou.

3. *Cylindres et cachets orientaux.* — Nous signalerons, entre autres : — 7. **Cylindre chaldéen.** Scène compo-

sée de deux groupes symétriques. Chacun d'eux représente Isdubar, plongeant son poignard dans le flanc d'un lion; le dieu a une longue barbe nattée, des cheveux bouclés, et, pour tout vêtement, une ceinture serrée à la taille avec franges. Le lion qu'il immole est debout sur ses pattes de derrière, luttant contre un taureau aussi debout qui parait pousser un grand cri de douleur.

15. **Cylindre hétéen**. La scène qui le décore se partage en deux groupes : 1º Un homme vêtu d'une tunique courte et d'un manteau à franges, les jambes nues, s'avance du côté du groupe que nous allons décrire sous le nº 2. Il a une barbe tressée ; il est coiffé d'un chapeau conique à rebord, et une natte de cheveux descend sur son dos ; il tient une croix ansée (?) et une lance ; à ses pieds, un arbuste. — 2º Un dieu, en buste jusqu'à la ceinture, le bas du corps terminé par une pyramide de globules qui représentent sans doute une montagne, tient sur sa main gauche un lièvre qu'il présente à un autre personnage ; de la main droite, il fait le geste de l'offrande. Il a une longue barbe et une tresse de cheveux nattés sur le dos ; son chapeau conique, à larges bords, relevés, est surmonté d'un globe dans un croissant. Le personnage auquel il s'adresse est debout, posant ses pieds sur deux sommets de montagnes, entre lesquels pousse un arbuste. Il a aussi une longue barbe et il est coiffé d'un chapeau conique à large rebord ; une tresse de cheveux nattés descend presque jusqu'à sur ses reins. De la main droite il tient, par les cheveux, un homme qu'il fait tournoyer en l'air en le rouant de coups à l'aide d'un fouet qu'il brandit de l'autre main. La malheureuse victime, vue à la renverse fait des gestes de désespoir. On pourrait interpréter cette scène en supposant que l'offrande du lièvre au terrible dieu des montagnes a pour but de calmer sa colère et de sauver la victime humaine.

16. **Cylindre perse**. Deux rois en adoration devant le pyrée, au-dessus duquel plane Ahura-Mazda. — 18. **Cylindre perse**. Deux lions affrontés. Style remarquable. — 19. **Scène d'adoration**. *Cachet conoïde*. La triade divine du panthéon assyrien, Anu, Bel, Ea, se présente sous la forme suivante : Un dieu barbu, de profil et coiffé d'une haute tiare ornée de cornes de taureau, est en buste dans un nimbe ailé; la queue d'oiseau qui remplace les jambes du dieu, est étalée en éventail; sur les ailes, allongées à droite et à gauche, sont placées, en regard, les têtes des deux autres personnages de la triade, séparées, chacune, du buste central par un globule sidéral. Au-dessous, est l'Arbre sacré, stylisé, composé d'une triple couronne de feuilles et de fruits. Cet arbre mystique est accosté de deux génies ailés ou *kéroubim*, à têtes humaines, à corps de lions et à pattes d'aigles.

4. *Scarabées et intailles*. — A remarquer : — 40. **Melqart ailé, tenant deux lions**. Le dieu phénicien a un corps d'homme et sa tête simiesque, à cheveux hérissés, à longue barbe en éventail, rappelle celle du dieu Bès. Il est nu, le corps de profil, le visage de face. Ses épaules sont munies de quatre ailes recroquevillées et, il a, en outre, des ailerons aux chevilles. Il tient dans chaque main la patte de derrière d'un lion rugissant.

67. **Bélier**. Dans le champ, le nom Βασχτις. Remarquable gemme de style grec archaïque. — 71. **Héros sur un cygne**. — 78. **Archer grec agenouillé**. Il est imberbe, un genou en terre, coiffé d'un casque muni d'un apex et d'un couvre-nuque. Le corps paraît couvert d'une sorte de maillot collant, avec des armilles aux chevilles. Son carquois est suspendu à son côté; devant lui, son arc; des deux mains il tient une flèche dont il paraît vérifier la rectitude. Style grec archaïque. — Cette gemme trouvée à Samos, est un spécimen du style de l'école de lithoglyphes qui floris-

sait dans cette île au vi⁰ siècle avant J.-C. et dont le représentant le plus illustre fut Mnésarchos, le père du philosophe Pythagore. — 82. **Tydée** se nettoyant avec un strigile, pour se préparer au combat. — 83. **Hermès** attachant ses endromides. — 84. **Philoctète à Lemnos**. Le héros, nu, barbu, debout de profil, s'appuie d'une main sur un bâton, et il étend l'autre avec un geste de douleur, en regardant un jeune homme, sans doute Pylios, fils d'Hephæstos, qui, accroupi devant lui, lui saisit le pied pour panser sa blessure. Style grec archaïque.

86. **Nérée** sur un hippocampe. Style grec. — 87. **Eryx en Discobole**. Le roi mythique de Sicile, représenté en athlète, est nu, courbe en avant ; de la main droite baissée il tient le disque qu'il s'apprête à lancer. Dans le champ, une aryballe et deux cloches gymnastiques. — Eryx était fils de Butas et de Vénus ; d'une force extraordinaire, il provoquait au combat du ceste tous les étrangers qui passaient en Sicile, puis, les ayant vaincus, il les réduisait en esclavage. Il fut tué par Héraclès et son nom fut donné à la montagne sur laquelle il fut enseveli.

91 et 92. **Prométhée** créant l'homme. Le n⁰ 92 (fig. 45) représente le dieu nu, barbu, les cheveux retenus par

Fig. 45

un bandeau, une courte chlamyde sur l'épaule. Penché en avant et attentif à son ouvrage, il tient une longue baguette avec laquelle il mesure les proportions du buste humain qu'il vient de fabriquer. Ce buste s'arrête aux hanches et n'a encore qu'un bras.

93. **Lycurgue coupant ses vignes.** Le roi mythique de Thrace a pour tout vêtement une nebride flottant sur son dos. Il brandit la bipenne

avec laquelle il devait se blesser. — Lycurgue, fils de
Dryas, roi de Thrace, ayant osé faire la guerre à Dionysos, en fut sévèrement puni par les dieux. Un jour
qu'il voulait donner l'exemple de l'ardeur au travail
aux ouvriers chargés d'essarter ses vignes, il se coupa
les deux jambes d'un coup de hache.

95 et 96. **Compagnon de Cadmus** tué par le dragon de
la grotte de Mars. — 97. **Jason**, devant la Toison
d'or. — 98. **Thésée** soulevant le rocher sous lequel
sont cachés le glaive et la sandale de son père. Sous
le rocher, une sandale et un glaive dans son fourreau.
Cette belle gemme est mutilée. — 100. **Thésée** s'apprêtant à revêtir son armure. — 101. **Ajax** portant le
corps d'Achille sur son épaule. — 102. **Dolon** s'avan-
çant vers le camp des Grecs. L'espion des Troyens
marche avec précaution sur la pointe des pieds (à pas
de loup), étendant une main en avant et portant de
l'autre deux javelots appuyés sur son épaule. Il est
coiffé de la peau de loup qui s'étale aussi sur son dos.
103. **Oreste et Electre** se rencontrant au tombeau
d'Agamemnon. — 104. **Othryadès mourant**. Le
héros spartiate est renversé à terre, se soulevant péni-
blement en s'appuyant sur son bouclier. D'une main,
il montre l'inscription LAC (initiales du nom de Lacédémone) inscrite sur un autre bouclier placé devant
lui. Au second plan, un autre héros, sans doute un
Argien, aussi renversé. — La légende d'Othryadès, le
seul survivant des trois cents Spartiates qui combat-
tirent contre trois cents Argiens pour la possession
de Thyréion, a été fréquemment exploitée par les graveurs de pierres fines. La gemme que nous avons
sous les yeux, gravée à l'époque romaine, représente
le héros spartiate demeuré seul sur le champ de bataille parmi les morts et les mourants, et écrivant sur
un bouclier le nom de sa patrie victorieuse.

107. **Polyeidos** déposant un sort dans une urne que lui présente un éphèbe. Le devin corinthien, descendant du fameux Mélampos, est assis sur un rocher. De la main droite il dépose un sort (ψῆφος) dans une hydrie que soutient devant lui un éphèbe. Style grec archaïsant. — 109. **Hephaestos** fabriquant un bouclier. — 110. **Romulus et Rémus** allaités par la Louve et découverts par le berger Faustulus et deux de ses compagnons.

111. **La fondation du Capitole** (fig. 46). Un pontife est debout, de face, sur un monticule, et entouré de

Fig. 46.

quatre personnages ; il est barbu, drapé dans sa toge dont il saisit les plis de la main gauche ramenée sur sa poitrine, tandis que de la main droite baissée, il tient son bâton augural. A ses pieds, sur le monticule, on distingue la tête du héros mythique Tolus (*caput Toli*) qu'on découvrit, suivant la légende, en creusant les fondations et qui donna son nom au temple dont la construction, en exécution d'un vœu de Tarquin l'Ancien, ne fut achevée qu'après la chute de la royauté. A la droite du pontife, on aperçoit deux statues divines : l'une, sous la forme d'une tête barbue sur un cippe carré, est le dieu Terminus ; dans l'autre, qui est aussi barbue et nue, il faut reconnaître le dieu Mars. A la gauche du pontife, deux autres personnages : l'un, nu, d'aspect juvénile, n'est autre que Juventus représenté sous sa forme masculine ; le second, barbu et assis, drapé dans sa toge, est un augure qui assiste à la scène en spectateur et écoute l'interprétation donnée par l'autre augure, son compagnon. — Les légendes qui couraient à Rome sur la fondation du Capitole et dont Tite-Live, Denis d'Halicarnasse, Varron se sont fait l'écho, racontaient qu'on trouva, en creusant les fondations du temple de Jupiter, la tête fraîchement coupée d'Olus ou Tolus, d'où le nom de Capitole, et en outre, que lorsqu'on voulut déblayer le terrain pour étendre l'emplacement du nouveau temple et exproprier les sanctuaires que les Sabins avaient auparavant érigés en cet endroit, le dieu Terme refusa de se laisser déplacer. Aucune force humaine ne put enlever sa statue ; les augures consultés déclarèrent qu'il fallait respecter la volonté du dieu et reconnaître dans ce prodige un gage de l'inébranlable solidité de la puissance future de Rome. Dans la suite, la légende s'amplifiant, on ajoutait que Mars et Juventus, qui avaient de petits sanctuaires à côté de celui de Terminus, refusèrent aussi de céder la place à Jupiter.

130. **Orfèvre** (*cælator*) ciselant un vase. L'artiste nu, barbu, la tête ceinte d'un bandeau, est assis sur un siège et tient, de la main droite baissée, un petit marteau à long manche, tandis que de la main gauche il appuie son ciselet sur l'une des anses d'une grande œnochoé. Le pied, la panse et le col de l'œnochoé sont décorés de cannelures que coupe, par leur milieu, une large zone où figurent divers personnages en relief. Une portion de la gemme est mutilée, mais, en face du *cælator*, on aperçoit encore la jambe, le bras et un peu du visage d'un autre artiste qui lui faisait pendant et ciselait la seconde anse du même vase.

160. **Squel-tte** debout, de face, la main gauche sur la hanche et s'appuyant du bras droit sur un long bâton auquel est suspendue une aryballe. Dans le champ, une amphore et le nom *Polio*. Chaton de bague en argent.

Salon du Grand Camée

I. — Grande Vitrine centrale

OBLONGUE ET A DOUBLE FACE

Au centre de la vitrine :

164. *Le grand Camée de la Sainte-Chapelle* représentant **La Glorification de Germanicus.** (fig. 47). Ce camée, le plus grand et le plus célèbre que l'antiquité nous ait légué, est probablement une œuvre de Dioscoride, le célèbre graveur de gemmes du temps d'Auguste et de Tibère. La scène qui s'y trouve figurée se partage en trois registres. — REGISTRE CENTRAL. *Germanicus prend congé de Tibère et de Livie.* Au milieu, trône Tibère, comme un Jupiter terrestre, lauré, nu jusqu'à la ceinture, tenant le sceptre et le *lituus* ou bâton augural, les jambes couvertes de l'égide entourée de serpents. A côté de l'empereur et sur le même siège, sa mère Livie, laurée comme lui, vêtue d'une ample *stola* et ayant pour attribut dans sa main droite, comme Cérès, un bouquet de pavots et d'épis. Devant eux, se tient debout Germanicus, couvert du *paludamentum* et de la cui-

rasse, le bouclier au bras gauche, les cnémides aux jambes, et portant la main droite à la crinière de son casque, dont le timbre est orné d'une tête d'aigle. Sa mère Antonia, debout à sa gauche, la tête ceinte d'une couronne de laurier, le regarde et pose symboliquement la main sur le casque du héros comme pour le lui affermir sur la tête. Tels sont les quatre principaux acteurs du drame qui se déroule sous nos yeux et dont voici l'interprétation.

La scène se passe en l'an 17 de notre ère, époque où Germanicus vient de s'illustrer dans la guerre contre Arminius et les Germains, en reprenant les enseignes de Varus, et où il se dispose à partir pour l'Orient faire la guerre aux Parthes. C'est le seul moment de sa trop courte carrière où, d'après les historiens, cet illustre guerrier se soit trouvé en rapport officiel avec son père adoptif, depuis que ce dernier était monté sur le trône impérial. Germanicus prend congé de Tibère et sa mère Antonia l'aide à revêtir son armure. A côté de lui, nous voyons son fils, le jeune Caligula, l'enfant chéri des soldats, qui a endossé la cuirasse, pris son bouclier, chaussé les *caligæ* (d'où son surnom) et qui, impatient, fait le geste du départ, foulant aux pieds un baudrier, des casques et des cuirasses. Derrière Caligula est assise sa mère, la femme du héros, Agrippine, tenant de la main gauche le *volumen* sur lequel elle écrira les glorieux exploits de Germanicus ; elle s'appuie de la main droite sur un grand bouclier. Le premier Romain qui, derrière le trône de Tibère, élève un trophée et contemple la scène qui se passe dans l'Olympe, est Drusus le Jeune, fils de Tibère, qui accompagna Germanicus en Orient ; à côté de lui, sa femme Livilla, sœur de Germanicus, assise sur un trône orné de sphinx, et paraissant assister d'un air soucieux au départ de son frère. Le person-

nage coiffé du bonnet phrygien qui, prosterné au
pied du trône impérial, semble plongé dans l'accable-

Fig. 47.
LE GRAND CAMÉE

ment, est la figure allégorique de l'Arménie ou de la
Parthie, comme on en voit fréquemment l'image sur
les monnaies romaines, à moins qu'on préfère y re-

connaître quelque prince arsacide, gardé à Rome, comme otage, depuis l'expédition de Tibère en Orient; ce personnage constate avec douleur que son pays va, de nouveau, supporter le choc des légions romaines.

Registre supérieur. *Germanicus divinisé et reçu dans l'Olympe.* La scène représentée dans la partie supérieure du camée se rattache à la précédente par l'attention que lui prête Drusus le Jeune élevant d'une main un trophée et de l'autre saluant les héros divinisés de sa famille. Rappelons les événements. Germanicus, parti pour l'Orient en l'an 17, avec Drusus le Jeune, meurt après d'éclatants succès, empoisonné à Antioche, en l'an 19; il avait trente-quatre ans. Mais il est bientôt vengé et ses amis lui décernent les honneurs de l'apothéose. Son compagnon de gloire, Drusus, qui lui a survécu, y prend part avec enthousiasme, et c'est pour rendre hommage à sa mémoire qu'il présente un trophée aux dix qui accueillent dans leurs rangs le héros infortuné. Germanicus divinisé, la tête ceinte de la couronne de laurier, est enlevé au ciel sur Pégase et reçu par les ancêtres de la famille des Césars, savoir: Énée, coiffé de la mitre phrygienne, ayant aux jambes les anaxyrides orientales, et tenant dans ses mains le globe du monde, symbole de la domination universelle que devait exercer sa race; à sa gauche, Auguste assis, vu de face, la tête ceinte du diadème radié, et voilé en pontife souverain; de la main droite, il tient le sceptre impérial. Enfin, à gauche, dans une place plus modeste, Néron Drusus l'Ancien, le père de Germanicus, lauré, couvert de la cuirasse et tenant un bouclier: il était mort depuis peu d'années (en l'an 9 de J.-C.). Pégase, qui porte Germanicus, s'élance au galop et triomphant, guidé par l'Amour, le génie protec-

teur des *Julii*, l'enfant de Vénus, la déesse mère des
Césars.

La double scène que nous venons de décrire représente
donc le commencement et la fin de l'expédition de
Germanicus en Orient, son départ plein de belles
espérances et le moment où, après sa mort, il est reçu
comme *Divus* dans l'Olympe par ses ancêtres.

REGISTRE INFÉRIEUR. *Captifs Parthes et Germains.* Les
dix personnages entassés pêle-mêle dans la partie inférieure du tableau et donnant des signes non équi-
voques de tristesse et de deuil, symbolisent les Bar-
bares que Germanicus a vaincus et faits prisonniers
dans les deux grandes expéditions de Germanie et
de Syrie où il s'est couvert de gloire. Ce sont des
vieillards, des femmes, des enfants assis au milieu
d'armes qui jonchent le sol. Les Germains sont recon-
naissables à leur grande barbe échevelée ; les Parthes à leur costume oriental et à leur bonnet phrygien. Au centre de la composition, on remarque une
femme orientale qui tient un enfant dans ses bras.
Les boucliers sont ornés de l'égide avec la tête de
Méduse ; au second plan, des cuirasses, des lances,
un arc et un carquois. Peut-être, parmi les Germains,
l'artiste a-t-il pris à tâche de rappeler les traits des
principaux chefs des Chérusques, des Cattes et des
Sicambres qui ornèrent le triomphe de Germanicus à
Rome, et dont Strabon nous a conservé les noms.
Sardonyx à cinq couches : brune, blanche, rousse,
blanche et roux foncé (fond brun).

Le camée célèbre que nous venons de décrire, a été
désigné tour à tour, dans les temps modernes, sous
les noms de : *Triomphe de Joseph à la cour de Pharaon ; Apothéose d'Auguste ; Agate de Tibère.* Ce fut
Peiresc qui, en 1619, démontra sans peine qu'il était
puéril de considérer le camée de la Sainte-Chapelle

comme représentant le triomphe de Joseph à la cour
du roi Pharaon. Il proposa d'y reconnaître l'*Apothéose d'Auguste* et son opinion ne tarda pas à préva-
loir. Mais il est bien évident que le nom d'*Apothéose
d'Auguste* ne saurait, en aucune façon, convenir à la
scène que nous avons sous les yeux. Déjà au xviii° siècle, Jacques Le Roy proposa d'appeler le camée simplement *Agate de Tibère*, parce que l'un des principaux personnages figurés est cet empereur. Ce nom
a été adopté par quelques savants, mais il ne réussit
pas à détrôner l'ancienne appellation, tant une tradition vicieuse est difficile à déraciner, tant le prestige
d'une appellation sonore et retentissante flatte l'ima-
gination du public. D'ailleurs, le nom d'*Agate de
Tibère* était encore inexact et reposait, lui aussi, sur
une interprétation erronée du sujet. Les trois registres
du tableau sont en l'honneur de Germanicus : c'est exclusivement sa gloire sur la terre et dans le ciel qu'on
a voulu immortaliser par ce monument. Ce n'est pas à
proprement parler un *triomphe*, et l'*apothéose* du héros
n'occupe que le registre supérieur ; aucun de ces deux
noms ne convenant exactement à l'ensemble de la
scène, nous avons adopté celui de *Gloire*, ou *Glorification* (*Gloria Germanici*), en songeant aux nombreuses monnaies romaines qui portent les légendes :
Gloria Augusti, *Gloria Constantini* (ou tout autre
empereur). Le nom de *Glorification de Germanicus*
est donc pleinement justifié, à la fois par ces analo-
gies et par l'interprétation scientifique du camée qui
a dû être exécuté à Rome, peu après l'an 19, probablement quand Agrippine ramena en Italie les cendres
de son mari, ou bien au commencement du règne de
Caligula (l'an 37) qui prit à cœur de glorifier la mémoire de son père, le plus populaire des généraux
romains. Peut-être fut-il destiné à décorer la face

principale de l'urne somptueuse, le reliquaire, comme
on aurait dit au moyen âge, dans lequel Agrippine
avait fait renfermer les cendres de son époux infortuné ; peut-être fut-il déposé à titre d'ex-voto indes-
tructible (*perennius aere*) et comme souvenir de Germanicus dans le temple de Jupiter Capitolin. Toujours
est-il que Constantin le fit transporter à Constantinople, lors de la fondation de la nouvelle capitale de
l'empire, et c'est là que nous le retrouvons, en plein
xiiie siècle, baptisé chrétien et entouré d'une somptueuse monture en émail où figuraient les quatre Évangélistes.

Aussi extraordinaire par ses dimensions et la richesse
des couches de la gemme que par la finesse du travail, l'habileté de l'exécution et l'intérêt historique
du sujet, le Camée mesure 0^m,30 de haut sur 26 de
large ; il dépasse en dimensions tous les autres monuments du même genre. Il est cité pour la première
fois en 1341, sous Philippe de Valois, dans l'inventaire
du Trésor de la Sainte-Chapelle, qui lui consacre la-
coniquement la mention suivante : *Item : unum pul-
cherrimum camaut in cujus circuitu sunt placés reli-
quiæ.*

Comment et à quelle époque ce chef-d'œuvre de la glyptique romaine fut-il enlevé de Constantinople pour
être déposé à la Sainte-Chapelle ? Il est vraisemblable qu'il fut au nombre des joyaux et des reliques
engagés à saint Louis par l'empereur de Constantinople Baudouin II, au moment où ce prince faisait argent de tout pour trouver des protecteurs et défendre
son trône menacé. C'aurait été pour le loger d'une
manière digne de lui, avec la Couronne d'épines et
quelques autres précieux cadeaux de Baudouin, que
saint Louis fit bâtir la Sainte-Chapelle du Palais. Quoi
qu'il en soit, peu de temps après la rédaction de l'in-

ventaire de 1341, Philippe de Valois envoya le Grand
Camée au pape Clément VI, à Avignon. Simon de
Braelle, trésorier de la Sainte Chapelle, fut chargé
d'accompagner le convoi et de veiller sur le précieux
joyau. Sur le registre d'Inventaire, à côté de la mention que nous avons rapportée, on écrivit alors le
mot *vacat*. Simon de Braelle était de retour à Paris
au mois de juin 1343. On ne dit point les motifs qui
portèrent Philippe de Valois à céder au pape le plus
important de ses joyaux, mais il nous paraît aisé de
les deviner. C'était l'usage, au moyen-âge, de considérer les objets conservés dans le Trésor du Roi ou
ceux des églises, comme une réserve qu'on pouvait
engager ou vendre dans un moment de crise finan-
cière. A chaque page de notre histoire, les princes,
à bout de ressources, sont contraints d'aliéner, pour
soutenir leurs guerres, les pierres précieuses et les
bijoux d'or et d'argent de leur Trésor ; des chapitres
sont forcés eux-mêmes de vendre ou de porter au
creuset les richesses d'orfèvrerie de leurs églises. Or,
vers 1342, la situation des finances de Philippe de Valois était des plus critiques : ce fut pour la sauver,
sans doute, qu'il engagea le Grand Camée, et nous
ajouterons, pour confirmer cette hypothèse, que le
pape Clément VI donna, à plusieurs reprises, des sommes considérables au roi de France. Plus tard, lors du
grand schisme d'Occident, les papes d'Avignon, à leur
tour, se trouvèrent dans la nécessité de se dépouiller
de leurs objets d'art. On a publié la liste de ceux que
vendit Innocent VI à des marchands florentins. Clément VII aliéna aussi une partie de ses joyaux et les
inventaires de ses trésors d'orfèvrerie, dressés en 1379
et 1380, laissent constater une énorme réduction dans
le nombre des richesses artistiques du palais d'Avignon. S'il n'est pas téméraire de croire que le Grand

Camée quitta la Sainte-Chapelle par suite de la détresse pécuniaire du roi de France, on peut admettre, avec non moins de vraisemblance, que ce précieux monument reprit, plus tard, le chemin de Paris, à cause des embarras financiers de Clément VII. Le pape d'Avignon avait besoin de l'appui du roi de France contre le pape de Rome, Urbain VI : il rendit le camée à Charles V qui le réinstalla à la Sainte-Chapelle, non sans l'avoir orné, pour compléter sa monture byzantine, d'un piédestal orné des figures des douze apôtres en émail, dans des niches gothiques ; et, sur la plinthe, on grava l'inscription suivante : *Ce camaïeu bailla à la Sainte-Chapelle du Palais, Charles, cinquième de ce nom, roi de France, qui fut fils du roi Jean, l'an 1379.* Le Grand Camée resta donc exilé à Avignon pendant trente-sept ans. Durant tout le moyen âge, la grande agate de la Sainte-Chapelle fut considérée, suivant la légende forgée à Constantinople, comme l'un des objets les plus remarquables que nous ait légués l'antiquité sacrée. Elle passait pour représenter le triomphe de Joseph, fils de Jacob, en Égypte, à la cour du roi Pharaon. Les jours de fête, on exposait cette relique insigne à la vénération des fidèles ; les comptes de la chefcerie de la Sainte-Chapelle nous apprennent, par exemple, qu'on la porta solennellement dans la procession qui eut lieu le 30 mai 1484, pour le sacre de Charles VIII.

Peiresc, le premier, considéra le précieux *camaïeu* comme un monument romain et non plus comme un objet de piété, et il le signala aux curieux des choses antiques. L'un de ces derniers, le peintre Paul Rubens, étant venu à Paris en 1625, pour peindre la galerie du Luxembourg, désira voir et admirer de près la grande agate : il en fit un dessin qu'il donna à Peiresc et qui, plus tard, fut gravé par Luc Vostermann. Par

quel fâcheux hasard est-il arrivé que l'attention des
curieux, ainsi provoquée, ait toujours négligé la monture du camée, et que nombre d'artistes aient successivement dessiné la gemme, comme Rubens, sans reproduire le cadre qui l'entourait? C'est seulement par
le témoignage de Tristan de Saint-Amant, qui écrivait
en 1644, que nous connaissons, au sujet de cette monture, quelques détails qui complètent ceux des inventaires : « Les quatre Évangélistes, dit-il, sont représentés de part et d'autre du châssis ou tableau d'or
dans lequel cette pierre est enchâssée, ayant ainsi leurs
noms inscrits en caractères grecs : ΜΑΤΘΑΙΟΣ, ΜΑΡΚΟΣ,
ΛΟΥΚΑΣ, ΙΩΑΝΝΗΣ. » Ce cadre émaillé, avec les quatre
Évangélistes accompagnés de leurs noms en grec, re-
montait à l'époque byzantine. Tristan de Saint-Amant
essaya de démontrer que dans la scène figurée sur le
camée il n'était pas question de l'Apothéose d'Auguste,
mais des honneurs rendus par Tibère à Germanicus.
À son tour, le fils du grand peintre, Albert Rubens,
qui se distingua par son érudition en archéologie,
entreprit comme Peiresc et Tristan de Saint-Amant,
de déterminer les noms des personnages représentés
sur le camée. Il s'attacha particulièrement aux captifs du registre inférieur, et, à cet égard, bien que
son opinion soit impossible à justifier, elle mérite
d'être rapportée parce qu'elle se base sur le récit que
fait Strabon du triomphe de Germanicus après ses victoires en Germanie. « Le triomphe de Germanicus,
dit Strabon, fut orné de personnages illustres, parmi
lesquels on remarquait Segimundus, fils de Segestes,
chef des Chérusques, et sa sœur épouse d'Arminius,
nommée Thusnelda, ainsi que son fils Thumelicus,
âgé de trois ans; Sesithacus, fils de Segimer, chef des
Chérusques, son épouse, Rhamis, fille de Véromer,
chef des Cattes, et Deudorix, le Sicambre, fils de Bae-

torix, qui était le frère de Melon ; Segestes, beau-père
d'Arminius, qui, dès le commencement de la guerre,
avait été d'un avis différent de celui de son gendre et,
ayant pris une occasion favorable, s'était réfugié chez
les Romains : on conduisit aussi dans cette pompe,
Libès, grand-prêtre des Cattes, et plusieurs autres personnages importants. » Selon Albert Rubens, ce sont
ces personnages que représente le troisième registre du
camée ; il signale en particulier, au centre, Thusnelda
tenant sur ses genoux Thumelicus enfant ; à côté de
Thusnelda, se tient Segimundus, puis Sesithacus, les
mains liées derrière le dos, et sa femme Rhamis appuyée sur un bouclier ; Dendorix, le Sicambre, serait
ce Germain, aux cheveux et à la barbe hirsutes que
nous voyons à l'angle gauche du camée. Derrière Thusnelda, il faudrait reconnaître Libès, prêtre des Cattes,
armé d'un couteau de sacrifice, soutenant sa tête de sa
main. Ces ingénieuses conjectures ne sont pas vraisem-
blables, au moins pour les personnages vêtus à l'orientale et dans lesquels on doit nécessairement reconnaître des prisonniers parthes ; c'est ce que fit
remarquer Jacques Le Roy en 1683. Les commentai-
res de Montfaucon et d'autres érudits du xviiie siècle
n'ajoutèrent à peu près rien à ce qu'on avait dit jusque-là sur la précieuse gemme qui atteignit sans en-
combre la Révolution française. En 1790, quand le
chanoine Morand publia son *Histoire de la Sainte-
Chapelle*, on voyait encore les quatre Évangélistes en
émail byzantin, aux coins de la monture du grand Camée, ainsi que le socle carré-long en argent doré, du
temps de Charles V. En 1791, l'Assemblée nationale
ayant décrété la vente des objets conservés à la Sainte-
Chapelle, le roi Louis XVI, alors prisonnier au Temple, chargea Ch. Gilbert de la Chapelle de remettre les
clefs du Trésor à Bailly, président de la commission

d'aliénation. En même temps, Louis XVI exprima, avec ses inutiles protestations, un vœu : c'était que « les reliques, une *agathe* et autres pierres précieuses, et quelques beaux livres de prières manuscrits » fussent déposés, les reliques à Saint Denis, « les pierres précieuses, à notre Cabinet des Médailles », et les manuscrits à la Bibliothèque. On déféra heureusement au vœu exprimé par le Roi, et c'est ainsi que le Grand Camée fut sauvé avec sa riche monture, et qu'il fit, pour la première fois, son entrée au Cabinet des Médailles. Il n'y resta pas longtemps. Pendant la nuit du 26 au 28 pluviôse an XII (16 au 18 février 1804), il fut soustrait par des voleurs qui l'emportèrent jusqu'à Amsterdam. La célèbre gemme allait être vendue pour 300,000 francs à un orfèvre, lorsqu'elle fut reprise par les soins de Gohier, commissaire-général des relations commerciales dans cette ville. Mais les voleurs, hélas, l'avaient déjà dépouillée de sa riche monture, dont il ne paraît malheureusement pas exister de dessin.

Sous le Premier Empire, pour remplacer la monture byzantine on fit exécuter par un élève de David, Auguste Delafontaine l'éclatante monture actuelle. Elle est elle-même une œuvre d'art très remarquable, dans le style de l'époque impériale. Ses ornements en bronze ciselé et doré rappellent l'antiquité romaine et l'on sent que rien n'a été négligé pour la rendre digne de l'ancienne. Toutefois l'on peut se demander si cette somptuosité impériale ne nuit pas plutôt à l'effet de la précieuse gemme bien capable, assurément, de se suffire à elle-même.

I. — *A droite du Grand Camée.*

373. **Gondole de sardonyx**, avec monture en argent doré. La gemme est taillée en forme de nef allongée, à dix côtes ou godrons ; sa large bordure métallique

forme autant d'arceaux ornés de pierres fines en cabochon et d'émaux cloisonnés. Le pied, aussi d'argent
doré, adapté à la nef est rattaché à la bordure supérieure par des chaînettes. Le bord du pied, enfin, est
décoré d'un cordonnet granulé. Cette coupe dont la
forme est si élégante et l'ornementation d'un goût si

Fig. 48

achevé, a fait partie du Trésor de l'abbaye de Saint-
Denis jusqu'à la Révolution.

2089. **Julie, fille de Titus.** Grande intaille sur aigue
marine. (Fig. 48). On lit, derrière la tête, la signature
du graveur Evodus : ΕΥΟΔΟC ΕΠΟΙΕΙ. Cette magnifique
gemme est entourée d'une monture qui remonte à
l'époque carolingienne : c'est tout ce qui subsiste d'un

grand reliquaire conservé dans le Trésor de l'abbaye de Saint-Denis et détruit en 1793. Ce reliquaire est appelé, dans les anciens Inventaires, *escrain* ou *oratoire de Charlemagne*. Dom Félibien le décrit en ces termes, au xviiie siècle : « Ce reliquaire n'est qu'or et

Fig. 49

pierreries. Sur le haut, est représentée une princesse que quelques-uns estiment être Cléopâtre ou Julie, fille de l'empereur Tite. » Une ancienne image confirme cette description et nous montre le portrait de Julie surmontant le pignon d'un monument d'aspect architectural ; les cabochons et les perles qui entourent la gemme forment une sorte de couronne de rayons autour d'elle. Sur le saphir du haut, est gravé, d'un côté le monogramme grec de la Vierge Marie, et de l'autre, un dauphin.

234. **Auguste.** Tête de profil, ceinte d'une couronne de chêne et d'olivier. Travail d'une remarquable finesse d'exécution ; sardonyx à deux couches. (Fig. 49). Ce camée qui, avant la Révolution décorait un reliquaire du Trésor de l'abbaye de Saint Denis, est encore paré de la monture dont la piété médiévale l'a entouré. Cette monture, plus riche qu'élégante, se compose d'une

plaque d'argent doré, dont les bords sont découpés à jour; sur le pourtour de la plaque une couronne composée de rubis, de saphirs et de perles. Le reliquaire auquel était adapté ce camée, contenant le chef de saint Hilaire, évêque de Poitiers; c'était une *capsa* ayant la forme du buste du saint, en habits pontificaux.

276. **Claude et Messaline** dans un char traîné par des dragons. L'empereur et sa femme sont représentés avec les attributs de Triptolème et de Cérès. Claude, nu-tête, le buste couvert de la cuirasse, forme avec son paludamentum, qu'il tient de la main gauche, une sorte de giron rempli de graines qu'il s'apprête à semer sur le sol; Messaline, comme Cérès Thesmophoros, est penchée en avant, tenant un bouquet d'épis et de pavots, et un *volumen*. Sardonyx à trois couches; riche monture du XVIIᵉ siècle.

283. **Plaque d'or** byzantine, circulaire; le centre est orné du buste en relief d'une impératrice (Théodora?) diadémée, de face; au pourtour, plusieurs rangées concentriques de fleurons émaillés.

379. **Coupe du roi Chosroès** (I ou II). Cette coupe précieuse, qui occupe une place fondamentale dans l'histoire de l'orfèvrerie cloisonnée, a la forme d'un plat circulaire, muni d'un pied très bas. Ses parois sont formées d'un réseau en or, ajouré, travaillé au marteau, qui sert de châssis à des médaillons en cristal et en verre de couleur. Au centre, le médaillon principal, en cristal de roche; on y voit, sculpté en relief comme un camée, Chosroès en costume d'apparat, assis, de face, sur un trône dont les pieds sont des chevaux ailés, aux ailes recroquevillées, souvenir du Pégase classique.

Avant la Révolution, on conservait dans le Trésor de l'abbaye de Saint-Denis, sous le nom de *Tasse de Sa-*

lomon, la coupe sassanide que nous signalons ici. Dom
Doublet la signale en ces termes, en 1625 : « Une très
riche tasse, garnie de son pied d'or, qui est la tasse
du sage roy Salomon enrichie sur le bord de hyacin-
thes ; au dedans, de très beaux grenats et de très
belles esmeraudes ; aussi, au fond, d'un très excellent
et grand saphir blanc entaillé à enlevure par dehors,
de la figure au naturel dudit Roy séant en son throsne,
avec un escalier orné de lions de part et d'autre, à
la façon qu'on le voit représenté dedans la Sainte Bi-
ble. Cette tasse donnée par l'Empereur et Roy de
France, Charles le Chauve. » En 1706, dom Félibien
consacre à la coupe de Chosroès cette courte mention : « Espèce de sous-coupe d'or ornée de crys-
taux de différentes sortes de couleurs. Au milieu,
l'on y voit un Roy assis dans son throsne. » La
description du savant religieux est reproduite, en 1783,
dans un guide des visiteurs à Saint-Denis, et comme
le nom de Salomon n'est plus prononcé, il est permis
de croire que, dès le commencement du xviiie siècle,
les critiques élevaient déjà des doutes au sujet de
l'attribution traditionnelle de la fameuse tasse salo-
monienne. Quoi qu'il en soit, ce fut en 1786 seulement, que Mongez émit formellement l'opinion que
le personnage représenté sur l'*emblema* de la coupe
Saint-Denis, n'était point Salomon, mais un roi
parthe de la dynastie des Sassanides. Si Mongez
rejette avec raison l'attribution iconographique à
Salomon, il n'accepte pas davantage la tradition des
Inventaires de Saint-Denis, d'après laquelle le monument aurait été donné au Trésor de l'abbaye par
Charles le Chauve. Y a-t-il donc lieu de repousser
comme une légende ce que nous disent ces *Inventaires*,
et l'hypothèse, greffée sur cette tradition, d'après laquelle la coupe aurait été déposée aux pieds de Char-

lemagne par les ambassadeurs d'Haroun-al-Raschid ?
Un passage des *Chroniques de Saint-Denis*, qui concerne
la mort et les dispositions testamentaires de Charles
le Chauve, semble, au premier abord, donner une réponse catégorique à cette question : il y est raconté, en
effet, que Charles le Chauve, en 887, donna la Tasse
de Salomon au Trésor de l'abbaye : « Après (Charles
le Chauf), donna laiens *le hanap Salomon* qui est d'or
pur et d'émeraudes fines et fins granes, si merveilleu-
sement ouvré que dans tous les royaumes ne fut onc-
ques œuvre si soubtille. » Mais la plus ancienne rédaction des grandes Chroniques de Saint Denis n'est
pas antérieure au commencement du xiii⁰ siècle, et il
est probable que le chroniqueur n'a fait qu'enregistrer
la tradition courante à cette époque, sans se préoccu-
per de rechercher si l'on pouvait en faire remonter la
source jusqu'aux temps carolingiens. Son témoignage
ne sert donc, en réalité, qu'à nous faire constater
qu'au xiii⁰ siècle on croyait que la Tasse de Salomon
venait de Charles le Chauve, et rien de plus. L'hypothèse de Mongez reste possible, sinon probable : les
Croisés qui ont pillé Constantinople en 1204, par exemple, peuvent, aussi légitimement que les ambassadeurs
d'Haroun-al-Raschid, revendiquer des droits à notre
reconnaissance. Quant au nom de Salomon, attaché à
la coupe de Saint-Denis, les idées du moyen âge sur le
plus fastueux des rois d'Israël suffisent à nous l'expliquer. Salomon, qui avait fait construire le Temple du
vrai Dieu et l'avait enrichi des plus précieux ustensiles,
vases et objets du culte, était devenu, dans la tradition
chrétienne, comme saint Éloi, le type idéal de l'orfèvre et du toreuticien. Aux yeux des gens du moyen
âge, ces merveilleux artistes furent censés avoir ciselé
tous les ouvrages, d'origine inconnue, qui paraissent
des prodiges d'habileté : c'est là ce qu'on appelait l'*Œu-*

vre de *Salomon* (*opus Salomonis*), quand ce n'était pas
l'œuvre de saint Éloi. On racontait couramment que
le khalife Haroun-al-Raschid avait fait des présents aux
princes étrangers avec les trésors artistiques du roi
juif. On devine par là comment s'est formée la tradition attachée à la coupe de Chosroès ; comment on fut
amené à croire que ce chef-d'œuvre d'émaillerie cloisonnée était l'ouvrage de Salomon, et que le fils de
David lui même se trouvait représenté sur le disque
central. Ce fut le 30 septembre 1791, lors de la disper-
sion officielle du Trésor de Saint-Denis, que la coupe
de Chosroès fut transférée au Cabinet des Médailles.

251 *bis*. **Buste de Tibère**, en calcédoine. Ronde bosse ;
travail remarquable. Legs G. Grignon de Montigny,
en 1899.

Grand médaillon d'or d'Eucratide, roi de la Bactriane
(vers 200 av. J.-C.). Au droit, tête casquée du roi ;
au revers, ΒΑΣΙΛΕΩΣ ΜΕΓΑΛΟΥ ΕΥΚΡΑΤΙΔΟΥ. Les Dioscures Castor et Pollux, à cheval. Poids 20 statères
(168 gr.) : c'est la plus grande monnaie d'or, connue
jusqu'ici, qui ait été frappée dans l'antiquité helléni-
que.

Divers colliers et bijoux d'or. Le plus remarquable est
le **Collier de Nasium** (n° 128). Il est composé de
quatre médailles et de deux camées séparés par des
tubes cylindriques en or. Les médailles sont à l'effigie
d'Hadrien, de Septime Sévère, de Caracalla et de
Géta. Les camées représentent, les bustes de Minerve
et de Julia Domna. Trouvé en 1809 à Naix (*Nasium*,
capitale des *Leuci*) près Commercy (Meuse).

368. **Canthare décoré de scènes bachiques** (désigné
traditionnellement sous les noms de *Coupe de Mithridate* ou *Coupe de Ptolémée Philadelphe*). Poids,
963 gr. Les deux faces de ce magnifique vase en
sardonyx, sont illustrées de sujets en relief, emprun-

tés au culte de Bacchus. *Première face* : Au centre
de la composition, une table dont les pieds ont la
forme de sphinx ; sur la table, une ciste, des canthares, une œnochoé, un thymiatérion et un hermès
de Priape. Au pied de la table, masque de Pan barbu,
bouc couché, masque imberbe et van mystique. Dans
le champ, à gauche, deux autres masques bachiques,
l'un placé sur un cippe recouvert d'une peau de panthère, l'autre posé à terre et lauré. Dans le champ, à
droite, une ciste d'où s'échappe un serpent, puis une
panthère qui boit du vin dans un canthare renversé.
L'ensemble de cette scène est encadré par deux énormes pommiers autour lesquels sont enlacées des branches de lierre. Aux rameaux des arbres sont suspendus
deux masques bachiques imberbes, et un grand voile
s'étend, d'un arbre à l'autre, au-dessus de la table
dionysiaque. Deux oiseaux, agitant leurs ailes, sont
perchés sur les branches. — *Deuxième face* : Au centre, une table dont les pieds ont la forme de piliers
cannelés terminés par des griffes. Sur la table, une
statuette de Déméter tenant dans chaque main une
torche allumée, un rhyton qui a la forme d'un Silène
portant une outre sur son épaule, des canthares et
d'autres vases. La table a une étagère inférieure sur
laquelle on voit une coupe cannelée et deux griffons
face à face, de chaque côté d'un canthare ; au pied de
la table, un thyrse et un masque. Dans le champ, à
gauche, le pedum et la besace de Silène, deux torches
renversées et un bouc grimpant à un arbre. Dans le
champ, à droite, un grand masque de Silène barbu,
sur une outre gonflée. L'ensemble de cette scène est
encadré par deux arbres, autour desquels grimpent
des ceps de vigne. Aux branches des arbres sont suspendus quatre masques bachiques ; on remarque aussi,
accrochés au tronc ou aux rameaux, une peau de

panthère, le tympanum, des *tintinnabula*, la syrinx et
une guirlande qui descend jusque sur le sol. D'un
arbre à l'autre, enfin, s'étend un grand voile. Les
anses du canthare sont formées, chacune, d'un double
rameau torse, ajouré et taillé dans la gemme; des
ceps de vigne chargés de raisins grimpent tout autour.
Au point d'attache supérieur, les rameaux jumeaux
s'allongent en sens inverse le long de la lèvre du vase
et se terminent chacun par une tête de pavot. — Telle
est la description technique de cette coupe merveilleuse, taillée et affouillée dans une énorme gemme
dont la photographie, ni même le pinceau du plus
habile artiste, ne sauraient reproduire l'éclat et les
reflets, les tons diaprés qui passent du brun foncé ou
clair aux nuances rouges, jaunâtres, laiteuses, cendrées, rappelant par places cette couleur de la corne
ou de l'ongle, d'où est venu à la pierre le nom d'onyx.
Outre la matière, il faut admirer ici l'habileté du
lithoglyphe qui a réussi, avec autant d'aisance que
s'il eût sculpté un bas-relief de marbre, à traduire
tout cet attirail des pompes dionysiaques, ces tableaux champêtres encadrés de vieux arbres auxquels
se marient des lianes grimpantes, du lierre ou des
ceps de vigne. Tristan de Saint-Amant, en 1644, puis
Caylus, Félibien et Montfaucon, au xviiiᵉ siècle, ont
parlé avec enthousiasme de la coupe de Ptolémée, et
les archéologues modernes n'ont fait que ratifier leur
jugement. « Cet admirable vase, dit Clarac, par la
richesse de sa matière et la beauté de son travail, est
peut-être la production antique de ce genre la plus
merveilleuse qui existe... Qu'on examine la manière
dont ce vase a été évidé et dont les anses ont été
ménagées adroitement dans la masse; que l'œil péné-
tre dans les cavités profondes et les dessous des détails, on verra que ces masques, ces vases, ces ani-

maux, ces feuillages sont autant de camées, pour la
plupart finement gravés, et presque détachés du fond
auquel souvent ils ne tiennent que par quelques points,
et dont même, çà et là, les branchages sont entièrement séparés. L'on jugera de la difficulté du travail,
du temps qu'il a fallu pour ébaucher ce vase dans le
bloc de sardonyx et lui donner l'ensemble de sa
forme, pour le terminer, le graver et le polir, dernière et très longue opération, et l'on ne sera pas
éloigné de croire que ce chef-d'œuvre ait exercé pendant plusieurs années le talent et la patience du graveur. » L'histoire de notre canthare se perd dans des
légendes apocryphes. C'est uniquement, sans doute,
à cause de la célébrité de la dactyliothèque et de la
collection des vases précieux de Mithridate, que le
nom du fameux roi de Pont s'est trouvé, à l'époque
moderne, mêlé aux origines de notre coupe. De ce
que Mithridate possédait des camées, des intailles,
des vases ornés de pierres précieuses (*gemmata poto-
ria*) qui éblouirent les Romains, lors des triomphes
de Lucullus et de Pompée, et de ce que ce dernier
consacra au temple du Capitole la dactyliothèque du
roi de Pont, on ne saurait en conclure que notre
canthare a fait partie de ce riche butin. La tradition
qui l'a décoré du nom de *Coupe de Ptolémée* ou *des
Ptolémées*, ne mérite pas plus de créance. Elle ne
paraît pas, d'ailleurs, antérieure à Tristan de Saint-
Amant au xviiᵉ siècle, qui suppose que notre canthare
était au nombre des vases précieux, décorés de sujets
bachiques, qui figurèrent dans la pompe triomphale
de Ptolémée II Philadelphe. Athénée raconte, en
effet, d'après Callixène de Rhodes, qu'on vit à
Alexandrie ce prince, affublé en Bacchus et environné
de nymphes et de satyres portant des thyrses, des
coupes, des canthares d'or et d'onyx. Mais, quel

qu'ait été le luxe de ces pompes dionysiaques et quelque rapprochement que l'on puisse tenter entre les vases signalés par Athénée et notre canthare, tout ce qu'il est permis de conjecturer, c'est qu'il a pu être fabriqué sous les Ptolémées, parce que la mode des camées, des vases et joyaux d'onyx faisait alors fureur

Fig. 50.

en Égypte. Au moyen âge, nous trouvons notre canthare parmi les joyaux du Trésor de Saint-Denis. On avait transformé en calice cette coupe toute pleine des souvenirs des Bacchanales ; elle était montée sur un pied d'or rehaussé de pierreries. (Fig. 50). L'inventaire du Trésor de Saint-Denis, en 1638, par dom Germain Millet, nous dit que « ce précieux joyau fut

donné par le roi Charles, IIIe du nom, surnommé le
Simple, fils de l'empereur Louis le Bègue, comme il
appert par ces deux petits vers gravés sur le pied :

Hoc vas, Christe, tibi mente dicavit
Tertius in Francos regmine Carlus.

Cette inscription fut ajoutée au xiie siècle, au temps
et vraisemblablement par les soins de Suger qui prit
à tâche de fixer la tradition en affirmant, d'après
elle, qu'un prince carolingien, du nom de Charles,
fit présent de ce *carchesium* au Trésor de l'abbaye.
Il n'est point certain que ce roi Charles, troisième
du nom, soit Charles le Simple, plutôt que Charles
le Chauve. On peut voir, dans la galerie d'Apollon,
au musée du Louvre, une soucoupe de serpentine,
montée en or, qui a accompagné en guise de patène,
pendant un certain temps, la coupe de Ptolémée
transformée en calice. Le 30 septembre 1791, la
Coupe dite « de Ptolémée » fut transportée de Saint-
Denis au Cabinet des Médailles. Le 16 février 1804,
elle fut volée avec le grand Camée, dans les circons-
tances que nous rapportons plus haut. Mais, tandis
que le grand Camée était retrouvé à Amsterdam, la
coupe de Ptolémée avait suivi une autre direction :
elle fut retrouvée, en brumaire an XIII, à Rozoz-sur-
Serre, entre Laon et Rocroi. La monture en avait
malheureusement été fondue, et c'est dépouillé de
tout ornement que le célèbre canthare a repris sa
place dans notre vitrine d'honneur, jusqu'à ce que,
sous Napoléon, on ait fait exécuter par Delafontaine
le pied en bronze ciselé et doré sur lequel la précieuse coupe est montée.

623. **Le Vase des Saisons**. Ce nom désigne une fiole à
parfums (*unguentarium*) en pâte de verre bleu, de

forme très allongée, sur le pourtour de laquelle son
représentées, en reliefs blancs, les figures allégoriques
des Saisons. Ce pur chef-d'œuvre de la verrerie antique, aussi fragile qu'élégant, n'est malheureusement
pas absolument intact : le col et le pied sont restaurés.
Le cortège des trois figures féminines d'un style très
élancé, plein de grâce et de mouvement est en faible
relief d'un blanc laiteux. On y reconnaît trois des
Saisons (*Horæ*): l'Heure du Printemps, l'Heure de
l'Été, l'Heure de l'Automne; l'Hiver étant sans doute
omis à dessein. Enveloppées dans leurs draperies
amples et légères, elles portent, l'une des fleurs et
des fruits, la seconde un pavot et trois épis, la troisième, au devant de laquelle s'élance un chevreau,
porte une corbeille pleine de grappes de raisin. Une
pâte de verre antique du musée de Berlin représente
la même triade de femmes, dans une attitude iden-
tique. Au-dessus du cortège, court une frise légère de
bucrânes, de fleurs et de fruits; au-dessous, une large
bande de rinceaux fleuronnés.

Cet *unguentarium*, épave du mobilier de toilette d'une
dame romaine du temps des premiers Césars, rentre
par sa matière dans la classe, si peu nombreuse dans
nos musées, des vases tant prisés que les Anciens
appelaient *Vases murrhins*. Le Vase Portland, au Musée britannique et le Vase des Vendanges au Musée
de Naples sont les deux plus célèbres représentants
de cette classe de monuments qui imitaient en pâte
de verre les vases plus somptueux de sardonyx.

Notre Vase des Saisons qui paraît avoir été trouvé à
Rome vers le début du xviiᵉ siècle a fait dès cette
époque les délices d'amateurs et d'antiquaires illustres. Il était dans le Cabinet de Gaston d'Orléans
lorsque Peiresc en fit un dessin qui nous est parvenu : « je ne vis jamais rien de si exquis, » déclare-

t-il. Du Cabinet de Gaston il passa dans celui de Louis XIV, en 1661. Haut. 163 mill.

490. Le Trésor de Tarse. Quatre médaillons en or, provenant d'une trouvaille faite à Tarse, en Cilicie, vers 1858 : 1º le moins grand des quatre a été frappé sous Sévère Alexandre, vers l'an 230 de notre ère, à l'effigie de cet empereur ; 2º le grand médaillon placé à droite représente Alexandre le Grand coiffé de la peau de lion, comme Hercule ; au revers, Alexandre à cheval perçant un lion de son javelot. Légende : ΒΑϹΙΛΕΥϹ ΑΛΕΞΑΝΔΡΟϹ ; 3º le médaillon du milieu représente Alexandre le Grand, la tête nue, diadémée : le revers est semblable à celui du médaillon précédent ; 4º médaillon de gauche : buste de Philippe, père d'Alexandre, barbu et diadémé, revêtu d'une cuirasse sur laquelle est sculpté Ganymède enlevé par l'aigle ; au revers, Victoire dans un quadrige ; légende, ΒΑϹΙΛΕѠϹ ΑΛΕΞΑΝΔΡΟѴ. Ces médaillons comptent parmi les plus beaux monuments monétiformes de l'antiquité ; les deux têtes d'Alexandre, surtout, sont dignes d'admiration. — Achetés en 1869 par l'empereur Napoléon III et donnés par lui au Cabinet des Médailles.

4699. Sophocle assis, tenant un *volumen*. Figure d'applique, en ivoire.

II. — A gauche du Grand Camée.

96 et 97. Petit Calice d'or à deux anses. Le bord est décoré de trois cœurs en verre coloré imitant le grenat, et de trois feuilles de vigne en turquoises. La partie inférieure est cannelée, ainsi que le pied ; les anses ou *oreilles* se terminent en têtes d'aigle. Les yeux de l'aigle sont formés par de petits grenats. La **Patène** d'or, qui accompagne ce calice, est de forme

rectangulaire. Les bords forment une plate-bande
dont la décoration consiste en une rangée de losanges
de verre rouge, enchâssés dans des alvéoles d'or. Aux
quatre coins, un trèfle; dans le fond du plateau, une
croix latine. Les contours de la croix sont dessinés
par du filigrane. Ce calice et cette patène, de l'époque
mérovingienne, ont été découverts à Gourdon, village
du Charolais (Saône-et-Loire), en 1845.

322. **Phalère** (*umbo* de bouclier ?) de l'époque gauloise,
formée d'un disque de bronze revêtu d'une feuille
d'or ornée d'enroulements symétriques garnis de
verroteries. Trouvée à Auvers (Seine-et-Oise) en 1883.
Don Alex de Gosselin, 1883.

94. **Patère de Rennes**. Coupe d'or massif, décorée d'un
emblema et d'une bordure de médailles romaines.

Fig. 51.

(Fig. 51). L'*emblema*, exécuté au repoussé, représente
un défi entre Bacchus et Hercule, ou plutôt c'est une

composition allégorique, dont le sens est le triomphe
du vin sur la force. Bacchus, couronné de lierre et de
pampres, entouré de bacchants et de bacchantes, est
assis sur un trône, au pied duquel est une panthère ; le
dieu tient de la main gauche son thyrse, et de la droite
un rhyton en forme de pavot qu'il lève fièrement pour
montrer qu'il l'a vidé jusqu'à la dernière goutte, tandis qu'Hercule, assis près de lui sur un rocher, déjà
à demi vaincu par le vin, semble prêt à laisser échapper de ses mains son canthare. Une frise encadre le
sujet principal et complète le sens de la composition :
c'est *Bacchus triomphant d'Hercule*. Bacchus, représenté sur son char traîné par deux panthères, est précédé d'Hercule, ivre, qui s'avance en chancelant,
soutenu par deux bacchants, dont l'un porte la
massue devenue trop lourde pour le dieu. Entre le
char de Bacchus et le groupe d'Hercule, Pan, le
pedum à la main ; autour du char, bacchants et bacchantes, dont l'un joue de la double flûte. On distingue encore, monté sur un chameau, Silène auquel une
bacchante présente un canthare ; plus loin, une bacchante, jouant des cymbales ; des enfants foulant des
raisins, d'autres conduisant un chariot rempli de
raisins, traîné par deux boucs ; un satyre luttant avec
un bouc ; enfin des bacchants et des bacchantes dansant et jouant de divers instruments. La décoration
du bord intérieur de la coupe est complétée par seize
médailles encastrées au milieu de couronnes d'acanthe et de laurier. Ces médailles sont aux effigies
impériales suivantes, que nous énumérons dans l'ordre où elles se présentent sur le monument Hadrien,
Caracalla, Marc-Aurèle, Faustine la Jeune, Antonin
le Pieux, Géta, Septime Sévère et ses fils, Commode,
Faustine la Mère, Septime Sévère, Caracalla, Antonin
le Pieux, Faustine la Mère, Antonin le Pieux, Com-

mode, Septime Sévère, Julia Domna. — C'est en 1774,
que cette patère, un des plus remarquables monuments d'or que l'antiquité romaine nous ait légués, a
été découverte à Rennes par des maçons qui travail-
laient à démolir une maison du Chapitre métropoli-
tain de cette ville. La patère était enfouie avec des
médailles romaines depuis Néron jusqu'à Aurélien,
une chaîne d'or, quatre médailles de Postume ornées
d'encadrements découpés à jour, et une fibule d'or,
ainsi que des ossements humains. Le Chapitre de
Rennes remit ces objets au duc de Penthièvre, gouverneur de Bretagne, pour les présenter au Roi.

309. **Buste de Constantin le Grand** (*Bâton cantoral de
la Sainte-Chapelle*). Cet ancien sceptre se compose de
plusieurs parties distinctes, mobiles et superposées :
1° Un buste d'empereur romain, en sardonyx ; un
sillon creusé dans l'onyx, autour de la tête, marque
la place d'un diadème d'or qui a disparu. L'empereur
est vêtu de la cuirasse et du paludamentum ; sur la
cuirasse, l'égide, dont les imbrications sont recon-
naissables ; mais au milieu de l'égide, à la place de la
tête de Méduse dont la représentation est constante
dans l'antiquité, nous voyons gravée en creux une
grande croix entourée d'un cercle. — 2° Au buste
d'onyx, est adaptée une draperie en vermeil qui con-
tinue les plis du paludamentum. Des mains en argent
s'élèvent, dans une pose gauche et maladroite, de chaque côté du buste ; la main droite tient une couronne
formée d'une double torsade aussi en argent. — 3° Un
piédestal composé d'une zone mobile de bourrelets en
argent qui simulent des nuages, et adaptée à un socle
en vermeil. La partie supérieure de ce socle représente
une galerie d'arceaux de style gothique, placée entre
deux corniches et formant une sorte d'entablement architectural ; au-dessous, en manière de chapiteau, de

grandes feuilles d'acanthe élégamment disposées en
corbeille ; vient ensuite un pommeau, aussi en vermeil, sur lequel sont simulés, en relief, des arceaux
décoratifs entre lesquels on reconnaît les contours, en

Fig. 52.

partie effacés, de fleurs de lis ; enfin, une vis fixait le
monument au-dessus d'une hampe qui a disparu.
Conservé dans le Trésor de la Sainte-Chapelle jusqu'à
la Révolution, ce buste impérial était pourvu d'attributs qui n'existent plus aujourd'hui. La main gauche
tenait une grande croix en argent, à deux branches

transversales. La couronne qui est dans la main
droite a aussi été mutilée : un dessin ancien nous
montre une couronne hérissée de pointes, de manière
à ressembler à la couronne d'épines du Sauveur ; les
piquants en ont été arrachés, mais non sans laisser
des traces à la place qu'ils occupaient. Sur le globe
qui forme actuellement la base du buste, on peut encore remarquer les vestiges à demi effacés de grandes
fleurs de lis. Il y avait aussi des fleurs de lis dans les
alvéoles circulaires, vides aujourd'hui, qui séparent
les arceaux gothiques de la monture. Ces regrettables
mutilations remontent à l'époque de la Révolution.
Connaissant par une gravure de 1790, le monument tel
qu'il était alors, nous en retrouvons sans peine le signalement à travers les siècles du moyen âge. (Fig. 52).
Muni d'une hampe d'ébène, il servait d'insigne officiel
au Chantre, qui était, avec le Trésorier, le principal
dignitaire de la Sainte-Chapelle, et qui avait le droit
« de porter la chappe et le baston aux vespres, mati-
nes et messes des festes establies pour lors annuelles. »
Dans l'antiquité, c'est-à-dire au ive siècle, ce buste en
onyx était l'ornement supérieur d'un sceptre consulaire. On sait que le sénat envoyait aux consuls, lorsqu'ils entraient en charge, un sceptre (*scipio*) comme
marque de leur autorité, et cet usage se perpétua jusqu'à la chute du monde romain. Sur les diptyques
des ive et ve siècles que nous décrivons plus loin, les
consuls tiennent à la main le *scipio*, emblème de leur
dignité. Tantôt ce sceptre est surmonté d'un aigle sur
un globe, d'un aigle dans une couronne, d'un globe
émergeant du calice d'une fleur ; tantôt il est surmonté
du buste de l'empereur ou des empereurs régnant au
moment où le consul est entré en charge. Un grand
nombre de ces insignes de la dignité consulaire avaient
échoué dans le trésor des palais et des églises de Cons-

tantinople ; on s'en servait aux jours de cérémonies
publiques et on les portait en grande pompe dans les
processions et les fêtes de la cour. Constantin Porphyrogénète dit qu'il y avait trois de ces sceptres dans
l'église de Saint-Étienne Daphnes, et douze dans une
autre église de la capitale

Pour expliquer comment ces sceptres sont venus enrichir les trésors des églises de l'Occident, il suffira de
rappeler le pillage que les Croisés de l'an 1204 ont
fait subir aux palais et aux églises de Constantinople.
Engagé probablement par l'empereur Baudouin II à
saint Louis, avec le Grand Camée, en 1247, le monument qui nous occupe devint un bâton cantoral à
cause de son ancienne destination de sceptre romain.
Il ne fit que changer de mains, et il fut désormais le
sceptre d'un des principaux dignitaires de la Chapelle du palais royal Dans une procession solen-
nelle ordonnée à Paris par le roi Henri II, en 1549,
on vit le chantre de Notre-Dame et le chantre de la
Sainte-Chapelle, marchant côte à côte et portant
chacun leur bâton cantoral. Ainsi, les choses se
passaient encore comme au temps où Constantin
Porphyrogénète écrivait son livre des *Cérémonies*.
Cependant, il s'était produit, dans l'intervalle, des
incidents graves dans l'histoire du Bâton cantoral
de la Sainte-Chapelle. Ce vénérable insigne avait,
comme ceux des autres églises subi des avaries ; il
s'était trouvé détérioré par un usage constant de dix
siècles ; il fallut un jour remplacer le manche d'ébène
vermoulu. On profita de la circonstance pour l'affubler
d'attributs en rapport, non avec son origine illustre
qu'on avait oubliée, mais avec le rôle pieux qu'on lui
faisait remplir. Ce fut alors, vers le temps de Charles V,
au XIVᵉ siècle, qu'on voulut que le buste représentât
saint Louis ; on substitua, en conséquence, une croix

en creux à la tête de Méduse qui figurait en relief au milieu de l'égide, et on ajouta une draperie et des bras en vermeil et en argent au buste d'onyx.

310. **Buste de Constantin**. Agate. Ronde bosse ; la draperie qui couvre la poitrine est en cuivre doré.

113. **Collier d'or** étrusque, formé de cinq bulles, les unes lenticulaires, les autres piriformes.

Choix de **grands médaillons d'or romains**, la plupart encastrés dans leur monture antique : médaillons de Postume, de Dioclétien, de Licinius fils, d'Honorius, de Galla Placidia, de Valentinien II.

Roi hindou sur un éléphant. Pièce du jeu d'échecs dit *de Charlemagne*, en ivoire. (Fig. 53). Au nombre des merveilles orientales conservées dans l'ancien Trésor de Saint-Denis, on montrait les pièces d'un jeu d'échecs, en ivoire, que la tradition faisait remonter jusqu'à Charlemagne. Ce n'était pas sans vivement piquer la curiosité des visiteurs, que le *cicerone* affirmait, sans toutefois en être bien sûr, car Eginhard n'en dit mot, que le fondateur de l'empire carolingien avait manœuvré l'échiquier qu'on avait là sous les

Fig. 53.

yeux, et qu'il l'avait reçu du khalife Haroun-al-Raschid. Dom Doublet, en 1625, en parle ainsi : « l'Empereur et Roy de France saint Charlemagne a donné
au Thrésor de Saint-Denys un jeu d'eschets, avec le
tablier, le tout d'yvoire ; iceux eschets hauts d'une
paume, fort estimés ; ledit tablier et une partie des
eschets ont été perdus par succession du temps, et
est bien vraysemblable qu'ils ont esté apportez de
l'Orient ; et sous les gros eschets il y a des caractères
arabesques. » Ainsi, d'après ce témoignage, il subsis-
tait encore au xviie siècle, plusieurs des pièces du jeu
d'échecs attribué à Charlemagne : aujourd'hui, il n'en
reste plus qu'une seule, puisque, de toute la série des
pièces d'échecs conservées au Cabinet des Médailles,
celle-ci est la seule qui soit orientale par son style et
sa provenance et qui porte sous son pied « des caractères arabesques », c'est-à-dire une inscription coufique
qui a été traduite : *Ouvrage de Iousouf-al-Nahili.* Cette
pièce d'ivoire est *le roi* ou *la tour* d'un jeu hindou,
qui a pu venir en France dès les temps carolingiens,
car l'inscription coufique remonte au moins à cette
époque ; mais rien ne permet d'affirmer positivement
qu'elle ait figuré au nombre des présents apportés à
Charlemagne par les ambassadeurs d'Haroun-al-Raschid. L'éléphant est surmonté d'une tour sur laquelle
un roi hindou est accroupi dans l'attitude bouddhique.
Ce roi porte un collier et des bracelets. Autour de la
galerie qui entoure son siège sont figurés des arceaux
sous lesquels on voit huit guerriers, à pied, armés d'un
glaive et d'un bouclier. Autour de l'éléphant, quatre
gardes à cheval, avec une armure différente, suivant
leur grade ou leurs fonctions à la cour. Le cornac qui
est mutilé, était juché au-dessus de la tête du pachy-
derme, qui supporte en outre un saltimbanque renversé, la tête en bas, les mains arc-boutées sur les dé-

fenses de l'animal ; de sa trompe puissante l'éléphant
soulève encore un cavalier et son cheval.

Verres chrétiens des Catacombes. Ce sont des disques
décorés de figures découpées dans de minces feuilles
d'or maintenues entre deux plaques de verre soudées
au feu. L'un de ces disques représente le buste du
Pape Calixte 1ᵉʳ († 223).

312 *. **L'empereur Julien.** Buste en haut relief. Sardoine.

298. **Annius Verus.** Buste en ronde bosse du fils de
Marc-Aurèle, avec des attributs bachiques (Annius Verus est mort âgé de sept ans). Le cou est orné d'une
guirlande de pampre et de raisins. Calcédoine cendrée.
Provient du Trésor de l'abbaye de Saint-Denis.

233. **Auguste.** Sardoine. Buste de face, en demi ronde
bosse, la tête ceinte d'une couronne de laurier ; la poitrine est nue ; sur l'épaule gauche, l'extrémité des plis
de l'égide dont on distingue les imbrications. La couronne de laurier est percée d'une rangée de onze trous
destinés à fixer des feuilles d'or qui ont été enle-
vées. Dans le champ, on lit : Ἐκ τῶν ἁγίων μαρτύρων,
(*des saints martyrs*). Ce buste provient du Trésor de
l'abbaye de Saint-Denis. D'après l'inscription qui fut
gravée en grec, dans le champ, à l'époque byzantine,
on peut croire qu'il fut au nombre de ceux que les
Croisés rapportèrent d'Orient au xiiiᵉ siècle, et particulièrement de la Croisade de Constantinople en 1204.
L'inscription se rapporte à des reliques de martyrs
renfermées dans une châsse que décorait notre camée.

Grand vase de terre cuite blanche, très élancé, la panse
ornée de godrons élégants et le pied entouré d'une
collerette de feuilles. Couvercle muni d'une très
haute tige. Ce vase décoratif, d'une conservation ex-
ceptionnelle, vu sa fragilité, rentre dans la catégorie
des vases en terre cuite qui furent fabriqués pour imi-

ter et remplacer les vases d'argent. Legs Prosper Valton, 1907.

243. **Large bracelet d'or gaulois**, avec ornements découpés à jour. Trouvé en 1821, au Landin (Eure).

220. **Alexandre le Grand**. Buste de face en haut relief,
coiffé du casque corinthien. Sa poitrine nue est traver-
sée par le baudrier ; sur l'épaule gauche, un pli de la
chlamyde. Excellent travail de l'époque hellénistique.
Agate cendrée translucide d'une grande beauté. Large
et magnifique monture en or émaillé, exécutée par
l'orfèvre Josias Belle, sous Louis XIV.

265. **Apothéose de Germanicus**. Germanicus est de
de profil, assis sur le dos d'un aigle. Sa poitrine est
couverte de l'égide dont les plis sont rejetés sur son
bras gauche ; il tient le *lituus* ou bâton augural et une
double corne d'abondance remplie de fruits. L'aigle est
de face, les ailes éployées, détournant la tête ; dans
l'une de ses serres il saisit une couronne, et dans
l'autre une palme. Une Victoire vole à la rencontre de
Germanicus, s'apprêtant à lui poser sur la tête une
couronne de laurier. Sardonyx à trois couches, l'une
des plus importantes de la collection. Riche monture
quadrangulaire en or émaillé, avec des brillants enchâssés ; époque de Louis XIV.

Ce grand et magnifique camée est, comme le grand camée
de la Sainte Chapelle, consacré à honorer la mémoire
du prince infortuné auquel Suétone et Tacite attri-
buent toutes les vertus civiques et privées. Germanicus,
en nouveau Ganymède, est sur le dos d'un aigle qui
l'emporte dans l'espace ; c'est de la même manière que
l'Apothéose des empereurs est figurée sur les monnaies
et les autres monuments qui rappellent la cérémonie
de la *consecratio*. Le hasard des événements a voulu
que le camée que nous venons de décrire ait subi au
moyen âge un sort analogue à celui qui échut au

Grand Camée. Rapporté d'Orient et baptisé chrétien, il fut conservé jusqu'à la fin du XVIII⁰ siècle dans le Trésor du monastère de Saint-Èvre de Toul. « On montrait, autrefois, raconte dom Calmet, dans l'abbaye de Saint-Èvre, une agathe précieuse qui servait d'ornement au chef de sainte Aprone, sœur de saint Èvre, conservé dans une châsse très bien faite. On tenait par une tradition que le cardinal Humbert, qu'on croyait avoir été religieux de Saint-Èvre, l'avait donnée à cette abbaye, au retour de son voyage de Constantinople où il fut envoyé par le pape Léon IX. On ajoutait que cette agathe représentait saint Jean l'Évangéliste, enlevé par un aigle et couronné. Rien de tout cela n'était ni vrai ni fondé. La pierre dont nous parlons est toute profane et n'a aucun rapport avec saint Jean l'Évangéliste. » Le cardinal Humbert, auquel il vient d'être fait allusion, était un moine de Moyenmoutier; il fut emmené à Rome par l'évêque de Toul qui, en 1049, devint pape sous le nom de Léon IX. Humbert, créé plus tard cardinal du titre des saintes Rufine et Secondine, et très versé dans la langue grecque, fut envoyé à Constantinople en 1057, pour combattre l'hérésie de Michel Cerularius; il mourut à Rome en 1061. C'est simplement sur le voyage d'Humbert en Orient que repose la tradition qu'a rapportée dom Calmet, sans y croire. Quoi qu'il en soit, à l'époque de dom Calmet, il y avait longtemps qu'on avait reconnu que le personnage représenté n'était nullement un saint Jean, et déjà Montfaucon lui donne le nom de Germanicus. Aussi, les moines ne se soucièrent plus de voir cette image profane décorer la châsse de sainte Aprone et le besoin d'argent leur fit rechercher l'occasion de s'en défaire. « Le roi Louis XIV, raconte encore l'historien de la Lorraine, étant informé que cette antiquité était en l'abbaye de

Saint-Èvre, la fit demander en 1684 et on la lui envoya.
Il donna pour cette agathe à la sacristie sept mille livres ; et quelques années après, M. de Puységur, abbé
commandataire de Saint-Èvre, ayant demandé sa part
de cette somme, le roi déclara qu'il en avait fait présent
à la sacristie, et que l'abbé n'avait rien à y prétendre. »

III. — *Pourtour de la Vitrine du Grand Camée.*

Au pourtour de la haute vitrine centrale où se trouvent les monuments que nous venons de décrire, sont
disposés de petits compartiments formant une suite de
vitrines plates dans lesquelles on remarquera les objets
suivants :

CAMÉES ANTIQUES

I. — SUJETS MYTHOLOGIQUES.

1 **Jupiter** (dit *de Chartres* ou *de Charles V*). (Fig. 54).
Le dieu est debout, barbu, la tête ceinte d'une couronne de laurier, tenant le foudre et s'appuyant sur un
sceptre. Les reins et les jambes sont enveloppés dans
une chlamyde rejetée sur l'épaule gauche ; les pieds
sont chaussés de sandales. A sa droite, un aigle. Excellent travail romain du premier siècle de notre ère. Sardonyx à trois couches. — Ce camée est serti dans une
monture du XIV° siècle, qui se compose des éléments
suivants : 1. Un large cadre en or, avec inscriptions
en lettres gothiques, émaillées, sur les deux faces. Sur
la face antérieure, on lit : IEXVS ⊙ AVTEM ⊙
TRANSIENS ⊙ PER ⊙ MEDIVM ⊙ ILLORVM
⊙ IBAT — ET ⊙ DEDIT ⊙ PACEM ⊙ EIS — SI

⊙ ERGO ⊙ ME ⊙ QVERITIS ⊙ SINITE ⊙ HOS ⊙ ABIRE. Les caractères de cette inscription sont, par groupes de quatre ou cinq, alternativement sur fond

Fig. 51.

rouge et sur fond noir, — 2. Sur la face postérieure du cadre, une inscription en deux lignes concentriques; la ligne externe est sur fond rouge et ainsi conçue : ✠ IN PRINCIPIO ⊙ ERAT : VERBV ⊙ M : ET :

VERBVM : ERAT : APVD : DEVM : ET : DEVS : ERAT : EVRBVM (sic) ⊙ HOC : ERAT : IN PRIN-CIPIO : APVD. La ligne interne est sur fond noir : ✪ DEVM : OMNIA : PER : IPSVM : FACTA : SVNT : ET : SINE : IPSO : FACTVM : EST : NICHIL : QVOD : FACTVM : SET (sic) : IN IPSO. Le cadre et les inscriptions remontent au xɪvᵉ siècle. — 3. A la partie inférieure de cette monture a été attachée, au moyen de trois rivets grossiers, une couronne royale, ouverte, surmontant un écusson émaillé aux armes de France, c'est-à-dire des fleurs de lis sans nombre sur champ d'azur. Sur le large bandeau de la couronne, on lit l'inscription suivante, en lettres d'or sur fond noir : ✝ *Charles, roy de France, fils du roy Jehan, donna ce jouyau l'an M CCC LXVII, le quart an de son regne.* — 4 Sur la partie antérieure du cadre d'or qui entoure la gemme, ont été fixés, de distance en distance, deux dauphins et treize fleurs de lis, en argent doré, du xɪvᵉ siècle ; mais elles ont été adaptées à la monture du camée, seulement à la fin du siècle dernier, comme nous le dirons tout à l'heure.

Les inscriptions que nous avons transcrites établissent que le camée fut considéré, au moyen âge, comme investi d'une puissance talismanique. Le verset de saint Luc (IV, 30) : *Jesus autem transiens par medium illorum ibat*, est extrait du passage dans lequel l'Évangéliste raconte comment le Sauveur échappa aux Juifs qui voulaient le précipiter du haut d'une montagne. La phrase de saint Jean (VIII. 2) : *Si ergo me quæritis*, est mise par l'Apôtre dans la bouche de Jésus demandant à la troupe venue pour le saisir, qu'on laisse en paix ses disciples. Ces deux versets se trouvent fréquemment inscrits côte à côte, sur les amulettes ou dans les formules cabalistiques du moyen âge. Qui-

conque portait un talisman sur lequel ils étaient gravés, se croyait préservé de tout danger comme l'avait
été le Christ au milieu de ses ennemis, ou les Apôtres
lorsqu'on arrêta leur divin Maître. De ces paroles, à
l'aide desquelles on échappait aux « périls du monde »,
était souvent rapproché le début de l'Évangile de saint
Jean : *In principio erat Verbum*, etc., qui avait aussi
une vertu prophylactique. Ainsi, ce camée romain
était devenu, au xive siècle, un talisman : les fautes
dans les inscriptions (*evrbum* pour *verbum* ; *set* pour
est), gravées avec un soin minutieux, sont intention-
nelles et en rapport avec le caractère magique du
monument.

Le roi de France Charles V possédait ce joyau protec-
teur lorsque, en la quatrième année de son règne, à
l'occasion d'un pèlerinage, il le donna au Trésor de la
cathédrale de Chartres, pour servir d'ornement à la
châsse dans laquelle était renfermée une relique insigne connue sous le nom de Chemise de la Vierge. Le
roi fit fixer à la monture du camée l'écusson fleurdelisé et la couronne sur laquelle est gravée l'inscription
qui nous a conservé le souvenir de cette libéralité. A
partir de ce moment, notre camée figure dans les
descriptions successives qui furent faites, à travers les
âges, de la châsse de la sainte Chemise et des joyaux
dont elle était enrichie.

En 1562, Charles IX voulut forcer les chanoines de la
cathédrale de Chartres à aliéner une partie de leur
trésor, pour payer les frais de la guerre civile. Mais le
peuple de Chartres s'opposa par la force à l'enlèvement de la sainte châsse quand se présentèrent les
commissaires du Roi, pour l'emporter. En 1577-1578,
Henri III ordonna aussi aux chanoines de porter au
creuset une partie de leurs bijoux et de leurs vases
sacrés. Cette fois, il fallut s'exécuter. Le 20 jan-

vier 1578, le camée de Jupiter fut enlevé et transporté à Paris, où on l'estima 800 livres. Deux ans plus tard il fut restitué à la châsse de Chartres. Jusqu'à la Révolution, il resta garni sur son pourtour de six rubis et douze perles. Or, présentement, ces rubis et ces perles ont disparu, mais si nous comptons les fleurs de lis isolées, les deux dauphins et les trois fleurs de lis qui forment les pointes de la couronne royale, nous retrouvons les dix-huit places occupées antérieurement par les rubis et les perles. Que s'est-il donc passé à l'époque de la tourmente révolutionnaire? Le 17 septembre 1793, arrivèrent à Chartres les conventionnels chargés de détruire la châsse de la Chemise de la Vierge et de rapporter à Paris les gemmes et les bijoux qui la décoraient. La châsse une fois brisée, l'or qui en avait constitué la structure fut envoyé au creuset; quant aux pierreries, dont la destruction eût été sans profit, elles furent déposées au Cabinet des Médailles. C'est ainsi que le « Jupiter de Charles V » vint figurer sous nos vitrines, en compagnie d'un certain nombre d'autres camées et intailles, de moindre importance. Les perles et les rubis de la monture furent enlevés et remplacés par deux dauphins et treize fleurs de lis empruntés à un monument détruit du Trésor de Chartres. Enfin, on attacha grossièrement, à l'aide de petits clous en cuivre, la couronne et l'écusson fleurdelisé de Charles V, à la place qu'ils occupent à présent.

4. **Jupiter et Antiope.** Le maître de l'Olympe, sous la forme d'un Satyre, barbu, aux pieds de bouc, se présente, guidé par l'Amour, devant Antiope, assise sur un siège et enveloppée d'un péplum. Derrière la nymphe, se tient Peitho, déesse de la persuasion. Sardonyx à deux couches; monture en or émaillé.

7. **Ganymède** rendu à Tros, son père, par l'un de ses

frères. Tros, vêtu d'une courte chlamyde et coiffé du bonnet phrygien, est assis au pied d'un arbre ; il se penche en avant et s'apprête à prendre dans ses bras le plus jeune de ses enfants, Ganymède, que lui amène un autre de ses fils, Ilos ou Assaracos. Ce dernier est vêtu du costume phrygien comme son père ; son cheval est derrière lui. A ses pieds, un jeune porc immolé comme victime expiatoire. Travail de l'époque romaine. Agate à trois couches.

11. **Junon.** Buste de profil ; la tête de la déesse est ceinte d'un haut stéphanos orné de fleurons ; à son cou un bijou (*bulla*) piriforme. Sardonyx à cinq couches : matière admirable. — 11. **Junon.** Buste de profil. Le stéphanos de la déesse est orné de fleurons. A son cou, un collier de *bullæ* triangulaires. Sardonyx à trois couches ; monture en or émaillé, du xviie siècle.

17. **Minerve.** Buste de profil. La poitrine de la déesse est couverte de l'égide ornée de serpents et d'une tête de Méduse ; sur le timbre du casque, un griffon. Remarquable travail. Sardonyx à deux couches : admirable matière. Monture en or émaillé, du xviie siècle. — 22. **Minerve.** Buste de profil. Au pourtour, une corniche rehaussée d'un chapelet d'oves et de perles. Au revers de cette gemme antique, un artiste, contemporain de Henri IV, a gravé le portrait de ce prince en relief, d'après le tableau de François Porbus, le Jeune, au musée du Louvre. Sardonyx à trois couches.

27. **La dispute d'Athéna et de Poseidon**, pour la fondation d'Athènes. Les deux champions, debout en face l'un de l'autre, sont séparés par un arbre. Poseidon nu, la chlamyde sur le dos, le pied gauche posé sur un rocher, s'appuie sur son trident ; dans la main gauche il tient un fruit qu'il présente à Athéna. La déesse est coiffée d'un casque à haute crista ; vêtue

d'un chiton talaire et d'un ample peplum, elle regarde
à terre, indiquant du doigt le sol d'où elle vient de
faire surgir l'olivier. Au pied de l'arbre, le serpent Erichthonios, un cep de vigne et un chevreau
dressé sur ses pattes de derrière. Des sarments de
vigne sur lesquels sont perchés deux oiseaux sont
enchevêtrés dans les branches de l'arbre. A l'exergue,
enfin, divers animaux : deux chevaux et deux lions
séparés par un taureau vu de face. Sur la tranche de
la gemme on lit, en caractères hébraïques assez mal
formés, le commencement du sixième verset du chapitre III de la Genèse : « Et la femme considéra que le
fruit de l'arbre était bon à manger, qu'il était agréa-
ble à la vue, qu'il était appétissant. » Cette inscription, gravée à l'époque de la Renaissance, nous apprend qu'on eut alors l'idée de considérer le camée
comme représentant Adam et Ève dans le Paradis
terrestre, en dépit du costume et des attributs des
deux personnages. Sardonyx à trois couches ; monture en or émaillé du XVIIe siècle.

Dans le célèbre épisode mythologique de la dispute
d'Athéna et de Poseidon pour la possession de l'Attique, et le droit de donner son nom à la capitale du
royaume de Cécrops, on sait que les dieux décernè-
rent la victoire à Athéna ; d'un coup de sa lance elle
avait fait naître l'olivier, symbole de la paix, tandis
que Poseidon avait fait sourdre une source d'eau
salée et créé le cheval en frappant le rocher de son
trident.

Notre camée est non moins intéressant par son histoire
que par le sujet représenté. En effet, nous le trouvons
mentionné dès l'année 1370, dans l'Inventaire du roi
Charles V, en ces termes : « Item, un cadran d'or, où
il y a un grand camahieu, ouquel il y a un homme,
une femme et un arbre au mylieu, et aux coins dudit

cadran, a, par embas, ung saphir et ung balay, chacun
environné de trois perles, et deux perles à l'un des
costez : pesant quatre onces cinq estellins. » Le camée quitta la collection royale à une époque que nous
ne connaissons point, peut-être au milieu des malheurs
de la guerre de Cent ans, sous Charles VI ; c'est sans
doute à la faveur de cet exil prolongé qu'il fut dépouillé de cette ancienne monture et qu'il subit les
retouches nécessaires pour en transformer la représentation en une scène biblique. L'inscription hébraï-
que que nous avons transcrite n'est pas la seule
modification que l'on ait fait subir à cette belle
gemme. Le trident de Poseidon, devenu absurde dans
la main du père du genre humain, a disparu ; on n'en
a laissé qu'un tronçon dans la main droite du dieu,
tandis que, primitivement, la hampe venait s'appuyer
sur le sol. Les plis de la chlamyde ont été regravés ;
Poseidon tient à la main gauche un objet rond que le
graveur moderne a voulu, sans doute, être une
pomme, pour se conformer au verset biblique, mais
qui n'a pas de sens d'après la donnée de la fable antique. si l'on observe attentivement le bloc sur lequel
le dieu de la mer pose son pied gauche, y compris
le cep de vigne et le chevreau, on y reconnaîtra
le galbe d'une proue de navire qu'on a ainsi tra-
vestie. Athéna tenait certainement sa lance avec laquelle elle a fait germer l'olivier ; l'arme a disparu.
Le casque de la déesse a été aussi modifié, ou plutôt
on a essayé de le faire complètement disparaître, étant
donné qu'on voulait représenter la mère de l'humanité dans le Paradis terrestre. L'artiste a transformé
le bassin du casque en bandelettes qui retiennent les
cheveux, tandis que le cimier est devenu une touffe
de cheveux relevés. Mais cette dernière modification
n'a été que très imparfaitement exécutée ; elle laisse

sentir la forme complète de l'ancien casque qu'il est facile de reconstituer par la pensée. La métamorphose de l'olivier n'a pas été moins radicale : on en a fait un pommier dont le feuillage à fines dentelures est caractéristique. La chouette qui devrait être perchée sur l'arbre d'Athéna a disparu pour faire place à des branches de vigne et à deux oiseaux. Les animaux de l'exergue, qui représentent ceux de l'Éden, sont certainement aussi dus à l'habile retoucheur du XVe ou du XVIe siècle. Ce précieux camée rentra dans la collection royale vers 1685.

31. **Diane.** Buste de profil. Sardonyx à deux couches ; belle monture en or émaillé, du XVIIe siècle. — 37. **Diane** ou l'**Aurore dans son char.**

39. **Apollon lyricine,** debout, de face, les jambes enveloppées dans sa chlamyde, levant le bras droit au-dessus de sa tête et tenant le *plectrum* ; de la main gauche, il maintient contre son épaule une lyre posée sur un cippe en forme de cariatide.

40. **Apollon et Marsyas.** Apollon debout, de face, a pour vêtement une chlamyde qui lui couvre seulement une partie des jambes ; il tient le *plectrum*, et sa lyre contre sa poitrine. A ses pieds, le jeune Olympus, nu, agenouillé, les bras levés implorant la grâce de son maître Marsyas. L'imprudent Satyre qui a osé disputer à Apollon le prix de la musique, est assis sur une peau de bête ; ses traits expriment la douleur ; ses mains sont liées par derrière à un arbre mort. Entre ses jambes est posée sa syrinx. Sardonyx.

42. **Vénus se regardant dans un miroir.** La déesse est debout, nue, les cheveux retenus par un bandeau ; elle présente devant son visage un miroir dont le poli est figuré par un rubis entouré d'un cercle d'or ; du bras gauche elle s'appuie sur une colonne torse. Aux pieds de la déesse, une vasque (*labrum*) sur le bord

de laquelle sont posées deux colombes. Sardonyx à
deux couches : brune et blanche. — Jusqu'à la fin du
xviie siècle, ce camée fut l'un des principaux ornements du reliquaire en vermeil que le roi René II, duc
de Lorraine, et sa seconde femme, Jeanne de Laval,
avaient offert en 1471 à l'église de Saint-Nicolas-du-
Port, près Nancy. Ce reliquaire, qui avait la forme
d'un grand bras, debout sur une base, était décoré,
sur son pourtour, d'un certain nombre de camées, les
uns antiques, les autres du xve siècle, enchâssés dans
le métal. Vers 1728, Dom Calmet donne en ces ter-
mes la description du reliquaire : « Entre autres pierres précieuses dont le bras était orné, on voyait une
Vénus fort bien faite, que le peuple baisait avec respect, croyant baiser la figure de la Sainte Vierge : on
la détacha il y a quelques années, et on mit en sa
place un Saint Nicolas en émail : la Vénus fut envoyée
au roi Louis XIV. »

43. **Vénus au bain.** La déesse est debout avec l'Amour,
auprès d'une fontaine ; elle est nue, les cheveux enveloppés dans un bonnet (saccos). Elle a conservé ses
bracelets : une draperie est sur son bras ; de la main
droite elle s'efforce d'enlever sa sandale, avant d'entrer dans le grand bassin qu'on voit à ses pieds.
L'Amour ailé fait jaillir l'eau de la fontaine dans une
vasque. La baignoire, ornée d'une tête de lion, est de
restauration moderne. Sardonyx à deux couches ;
monture du xviie siècle en or émaillé.

45. **Vénus et Adonis,** assis, côte à côte, sur un rocher,
au-dessus d'une grotte. A côté d'Adonis, un tertre
sur lequel on voit, au pied d'un arbre, l'Amour s'apprêtant à lancer une flèche. Sardonyx à deux couches ;
monture moderne.

50. **Hermaphrodite ou Iphis contemplant sa métamorphose.** Le personnage a les traits, les cheveux et

la poitrine d'une femme ; assis sur un trône, il soulève de la main droite la draperie qui l'enveloppe et semble reconnaître les attributs masculins dont sa double nature l'a investi. Agate-onyx à deux couches ; monture moderne en or émaillé. — 51. **Vénus et Hermaphrodite.** Vénus, debout, accoudée sur un cippe, contemple Hermaphrodite à demi nu, assis sur un rocher. Ce dernier tient des deux mains la draperie qui enveloppe ses jambes, un Amour joue sur ses genoux. Sardonyx à deux couches. — 52. **Hermaphrodite et Silène.**

60. **Génie funèbre**, nu, debout, de profil ; des deux mains il s'appuie sur le manche de sa houe, et contemple une tête de mort qu'il vient d'exhumer. Sardonyx à deux couches. — 62. **Le génie de la Pudeur**, fuyant Vénus et Silène. Vénus à demi nue, les jambes enveloppées dans son péplum, est accroupie auprès d'un masque de Silène ; elle cherche à retenir *Pudicitia* qui s'enfuit ; celle-ci est munie de grandes ailes ; à ses pieds, l'autel sur lequel Vénus l'invitait à sacrifier. Derrière Vénus, Priape, portant sur son épaule le Van rempli de fruits, symbole de la fécondité. Sardonyx à deux couches ; monture de la Renaissance en or émaillé.

66. **Laïs sortant du bain.** La courtisane est nue, accroupie comme Vénus ; ses cheveux, flottent sur son dos ; des deux mains elle saisit le voile dont elle va s'envelopper. A ses pieds, un vase à parfums sur lequel est inscrit son nom : ΛΛΙC. Excellent travail de l'époque hellénistique. Sardonyx.

68. **Mars et le géant Minas.** Épisode de la Gigantomachie. Mars casqué, debout, de profil, transperce de sa lance le géant anguipède.

76. **Naissance de Iacchos.** Coré ou Perséphone, la mère du jeune Iacchos ou Dionysos-Zagreus, assise

sur un trône, remet l'enfant divin à la nourrice Ili-
thyie ; celle-ci, debout, vêtue seulement d'un péplum
qui lui enveloppe les jambes, s'apprête à allaiter l'enfant. Déméter, debout en face d'elle, assiste à cette
scène. Sardonyx à deux couches ; élégante monture
moderne, en or émaillé. — 78. **Bacchus** debout, ac-
coudé sur un cippe ; il tient une corne à boire (*ceras*)
et verse du vin à une panthère. Sardonyx à cinq
couches. — 79. **Bacchus et Ariadne** dans un bige
de Centaures. L'attelage est formé d'un Centaure qui
joue de la lyre et d'une Centauresse qui agite des
crotales ; Hyménée tenant le flambeau nuptial précède le cortège. La scène se passe dans les régions
éthérées ; des divinités de l'Océan la contemplent. Ce
sont : le vieux Nérée, couché sur les flots et entouré
de la néréide Galéné et d'une autre nymphe. Sardonyx
à deux couches ; élégante monture moderne en or
rehaussée d'une couronne de perles.

91. **Satyre.** Buste à mi-corps, de profil.

94. **Satyre dansant.** Il est debout sur la pointe du pied
gauche, le torse cambré, la tête et le pied droit rejetés en arrière ; il a une queue de cheval et la nébride
flotte sur ses épaules. Il s'appuie sur un thyrse et tient
un vase d'où le liquide paraît s'échapper.

97. **Centaure et genies bachiques.** Le Centaure s'élance
au galop en jouant de la double flûte. Devant lui voltigent deux Amours ; l'un d'eux joue de la syrinx. Agate-onyx à deux couches. (Fig. 55). La monture, en or
émaillé, est un chef-d'œuvre d'orfèvrerie du XVIe siècle, qu'on attribue à Benvenuto Cellini. Elle représente un édifice à fronton brisé ; le milieu du fronton
est rempli par un cartouche entouré d'une couronne
de laurier en émail vert, sur lequel on lit, en lettres
noires, la devise : RERUM TUTISSIMA VIRTUS.
De chaque côté du fronton, sont couchées deux figu-

res allégoriques : la Force, qui tient une colonne qu'elle vient de briser, et la Renommée, une trompette à la main. — 98.

Sacrifice à Priape. Un Satyre, assis au pied d'un platane et d'une statue de Priape, joue de la double flûte. Derrière lui, une jeune fille apporte des fruits et une œnoché ; une vieille femme, voilée, debout devant le Satyre, présente un gâteau (ou un *phallus* symbolique). On aperçoit au second plan l'hermès priapique

Fig. 35.

sur un cippe. Sardonyx à deux couches. Ce camée est un de ceux qui, avant 1793, décoraient la châsse de la Chemise de la Vierge, conservée dans le Trésor de la cathédrale de Chartres.

111. **Mercure.** Buste de profil ; il a des ailerons aux tempes ; sa chlamyde est agrafée sur l'épaule. Travail des plus remarquables, de l'époque hellénistique. Belle sardonyx à deux couches ; monture en or émaillé, du XVIIe siècle. (Fig. 56).

115. **Amphitrite** sur un taureau marin, au milieu des Amours ; la croupe de l'animal se termine en une longue queue anguiforme. Entre les pattes de devant du taureau, on lit en creux une signature d'artiste, ajoutée par un graveur moderne : ΓΑΥΚΩΝ. Travail antique, retouché à l'époque de la Renaissance. Sardonyx à

deux couches; monture en or émaillé, du xviiᵉ siècle.
— 117. **Néréide** sur un hippocampe.

118. **Pluton** assis sur un trône, vêtu d'une ample chlamyde, la tête surmontée du modius : sur sa main gauche il tient un corbeau et il pose la main droite sur Cerbère. — 119. **Pluton enlevant Proserpine**. Le dieu des Enfers à mi-corps détourne la tête pour regarder Coré ou Proserpine qu'il porte sur son épaule et qui, de la main droite levée, tient une fleur.

128. **La déesse Rome**. Buste de profil. La déesse est

Fig. 56.

coiffée d'un casque dont le timbre est entouré d'une branche de laurier ; ses cheveux sont noués sur ses épaules et sa poitrine est couverte de l'égide. Travail de l'époque constantinienne. Agate à deux couches. — Ce camée, de grandes proportions, mais d'un style banal, a une histoire intéressante, connue seulement depuis peu d'années. Il fut vendu en 1846 au Cabinet des Médailles, par un marchand de Paris qui le présenta comme ayant été trouvé à Bavay (Nord). Mais il provient en réalité du Trésor de l'église de Saint-Castor, à Coblence, où il fut conservé jusqu'à la fin du xviiiᵉ siècle. Il était enchâssé sur le plat principal de la couverture d'un Évangéliaire donné, d'après la tradition, par Louis le Débonnaire. Dans sa *Vie de Louis le Débonnaire*, un contemporain, Thegan, de Trèves, raconte qu'en 836, Hetti, abbé de Mettlach,

devenu archevêque de Trèves, fit transporter en grande
pompe, à Coblence, le corps de saint Castor qui jusque-là, reposait à Carden (*Caradona*). L'église de Coblence fut, à cette occasion, consacrée solennellement
à saint Castor ; peu après cette fête, Louis le Débonnaire vint à Coblence avec sa femme et ses enfants ; il
y séjourna deux jours et deux nuits, et fit au Trésor
de l'église de riches présents en or et en argent.
Après quoi, il regagna son palais d'Aix-la-Chapelle.
Rien, dans la chronique de Thegan, n'indique que,
parmi ces présents, figurât le camée ou l'Évangéliaire
qu'il décorait. Toutefois, des critiques modernes ont
considéré cet Évangéliaire comme remontant au
ixe siècle, ce qui rend possible l'attribution du don à
Louis le Débonnaire. Quoi qu'il en soit, ce livre, orné
de notre camée et d'autres gemmes en cabochons,
était le joyau le plus précieux du Trésor de Saint-
Castor. On s'en servait, aux jours de grandes fêtes
seulement, à la messe, pour la lecture de l'Évangile. Mais, en 1794, l'invasion des pays rhénans
par l'armée française eut, sur le sort du manuscrit
et du camée, une néfaste influence. Un personnage
qui a joué un rôle important dans ces événements,
le vicaire général J. L. ab Hommer, a écrit, à ce
sujet, une relation datée du 19 mars 1819, et qu'a
publiée naguère M. Schaaffhausen. Voici ce que raconte ce dernier, en complétant le récit de J. L. ab
Hommer à l'aide de papiers de famille. Au mois d'octobre 1794, lorsque les Français vinrent occuper Coblence, les chanoines mirent en lieu sûr l'Évangéliaire
et les autres objets précieux de l'église de Saint Castor,
pour qu'ils ne tombassent pas aux mains de l'armée
victorieuse. Marceau ayant voulu voir le célèbre manuscrit, les chanoines refusèrent d'en faire connaître
la cachette. Au bout de quelques années, les chanoi-

nes, privés de leur prébende, voyant leur institution
abolie sans espoir apparent de retour, et réduits, pour
plusieurs, à la misère, résolurent de vendre ce qui restait des biens du Chapitre et, en particulier, le camée
qui ornait la couverture de leur Évangéliaire. Ils le
dessertirent et, après l'avoir successivement offert en
vente, en secret, à Limbourg, puis à Augsbourg, ils le
cédèrent, en 1868, pour 1.500 *Gulden*, à des Juifs de
Francfort. Avant de s'en dessaisir, toutefois, ils en
firent exécuter une gravure sur cuivre par un artiste
nommé Neubauer. Le prix du camée fut partagé entre
trois des chanoines les plus nécessiteux, Milz, von Dus-
seldorf et le vicaire Jean-Joseph Goblet. Peu après,
les marchands de Francfort faisaient parvenir le camée à Paris; il fut vendu pour 3.000 francs à un anti-
quaire, à qui on le présenta comme ayant été trouvé
à Bavay (Nord), lieu célèbre par les antiquités qu'on y
a découvertes dans le cours du xviiie siècle. Quant au
manuscrit lui-même, les chanoines le tinrent caché
jusqu'au jour où il fut remis au vicaire-général J. L.
ab Hommer. Ce dernier se réjouit de posséder un livre aussi précieux; il déclare naïvement se l'approprier
et, ajoute-t-il, j'ai quelque droit à agir ainsi, car j'ai
été l'un des chanoines de l'église de Saint-Castor, et
je n'ai reçu aucune part du prix de vente du camée.
Par ses soins, la couverture mutilée fut remplacée par
une autre dont le luxe, dit-il, est en rapport avec mes
moyens, mais non pas, hélas, avec la valeur du manuscrit. En 1858, après la mort de J. L. ab Hommer,
qui était devenu archevêque de Trèves, l'Évangéliaire
de Saint-Castor resta longtemps entre les mains de
ses héritiers, à Ehrenbreistein; il finit par entrer dans
la bibliothèque, aujourd'hui dispersée, d'un collectionneur connu, le baron de Renesse-Breidbach.

136. **Polymnie, Socrate et Diotime.** Socrate, vêtu du

manteau des philosophes, s'avance, conduit par Polymnie, la muse de la Philosophie, qui tient dans
sa main un *volumen*. La courtisane Diotime, qui passe
pour avoir souvent communiqué à Socrate ses ins-
pirations, est assise et fait de la main droite le geste
de la persuasion ; derrière elle, un petit *hermès*.

146. **Médée** s'apprê-
tant à égorger ses
enfants. — 147. **Dé-
dale et Icare.** Dé-
dale attache des
ailes aux épaules de
son fils ; derrière lui,
le taureau qu'Icare
fabriqua pour Pasi-
phaé. Style grec du

Fig. 57.

ive siècle. Fragment ; calcédoine. — 148. **Héros faisant boire ses chevaux** à une fontaine, où une femme
vient puiser de l'eau. (Fig. 57). Le héros imberbe,
courbé en avant, le pied sur l'abreuvoir, où boivent
ses coursiers, tient les rênes des deux mains, et paraît
converser avec une femme accroupie, qui se dispose
à boire dans une hydrie qu'elle vient de remplir. Celle-
ci est coiffée d'un bonnet phrygien et vêtue d'une
courte tunique serrée à la taille. Derrière les chevaux,
enfin, un hermès carré surmonté d'un buste de Silène.
Remarquable travail (l'exergue, au-dessous de la composition, est de restauration moderne). Sardonyx à
trois couches ; monture en or, du xviiie siècle. — Mil-
lin a vu dans cette scène qu'il a appelée *Les Chevaux
de Pélops*, la traduction de la fable rapportée par Pindare, dans laquelle il est raconté que Poseidon donna
à Pélops quatre chevaux ailés pour triompher, dans
la course en char, d'Œnomaüs, père d'Hippodamie,
dont il ne pouvait épouser la fille qu'à ce prix. Le

personnage accroupi auprès des chevaux serait l'aurige Sphæros ou Cillas.

149   **Laodamie embrassant l'ombre de Protésilas** La jeune femme, assise, n'ayant pour vêtement qu'une draperie posée sur ses jambes, saisit dans ses bras l'ombre de Protésilas, son mari, et elle l'étreint vigoureusement, dans la crainte de la laisser échapper. L'ombre (εἴδωλον) est représentée sous la forme humaine, mais elle se termine au-dessous de la poitrine et n'a ni torse ni jambes. Le visage des deux époux exprime à la fois la douleur et la tendresse. Sardonyx à deux couches ; monture moderne en or émaillé. — Le roi Thessalien, Protésilas, qui s'était élancé, le premier, sur le rivage de Troie, fut tué sur le coup. Sa veuve Laodamie demanda aux dieux qu'il lui fût permis de revoir son mari pendant trois heures seulement. À cause du courage dont Protésilas avait fait preuve, Mercure le fit sortir des Enfers et permis une suprême entrevue entre les deux époux. Mais les trois heures expirées, Laodamie ne put se résoudre à la séparation, et elle préféra suivre son mari aux Enfers plutôt que de vivre sans lui parmi les mortels. La scène que nous venons de décrire représente le dernier moment de l'entrevue.

151.   **Ulysse et Diomède dérobant le Palladium.** Diomède descend les degrés d'un autel, tenant le Palladium qu'il vient d'enlever : il a pris la précaution d'envelopper sa main dans les plis de sa chlamyde pour ne pas souiller l'image sacrée du sang de la prêtresse qu'il a massacrée. Ulysse s'avance d'un air courroucé, l'invectivant pour lui reprocher ce meurtre inutile. À côté, on voit les pieds du cadavre de la prêtresse d'Athéna.

154.   **Penthésilée, Pâris et Hélène.** La reine des Amazones est debout à côté de son cheval, casquée et vêtue du chiton court serré à la taille ; son sein droit

est à découvert. Elle paraît attendre la réponse que vont
lui faire Pâris et Hélène. Ceux-ci, assis côte à côte sur
un trône, semblent délibérer. Pâris, coiffé du bonnet
phrygien, s'appuie sur le pedum des bergers et caresse
son chien. Hélène pose la main gauche sur l'épaule de
Pâris. Une colonne surmontée d'un vase et un arbre
indiquent l'entrée du palais. Calcédoine ; monture du
XVIIᵉ siècle.

166. **Méduse**. Tête de trois quarts. Agate à deux couches. Large monture antique, en or, avec bélière de
suspension (pendant de collier). — 171. **Méduse**. Tête
de face. Calcédoine claire ; la tranche perforée de quatre trous (Phalère militaire). — 174. **Méduse**. Tête de
face. Sur le front, émergent les têtes de deux serpents
dont les queues sont nouées sous le cou. Remarquable fragment trouvé à Rome au XVIIIᵉ siècle. Pâte de
verre.

178. **Sphinx** couché. Gravure en relief sur la base d'un
scarabée. Ancien style grec. Sardonyx.

184. **Taureau**, de profil, le regard furieux la tête baissée et grattant le sol de son pied gauche de devant,
comme s'il s'apprêtait à combattre. Son large cou et
la petitesse relative de sa tête et de ses cornes sont
les caractères anatomiques des taureaux romains ou
campaniens dans l'art antique. Époque hellénistique
ou commencement de notre ère. Belle sardonyx à
trois couches ; monture en or émaillé, du XVIIᵉ siècle.
— Ce sont peut-être les Croisades qui ont enrichi le
Cabinet du Roi de cet admirable bas-relief en minia-
ture, un des plus beaux camées qu'on puisse voir. Il
figurait déjà dans la collection royale sous le règne de
Charles V ; on en a reconnu le naïf signalement dans
l'Inventaire du mobilier de ce prince : « Ung aultre
camahieu sur champ blanc, et a une vache noire dessus. » Malgré l'étrangeté de cette description, on ne

peut guère se refuser à reconnaître notre taureau dans cette vache noire qui s'enlève en relief sur un fond blanc. Depuis Charles V, ce beau camée ne paraît pas avoir cessé d'appartenir à la collection des Rois de France.

2. — CAMÉES ICONOGRAPHIQUES

221. **Alexandre le Grand**. Tête de profil, avec de légers favoris, coiffée d'un casque rond dont les paragnatides sont relevées, et dont le timbre est orné d'un lion; au pourtour, une couronne de laurier. Les traits du visage, idéalisés, se rapprochent du type classique d'Alexandre en Hercule, coiffé de la dépouille du lion de Némée. Époque hellénistique ou romaine; travail excellent avec retouches modernes sur le casque. Sardonyx à trois couches. — 222. **Alexandre le Grand**. Sa tête, de profil à droite, avec la corne de Jupiter Ammon. Époque hellénistique ou romaine. — 226. **Alexandre le Grand et Minerve**. Bustes accolés de profil, à droite. Tous deux sont casqués; les cheveux de la déesse retombent sur ses épaules, et sa poitrine est couverte de l'égide. Époque hellénistique; travail remarquable. Sardonyx à trois couches.

Fig. 58.

228. **Persée, roi de Macédoine**. (Fig. 58). Le dernier roi de Macédoine est représenté en buste, de profil, vu de dos et lançant un javelot. Il est coiffé de la *causia* macédonienne, dont le bord est orné de festons, et sur laquelle est sculpté

un épisode du combat des Centaures et des Lapithes.
Sous la *causia*, la tête royale est ceinte du diadème
orné d'une branche de lierre. Le buste est couvert de
l'égide ; devant le visage, la hampe du javelot que
brandit la main du roi. Époque hellénistique. Cornaline orientale. — 229. **Bérénice II**, femme de Ptolémée II Evergète Ier. Buste de profil, la tête voilée et
surmontée des attributs d'Isis.

235 à 240. **Auguste**. Buste lauré. — 241. **Auguste**,
voilé en pontife, vu de face. Calcédoine saphirine. —
242 à 244. **Julie**, fille d'Auguste, avec les attributs
de Cérès. — 246. **Agrippa**. Buste de profil, la tête
ceinte de la couronne rostrale et murale. Sur l'autre
face de la gemme, le buste de *Julie, fille d'Auguste*,
femme d'Agrippa. — 247. **Caïus César** ; tête de trois
quarts. Sardonyx à deux couches : monture en or
émaillé, de la Renaissance. — 248. **Lucius César**,
tête de trois quarts, se détachant en demi-ronde.
Cornaline. — 249. **Jules César et Auguste, Tibère
et Germanicus.** Au-dessus des quatre Césars, leurs
noms en abrégé : IVLI — AVGV — TIBE — GERM.
Travail médiocre. Tout l'intérêt de ce camée est dans
la monture exquise, en émail, dont il a été entouré,
à l'époque de la Renaissance. En voici la description :
au sommet, la Renommée, à demi nue, ailée, sonne
de la trompette. Une draperie grenat lui couvre les
jambes ; l'émail de ses ailes a mille reflets ; elle est
assise sur un trône dont le dossier est formé d'une
grande fleur épanouie qui sort d'un monceau d'armes : casques, flèches, épées, canons. Les captifs, tous
deux barbus, sont en guerriers antiques, les mains
liées derrière le dos, avec une cuirasse bleue et de
hauts brodequins. Assis, ils détournent la tête dans
un mouvement de contorsion admirablement rendu ;
les lions, d'une couleur fauve, posent la patte sur un

globe et grimpent en détournant la tête. Plus bas, deux trophées avec des drapeaux, des boucliers, des lances et des épées, des trompettes guerrières. Au-dessous un mufle de bélier, bleu de ciel, avec des fleurs et des festons qui se terminent de chaque côté par deux bustes d'homme. Au revers, une tête de bélier pareille fait pendant à celle-ci ; une couronne de fleurs court tout autour du cadre. Enfin, un trou placé au-dessous des têtes de bélier, et trois amorces d'agrafes ou de petites charnières qu'on voit par derrière, servaient à fixer ce joyau, une des œuvres d'émaillerie les plus délicates qui soient sorties de l'école de Benvenuto Cellini, sinon des mains du maître lui-même.

251. **Tibère.** Buste de profil, la tête ceinte d'une couronne de chêne. Sur la poitrine, l'égide ornée d'une tête de Méduse et de serpents. Sardonyx ; riche monture en or, de la Renaissance. — 253. **Drusus l'Ancien.** Buste de profil.

260. **Antonia.** Buste de trois quarts, en demi-ronde bosse. Dans le champ, un graveur moderne a ajouté la signature d'artiste : CATOPNEINOT. Légué par le vicomte Philippe de Saint-Albin, en 1879 — 261. **Antonia.** — 262 et 263. **Germanicus.**

266. **Agrippine l'Ancienne,** femme de Germanicus, et mère d'Agrippine la Jeune. Buste de profil. — 268. **Caligula et Drusilla.** Bustes conjugués de Caius Cæsar (Caligula) et de sa sœur et épouse. Drusilla, de profil. Sardonyx à trois couches. — 269 et 270. **Claude.** Buste de profil, la tête ceinte d'une couronne de laurier, la poitrine couverte de l'égide. — 271 à 275. **Claude.** Tête laurée, de profil. Sardonyx à trois couches.

277. **Messaline et ses enfants.** (Fig. 59). Buste de Messaline, de profil, la tête ceinte d'une couronne de laurier, les cheveux ondulés sur les tempes, nattés et

noués sur la nuque ; elle a un collier orné d'une *bulla*.
Sous le buste de l'impératrice, se croisent deux cornes d'abondance, qui s'élèvent de chaque côté de ses
épaules. Deux bustes d'enfants émergent de ces cornes ; ce sont les enfants de Claude et de Messaline,
Britannicus et Octavie. Sardonyx à trois couches ; matière admirable. Monture en or émaillé, du XVIIe siècle. Ce camée est l'un des plus remarquables de la
collection, aussi bien par la matière qu'à cause de la
finesse de la gravure.

Rubens, qui l'avait re-
marqué dans la collec-
tion royale, en fit, com-
me du grand Camée de
la Sainte-Chapelle, un
dessin qui nous a été
conservé. — 278 à 285.
Agrippine la Jeune.
Buste de profil. La mon-
ture du n° 285, en or
émaillé, de la Renais-
sance, est particulière-
ment élégante : le con-

Fig. 59

tour en est enrichi de rubis et de brillants. Au revers,
en émail blanc et or, saint Georges à cheval combattant le dragon.

286. **Apothéose de Néron et Agrippine.** Un aigle vu
de face, les ailes éployées, enlève les bustes de Néron
enfant et de sa mère Agrippine posés sur ses ailes, en
regard l'un de l'autre. Sardonyx à trois couches ;
monture en or émaillé, du XVIIe siècle. Ce camée a
été acheté, par Louis XIV, au président Achille de
Harlay, en 1674. — 287. **Néron dans un quadrige.**
L'empereur est debout, de face, dans un char traîné
par quatre chevaux qui s'élancent au galop. Sa tête

est ceinte de la couronne radiée; il est vêtu du *paludamentum* impérial; de la main droite levée il tient la *mappa circensis*, comme pour donner le signal de l'ouverture des jeux du cirque; de la main gauche il porte un sceptre. En légende, l'acclamation: ΝΕΡΩΝ ΑΥΓΟΥΣΤΕ (sous-entendu ΝΙΚΑ). Calcédoine à deux couches. Ce camée, destiné à être porté au cou, comme une médaille talismanique, a été exécuté longtemps après la mort de Néron; son style le place au vᵉ siècle environ, à l'époque où la mémoire de Néron était honorée comme organisateur ou restaurateur des jeux du cirque. — 289. **Trajan.** Buste de profil, la tête ceinte d'une couronne de laurier, la poitrine couverte du *paludamentum* impérial agrafé sur l'épaule. Magnifique sardonyx à trois couches. La monture en or émaillé, de la Renaissance, est rehaussée de deux rubis. — 291. **Hadrien.** Buste de trois quarts, la tête ceinte d'une couronne de laurier, la poitrine à demi nue. Agate-onyx; riche monture en or émaillé, de la Renaissance. Au revers de la monture, sont reproduits en émail deux revers de monnaies d'Hadrien. — 294 *bis*. **Lucius Vérus.** Buste de face. (Fig. 60). Camée trouvé en Égypte et acquis en 1899. 300. **Septime Sévère et sa famille.** Quatre bustes conjugués deux à deux et en regard. A gauche, l'empereur et Julia Domna, sa femme, l'un radié en Hélios, l'autre voilée en Junon. A droite, les bustes également

Fig. 60.

conjugués de leurs fils, Caracalla et Géta. Magnifique sardonyx à trois couches. Monture en or émaillé, du xviiᵉ siècle. Comme la tête de Caracalla est laurée, tandis que celle de Géta est nue, nous avons la certitude que ce remarquable camée fut exécuté entre les années 198 et 209 de notre ère, c'est-à-dire pendant la période où Caracalla était encore seul associé à l'empire par son père et élevé à la dignité d'Auguste. Acheté, par le roi Louis XIV, au président Achille de Harlay, en 1674. — 301. **Septime Sévère et ses deux fils** offrant un sacrifice. Septime Sévère debout, de face, la tête ceinte d'une couronne de laurier, tient un long sceptre et une patère dont il verse le contenu sur un autel. A sa gauche, Caracalla s'avance pour sacrifier à son tour ; sa tête est ceinte du diadème, et de la main droite, il tient le globe du monde. Derrière Caracalla, une Victoire lui pose une couronne sur la tête. Géta est à la gauche de son père ; une Victoire le couronne comme son frère. A l'exergue, l'inscription : ΥΠΕΡ ΤΗΝ ΝΕΙΚΗΝ ΤѠΝ ΚΥΡΙѠΝ CEBAC-ΤѠΝ (*En l'honneur de la victoire de nos Seigneurs les Empereurs*). — 304. **Elagabale sur un char traîné par des femmes.** Le personnage nu, ithyphallique, debout, sur le char, a les traits et la barbe naissante d'Elagabale ; il tient les rênes et un long fouet. Les deux femmes qui traînent le char marchent sur les genoux et sur les mains pour imiter les quadrupèdes. Elles sont nues, sauf une large ceinture au-dessus des hanches ; leurs cheveux sont bouclés sur la nuque, suivant la mode du commencement du IIIe siècle. Dans le champ, une inscription en relief : ΕΠΙΞΕΝΙ ΝΕΙΚΑC (*Qu'Épixène soit vainqueur !*) Agate blanche. Camée satirique dans lequel Elagabale est désigné sous le nom d'Épixène (ἐπίξενος, *intrus*) par allusion à son origine et aux coutumes obscènes de l'Orient, c'est-à-dire étrangères, que cet empereur avait introduites à Rome. — 308. **Triomphe de Licinius.** L'empereur est debout dans un char traîné par quatre chevaux.

Sa tête est ceinte du diadème, et il est vêtu de la cuirasse avec le paludamentum ; il porte sa lance et le globe du monde. Derrière lui, le Soleil et la Lune lui présentent chacun un globe et tiennent des torches allumées. Les chevaux du quadrige s'avancent de face, dirigés par deux Victoires : ils foulent sous leurs pieds des ennemis renversés ; on distingue six cadavres. L'une des Victoires porte sur son épaule droite un trophée composé d'un casque et d'une cuirasse ; l'autre tient une enseigne sur laquelle on voit, en relief, les bustes côte à côte des deux empereurs régnants, Licinius et Constantin. Belle sardonyx à trois couches ; monture en or émaillé, du xvie siècle. Ce triomphe de Licinius se rapporte vraisemblablement à ses victoires sur Maximin Daza et à son entrée triomphale à Antioche, en 313. — 311. **Crispus, fils de Constantin.** Buste, à mi-corps, vu de dos, casqué et cuirassé ; un bouclier orné d'une tête de Méduse cache l'épaule et le bras gauches. — 312. **Constantin II le Jeune,** à cheval, tuant ses ennemis.

315. **Virgile** (?). Tête imberbe, de profil, les cheveux bouclés, et ceinte d'une couronne de laurier. Calcédoine-onyx à deux couches. — Le portrait de Virgile était très populaire chez les Romains et il ornait les écoles et bibliothèques publiques.

3. — Camées byzantins

332. **Le Christ bénissant,** debout, de face, la tête ceinte d'un nimbe crucigère, vêtu d'une tunique talaire et d'un manteau. De la main gauche, il tient le livre des Évangiles ; de la main droite ouverte, il fait le signe de la bénédiction. Dans le champ : IC XC (Ἰησοῦς Χριστός). Améthyste claire. — 333. **Le Christ bénissant.** Buste à mi-corps, la tête ceinte d'un

nimbe crucigère. Jaspe sanguin. Monture en argent
sur laquelle on lit, en caractères niellés, du XIII⁰ siècle : SORTILEGIS VIRES ET FLUXUM TOLLO CRUORIS (*J'ôte
aux sortilèges leur efficacité et j'arrête l'hémorrhagie*).
Anneau de suspension ; camée-amulette. — 336.
L'Annonciation de la Vierge. La Vierge est debout
en face de l'archange Gabriel. Ce dernier, ailé, nimbé,
vêtu d'une tunique talaire, tient de la main gauche le
bâton des pèlerins appuyé sur son épaule ; il lève la
main droite du côté de la Vierge, à qui il adresse la
parole. La Vierge est vêtue d'une longue robe et d'un
manteau ; sa tête est nimbée et voilée : elle étend la
main droite dans un geste d'assentiment ; de la main
gauche baissée, elle tient un écheveau de laine qui
se déroule dans un panier d'osier. Autour de cette
scène, l'inscription ☩ XAIPE KEXAPITOMENH
O KC META COY (*Je te salue, pleine de grâces,
le Seigneur est avec toi*) Sardonyx à trois couches.
342. **Saint Georges et saint Demetrius,** debout côte à
côte, revêtus de leurs armures. Au-dessus des deux
saints guerriers, protecteurs de l'empire byzantin, le
buste du Christ. Sardonyx à trois couches ; camée
remarquable, du x⁰ siècle.
347. Camée-amulette avec l'inscription suivante, gravée
en relief, dans une couronne : Λέγουσιν ἃ θέλουσι, λεγέ-
τωσαν · οὐ μέλ(ε)ι μοι · σὺ, φίλ(ε)ι μαι, συμφέρ(ει)ι σοι. (*Ils
disent ce qu'ils veulent, qu'ils le disent, peu m'importe ;
mais toi, aime-moi, tu t'en trouveras bien*). Sardonyx
à deux couches ; monture antique en or. Trouvé à
Lutz, près d'Oroza (Hongrie), et acquis en 1894. —
350. Camée-amulette, avec l'inscription dialoguée suivante, en vers iambiques, gravée en relief : Οὐ φιλῶ
σε · μὴ πλανῶ · νοῶ δὲ καὶ γελῶ. Εὐτυχῶς ὁ φαύλως ἐνπλὰς
πολλοῖς χρόνοις. (*Je ne t'aime pas. — Cela ne me trouble
point ; mais je comprends et je ris. — Porteur (de cette*

amulette). *Tu vivras heureusement pendant beaucoup
d'années).* Sardoine à deux couches.

4. — CAMÉES ORIENTAUX

**359. Ardeschir Iᵉʳ Babegan, domptant le taureau
Nandi.** Le roi est debout, de profil, barbu et coiffé
d'une tiare dont les fanons plissés flottent au vent ; son
costume consiste en une tunique de fine soie, serrée
à la taille par une ceinture ; ses jambes sont couvertes des anaxyrides, et ses pieds sont chaussés de souliers. Le taureau est au second plan, à côté du roi.
Par suite de la mutilation de la gemme, il ne reste
que la moitié de la scène. Travail sassanide remarquable. Sardonyx.

**360. Le roi Sapor faisant prisonnier l'empereur ro-
main Valérien.** (Fig. 61). Les deux antagonistes sont

Fig. 61

face à face, leurs chevaux lancés à fond de train, à la
rencontre l'un de l'autre ; Sapor saisit par le poignet
Valérien qui cherche à se défendre en brandissant son
glaive. Suivant une convention familière à l'art oriental, le Sassanide a des proportions athlétiques par
rapport au Romain. Sa barbe est nouée au bout du

menton, où elle forme une sorte de mouche qui se
profile sur le cou. Son casque est un bassin hémisphé-
rique, sans autre ornement qu'un énorme globe ou
ballon qui le surmonte et qui est peut-être le symbole
de l'orbe solaire. Deux banderolles plissées, les fanons
du diadème, voltigent derrière la tête, et deux autres
plus longues, les bouts de la ceinture sacrée appelée
le *kosti*, flottent au vent, à la hauteur du dos. Aux lanières de cuir qui se croisent sur la poitrine sont suspendues les armes du prince ; ses épaules sont surmontées de globes pareils à celui du casque, mais plus
petits. Sous sa cuirasse, le roi de Perse est vêtu d'un
justaucorps dont les manches étroites vont jusqu'au
poignet ; des lanières de cuir imbriquées protègent les
cuisses. Un pantalon collant (les anaxyrides) s'ajuste,
au-dessus du genou, à de longues chausses qui
épousent la forme de la jambe ; les rubans qui fixent
la chaussure à la cheville flottent jusqu'à terre. Le
harnachement du cheval a, pour particularités prin-
cipales, auprès des oreilles et sur le poitrail, deux
énormes glands de laine, de crin ou de soie, à demi
enveloppés dans une gaine de cuir, qui se détachent
en roux fauve sur le corps de l'animal. Deux autres
glands analogues, mais plus volumineux, sont fixés à
la selle, au moyen de chaînettes, et flottent à l'arrière, agités par la course effrénée du cheval ; ces
houpettes servaient à la fois d'ornements et de chasse-
mouches. De la main gauche, le roi, qui conserve
dans l'action une attitude calme et paisible, en con-
tradiction avec le mouvement général de la scène,
saisit la poignée de sa grande épée restée dans le
fourreau, tandis que, de la main droite portée en
avant, il étreint vigoureusement le poignet gauche de
son antagoniste. L'empereur romain, imberbe à la
tête ceinte de la couronne de laurier ; il a une cui-

rasse et le paludamentum. De la main droite, il brandit le parazonium au-dessus de sa tête. Par suite d'une convention artistique des plus singulières, le cheval de Sapor s'élance pour passer à la droite du cheval de Valérien et, cependant, c'est le bras gauche de Valérien que saisit Sapor : la main gauche de l'empereur se trouve, contrairement à l'ordre naturel, à portée de la main droite du roi. Les chevaux ont des formes ramassées, trapues, arrondies ; leurs jambes sont allongées en lignes presque droites, en avant et en arrière, pour indiquer la rapidité de la course ; des bourrelets soulignent toutes les articulations. Travail sassanide des plus remarquables ; sardonyx à trois couches. Acquis en 1893. — On sait que c'est en l'an 260 de notre ère, dans le voisinage d'Édesse, que l'empereur Valérien père fut fait prisonnier, dans une surprise, par Sapor Ier, fils d'Ardeschir Ier Babegan ou Artaxerxe. Cet événement historique, qui eut un prodigieux retentissement dans tout l'Orient, a été raconté diversement par les auteurs, et Sapor en fit représenter les épisodes sur des bas-reliefs rupestres de la Perse. Mais il n'est dit nulle part que Sapor en personne saisit l'empereur romain sur le champ de bataille. Le camée, exécuté pour Sapor, et sans doute sur l'ordre de ce prince, poétise et dramatise l'histoire en attribuant par flatterie au roi sassanide une prouesse, d'ailleurs peu vraisemblable. — 365. **Chosroès II**. Buste de profil. Cornaline.

366. **Le Grand Mogol Châh-Djihan, tuant un lion.** Le grand Mogol, vu de profil, coupe en deux, d'un coup de sabre, un lion vu de face, qui dévore un homme terrassé. Le prince a une coiffure en forme de béret, avec une aigrette qui retombe par derrière. Sa longue tunique est serrée à la taille par une ceinture et une écharpe, dans laquelle est passé un poi-

gnard. Le personnage dévoré par le lion est un Indien; sa tête est enveloppée du turban. Sous les pieds de Châh-Djihan, la signature de l'artiste en caractères persans : *Fait par Kan Atem.* Derrière les épaules du Grand Mogol on lit : *Portrait du second Sahib Kiran, Châh-Djihan, empereur victorieux.* Travail persan d'une habileté remarquable ; monture en or émaillé, simulant des pétales de fleurs disposées en rayons. Le Grand Mogol, Châh-Djihan, fils de Djihanghir et petit-fils d'Akbar, régna de 1628 à 1658.

Pierres gravées et bijou légués par Henri Beck en 1846 :

3. **Jupiter** donnant un ordre à Minerve en présence de Junon et de Mercure. Camée. — 44. **Pâris** jugeant les trois déesses Junon, Minerve et Vénus. Grand et remarquable camée. — 133 **L'Espérance**, debout, tenant une fleur. Camée. — 245 **Auguste et Agrippa**. Bustes en regard. Camée. — 331. Joyau d'or émaillé, sur fond vert, représentant une bataille, en relief. Œuvre admirable de la Renaissance attribuée à Benvenuto Cellini.

A la suite des Camées antiques, le visiteur remarquera un certain nombre de bijoux d'or trouvés dans des tombeaux de l'Égypte, de la Russie méridionale et de diverses parties de la Grèce : bandeaux, couronnes de feuillage, fibules ; pendants de cou et de colliers ; plusieurs de ces pendants sont formés de médailles munies d'une bélière ou de médailles et médaillons d'or romains encastrés dans d'élégantes montures ajourées.

Deux lingots ou barres d'or, portant chacun plusieurs estampilles des magistrats de l'atelier monétaire romain de Sirmium. Ces lingots, préparés pour la frappe

monétaire, ont été trouvés, avec d'autres semblables,
en 1887, dans le comté de Haromszeker, en Transyl-
vanie. Les estampilles dont ils sont revêtus sont du
plus haut intérêt pour l'histoire de l'organisation intérieure des ateliers monétaires romains, car elles
émanent des *probatores* qui soumettaient le métal à
l'éprouvette, et contrôlaient sa pureté avant d'y im-
primer leur poinçon, gage de leur responsabilité.

Dans le *Compartiment IV*, 8, série de cachets d'oculistes gallo-romains. Ce sont de petites tablettes en serpentine ou en stéatite, de forme carrée, quelquefois
triangulaire, sur la tranche desquelles on lit gravés
en creux, généralement sur deux lignes, à la fois le
nom de l'oculiste et le nom des divers collyres dont
il préconisait l'usage.

Dans le *Compartiment IV*, 9 :

3491. **Tablettes** en bois de sycomore, formant un cahier
de cinq feuillets (*polyptique*) ; elles sont enduites de
cire et portent, gravées à la pointe, les notes d'un
entrepreneur égyptien nommé *Paphnuthius*. Trouvées
à Memphis sur une momie, et rapportée par Louis Bâ-
tissier, en 1851.

Série de **tessère en ivoire**, monétiformes, avec sujets
en relief et chiffres gravés au revers.

Fragments de tablettes iliaques. On donne le nom de
Tablettes iliaques à de petits bas-reliefs de stuc ou
de marbre, qui représentent des scènes de la Guerre
de Troie, avec inscriptions grecques explicatives,
empruntées à l'*Iliade* et à l'*Odyssée* ou aux poètes
qui ont continué Homère. Ces monuments d'une extrême rareté, paraissent avoir servi, dans les Eco-
les, à l'instruction de la jeunesse. Les deux plus importants de nos fragments répondent à la description
suivante : 3318. Cinq bas-reliefs, avec les noms des

personnages suivants : 1ᵒ Achille et Diomède, Agamemnon et Chrysès ; 2ᵒ Nestor, Agamemnon et Chrysès ; 3ᵒ Priam, Vénus, Pâris, Ménélas ; 4ᵒ Pallas, Pandaros et Ménélas, et deux hommes immolant une victime ; 5ᵒ Pallas excitant Diomède contre Vénus, et un Grec tuant un Troyen. A droite, dans un compartiment distinct, une vue de Troie et de ses remparts. En titre, en haut, on lit : ΙΛΙΑΣ Ο..., *Iliade d'Homère*. Sur l'encadrement, à gauche, inscriptions perpendiculaires : A, puis ΜΗΝΙΣ, c'est-à-dire : *Chant I, la Colère* (d'Achille). Au-dessous, les lettres et titres des quatre chants suivants , B, A, Δ et E. — 3320. Le sujet est le Rachat du corps d'Hector. Au premier plan, Achille assis devant sa tente ; devant lui Priam agenouillé, suppliant ; Mercure est entre eux. Derrière le vieux roi, deux serviteurs retirant des chars les présents destinés à Achille. Sous la tente, deux compagnons d'Achille portent le corps d'Hector qu'ils vont rendre aux Troyens, Au second plan, la ville de Troie, avec ses tours et ses remparts Au bas de la scène l'inscription : Λυτρα νεκρου και περας εστιν ταφος Εκτορος ιπποδαμοιο (*Rançon du mort et tombeau d'Hector, le dompteur de chevaux*).

Objets d'orfèvrerie du tombeau de Childéric.

Une vitrine spéciale placée devant la fenêtre centrale est consacrée aux armes et objets d'orfèvrerie trouvés dans le **tombeau du roi Childéric I**ᵉʳ père de Clovis, mort en 481. Ce tombeau fut découvert à Tournai en 1653 ; les objets précieux qu'on y recueillit furent offerts à Louis XIV en 1665, par l'Électeur de Mayence, l'archevêque Philippe de Schönborn désireux de s'attirer les bonnes grâces du roi de France. Il était, au surplus, l'un des Princes du Rhin pensionnés du Roi,

On y remarque : 1° une épée large dont il ne subsiste plus que la poignée et les parties métalliques du fourreau (Fig. 62.) ; ces débris sont en or garni de verres grenat montés en cloisonné ; 2° une hache d'armes ou francisque en fer ; 3° un fer de lance ; 4° une boule de cristal qui était suspendue par un collier sur la poitrine du roi ; 5° une fibule ou agrafe en or ; 6° deux abeilles en or, avec verres grenat cloisonnés ; ce sont des débris des ornements qui décoraient le manteau royal ; ces abeilles qui étaient en très grand nombre au moment de la découverte ont servi de modèles à celles qu'on broda sur le manteau et les autres insignes impériaux en 1804, lors du couronnement de Napoléon Ier.

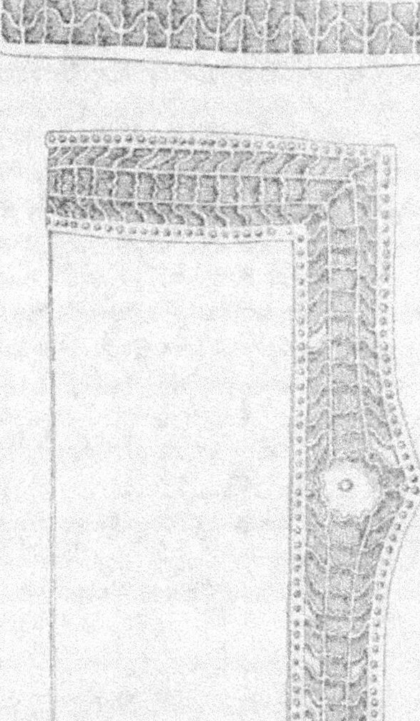

Fig. 62. — Fragments du fourreau de l'Épée du roi Childéric.

7° Quelques autres menus débris, deux pièces d'or de

l'empereur Léon Iᵉʳ, une dent d'animal et enfin un *fac-simile* en galvanoplastie de l'anneau du roi, l'original ayant été volé et fondu en 1831 ; au chaton de cet anneau figurait, comme on peut en juger, l'effigie royale entourée de la légende : † CHILDIRICI RE-GIS. (Fig 63).

Fig. 63.

Les objets d'orfèvrerie du Tombeau de Childéric Iᵉʳ sont, avec le trône du roi Dagobert, les plus anciens monument de la Monarchie française.

Table-Vitrine longue, à trois compartiments.

CAMÉES MODERNES

I. — SUJETS RELIGIEUX.

387. Dieu le Père bénissant, vu à mi corps, et caractérisé par une longue barbe ; coiffé de la couronne impériale fermée, il lève la main droite. Camée sur coquille, ayant servi à la décoration d'un coffret. Travail du xvᵉ siècle. — **388 et 389. Deux Anges** jouant l'un du triangle, l'autre du violon. Camées sur coquille ayant servi à la décoration d'un coffret. — 390. **Adam et Ève dans le Paradis.** La mère du genre humain, les cheveux épars, tient de la main droite une feuille de figuier avec laquelle elle cache sa nudité ; de la main gauche elle cueille une pomme à l'arbre de la Science du bien et du mal, le serpent est enroulé autour du tronc de l'arbre. Dans le champ, le nom ÈVE. Adam est assis à côté d'elle, nu et barbu; il porte à sa bouche un fruit qu'Ève vient de lui donner; dans le champ, ADAM. Camée sur coquille, provenant de la décoration d'un coffret. Travail du xve siècle. — 391. **Adam et Ève dans le Paradis.** Au premier plan, les ancêtres de l'humanité sont unis par Dieu le Père. Celui-ci, sous les traits d'un vieillard barbu, vêtu d'une longue robe, est de face, posant la main droite sur l'épaule d'Adam, la main gauche sur l'épaule d'Ève. Adam et Ève, en face l'un de l'autre, sont costumés à la romaine. Au second plan, Ève nue, cueillant une pomme sur l'arbre de la Science du bien et du mal. Bon travail italien, du xvie siècle. Agate-onyx; monture en or émaillé. — 393. **Noé buvant le vin, sous un cep de vigne.** Il est debout, barbu, nu-tête, vêtu d'une ample tunique et d'un manteau; sa démarche est chancelante. De la main droite, il porte une coupe à ses lèvres, tandis que de la gauche il cueille une grappe de raisin. Travail du xive siècle. Sardonyx à trois couches. — Ce camée, un des plus importants monuments de la glyptique au Moyen âge, se trouve décrit dans l'Inventaire du roi Charles V, sous cette forme naïve : « Item, ung camahieu sur champ blanc, qui pent à double chesnette et y a ung hermite qui boit à une couppe soubz un arbre ». — 394. **Joseph vendu par ses frères.** Joseph, au centre de la composition, est représenté en jeune homme, tandis que ses frères, groupés à gauche, sont des hommes qui ont atteint l'âge mûr; le premier, sans doute Ruben, s'avance du côté des marchands Madianites qui lui remettent le prix convenu. Les marchands dont on aperçoit les chameaux, s'apprêtent à emmener leur nouvel esclave. Travail médiocre.

395. **Moïse et le serpent d'airain**. Moïse, debout,
barbu, sa baguette à la main, montre au peuple le
serpent d'airain qu'il vient d'ériger au-dessus d'une
colonne. Le monstre a l'aspect d'une chimère ou du
basilic, avec des pattes et des ailes. Sur le sol, on
voit ramper trois des serpents de feu envoyés par
Jéhovah. Le peuple est représenté par quatorze personnages debout derrière Moïse, au nombre desquels
on reconnaît des malades que d'autres soutiennent et
qui se sont traînés jusque-là pour obtenir leur guérison. Au-dessus de cette scène, l'inscription hébraï-
que mise dans la bouche de Moïse par le texte biblique : *Celui qui le regardera, vivra*. Travail du
xvɪᵉ siècle. Sardonyx à deux couches. Ce camée a
appartenu au pape Clément XIV qui en fit présent à
Louis XV en 1773, à l'occasion de la suppression de
l'Ordre des Jésuites.

397. **Moïse**. Buste à mi-corps, il tient sa baguette et les
Tables de la Loi. Travail allemand du xvɪᵉ siècle.

399. **Judith** tenant par les cheveux la tête d'Holopherne. — 400. **Le jeune Tobie et l'archange Raphaël**. Tobie, vêtu d'un ample manteau et agenouillé,
saisit un énorme poisson ; en même temps, il écoute
l'archange, son compagnon de voyage, qui lui conseille de prendre le foie du poisson pour guérir son
père aveugle. Sardoine. — 401. **Le roi Josaphat**.
Fragment d'un arbre de Jessé ou de la généalogie de
la Vierge. Josaphat est de face, les mains jointes ; sa
tête est ceinte de la couronne royale. En haut, le
nom IOSAPHAT. Travail du xvɪᵉ siècle. Fragment
sur coquille.

402. **Parallèle de l'Ancien et du Nouveau Testament**. Le centre de ce tableau allégorique est occupé
par un arbre gigantesque dont les branches sont desséchées à gauche, c'est-à-dire du côté de l'Ancien

Testament, et couvertes de feuillage à droite, du
côté du Nouveau Testament. Il partage en deux la
composition. A gauche, en haut. Moïse agenouillé
sur une montagne et recevant les Tables de la Loi,
d'une main qui émerge d'un nuage. Plus bas, Adam
et Ève, nus, séparés par un arbre autour duquel est
enroulé le serpent tentateur ; Ève présente la pomme
au premier homme. Derrière Ève, le serpent d'airain
enroulé autour d'une colonne érigée sur un rocher,
et, plus loin, dans le désert, les tentes des Israélites.
Sous l'arbre de la Science du bien et du mal, un
squelette dans un tombeau entr'ouvert, qui représente la Mort. A droite, les scènes du Nouveau
Testament, sont les suivantes, énumérées de haut en
bas: la Vierge, agenouillée sur un rocher, comme
Moïse de l'autre côté, et recevant la visite de l'Esprit
Saint qui a revêtu la forme d'une colombe entourée
d'un nuage où l'on aperçoit des têtes d'anges. Au-
dessous, le Christ en croix, faisant pendant au serpent
d'airain ; l'Agneau pascal, couché dans une grotte ;
un Ange, qui vient annoncer la naissance du Sauveur
à des bergers. Plus bas, enfin, le Christ triomphant
sortant du tombeau ; la main droite levée, il paraît
prêcher au monde sa doctrine ; de la main gauche, il
tient un étendard ; il pose le pied gauche sur la tête
d'un cadavre qui figure la Mort et derrière lequel on
aperçoit la tête grimaçante d'un démon. Au pied du
Christ enfin, le globe du monde, crucigère, symbole
de la puissance terrestre que le Christ doit conquérir.
Le lien qui unit ces deux tableaux est formé par
trois personnages figurés au pied de l'arbre central:
l'homme, régénéré par la doctrine nouvelle, est assis
sur un cippe ; un prophète juif s'avance vers lui, un
bâton à la main, pour lui prédire la venue du Messie.
Saint Jean-Baptiste lui annonce que le Messie est en-

fin arrivé; il lui pose la main sur l'épaule dans un geste de persuasion, et il lui montre la grotte où repose l'Agneau divin. Travail de la fin du xv⁰ siècle. Sardonyx à trois couches. Élégante monture en or émaillé, de la Renaissance. — 404. **L'Adoration des Bergers.** Travail du xvi⁰ siècle. — 405. **l'Adoration des Mages.** Excellent travail du xv⁰ siècle, monture en or émaillé, du xviii⁰ siècle. — 406. **Le Christ à mi-corps dans le tombeau** (*Christ de pitié*). Travail flamand, du xv⁰ siècle. — 407. **Jésus enseignant sa doctrine.** Les personnages sont vus à mi-jambes. Jésus seul est barbu et il fait le geste de la démonstration. Saint Jean est à côté de lui ; deux autres disciples sont placés en face de leur divin Maître et prêtent une oreille attentive à son discours. Derrière le Sauveur, on voit deux anges. Travail du xiv⁰ siècle. — 408. **Jésus-Christ.** Buste de profil. La physionomie est à la fois douce et douloureuse ; sur la figure et sur le cou, des taches rouges en relief représentent les gouttes de sang qui découle des blessures faites à la tête par la couronne d'épines absente, xvi⁰ siècle. Jaspe sanguin ; élégante monture en or émaillé.

425. **La Sibylle montrant la Sainte Vierge à Auguste.** Dans le ciel, la Vierge assise tenant l'Enfant Jésus. Au-dessous, l'empereur Auguste, agenouillé, la couronne en tête et costumé en guerrier, salue l'apparition; la Sibylle de Cumes se tient debout derrière l'empereur. En face du prince, son cheval sellé et deux serviteurs. Travail du xvi⁰ siècle. Sardonyx à trois couches. — On sait qu'à Rome le couvent d'*Ara Cæli* est construit sur l'emplacement même où l'on croyait qu'eut lieu l'apparition qui révéla à Auguste la naissance du Sauveur du monde; la légende prétend qu'Auguste aurait élevé à l'Enfant-Dieu un autel en cet endroit. Dans une lettre de Pétrarque au pape

Clément VI, se trouve ce passage : « Rappelle-toi avec admiration que César Auguste, guidé par la voix prophétique de la Sibylle, monta jadis sur le rocher du Capitole ; il y fut stupéfait, dit-on, par une apparition divine. O merveilleux enfant ! Gloire des cieux ! Fils certain du Tout-Puissant ! Cette illustre ville sera toujours la demeure de toi et des tiens, et toujours on appellera Autel du Ciel (*Ara Cœli*) ce lieu où s'élève le temple qui porte le nom de Marie ».
— 426. **Hérodiade**, la tête enveloppée dans un bonnet. Dans le champ, ·HERODIA· Travail italien du xvi⁰ siècle. — 427. **Sainte Marie-Madeleine au désert**. Accoudée sur le sol, elle pose la main sur une tête de mort ; sa gauche est étendue sur un sablier. Dans le fond, un arbre et une montagne, avec les murailles et les tours d'une ville. Travail italien.
431 **Saint Jérôme**, agenouillé au pied d'une croix. Il est barbu, vêtu seulement d'une chlamyde ; il saisit la croix et se frappe la poitrine. Remarquable travail du commencement du xv⁰ siècle. Sardonyx à trois couches. — 432. **Saint Hubert à la chasse**. Le saint, à cheval, a la tête ceinte d'un nimbe ; son bras gauche, étendu, porte un faucon de chasse. A l'exergue, le chien du chasseur.

2. — SUJETS MYTHOLOGIQUES ET LÉGENDAIRES.

433. **Janus et Saturne**. Les deux visages de Janus sont adossés ; entre les têtes, un cartouche en relief, dans lequel Saturne est debout, de face. xvi⁰ siècle. — 444. **Junon**. Buste de profil, la tête enveloppée d'un bonnet. — 448. **Minerve**. Buste de face, la tête coiffée d'un casque dont la visière a la forme d'un mufle de lion. Travail du xvii⁰ siècle. Lapis-lazuli ; élégante monture en or émaillé. — 459. **Minerve**, accoudée

sur un cippe ; de la main droite, elle s'appuie sur son
bouclier orné d'une tête de Méduse. Élégante monture
en or émaillé. Pend-à-col du xvɪᵉ siècle.

464. **Diane.** Buste de profil. Belle monture en or
émaillé, du xvɪᵉ siècle. — 465. **Diane,** la tête surmontée du croissant. Travail du xvɪᵉ siècle. Monture
du xvɪᵉ siècle, en or émaillé. — 484. **L'Amour captif.** Le jeune dieu est nu, debout ; ses ailes sont
éployées et il a les deux mains attachées derrière le
dos à un cippe ; il détourne gracieusement la tête,
d'un air de dépit. Psyché, sous la forme d'un papillon, grimpe sur le cippe, à côté de lui, et paraît res-
serrer ses liens. Travail italien du xvɪᵉ siècle. — 491.
Six fragments sur coquille représentant des
Amours ou des Anges. Ces camées faisaient partie de
la décoration de la châsse de sainte Geneviève de
Paris, détruite en 1793. — 492. **Mars et Venus,**
assis côte à côte et se donnant la main. Travail de la
Renaissance italienne. — 493. **Le repos d'Hermaphrodite.** Le dieu à double nature est étendu sur un
lit au milieu des Amours. Travail italien du xvɪᵉ siècle.
Plaque de collier ayant appartenu à la comtesse du
Barry. — 578. **Thesée et Hercule s'embrassant** Entre eux, leurs noms ARCVLES THESEVS. Camée
sur coquille, provenant de la décoration d'un coffret.

579. **La légende de la dame de Virgile.** Deux hommes, vus à mi-corps, tiennent chacun un flambeau.
L'un, barbu, est de face, la tête tournée de trois
quarts ; il est coiffé d'un chapeau de paille à larges
bords, vêtu d'une tunique et d'un manteau. D'une
main, il tient son flambeau appuyé sur son épaule ;
de l'autre, il fait un geste indicateur à son compagnon.
Ce dernier, un jeune homme, tient un flambeau et
regarde attentivement dans la direction que lui indique le vieillard. Dans le champ l'inscription suivante :

LE FEV AV CV DE LA DAME DE VIRGILE. Camée sur coquille. Fragment de la décoration d'un coffret du xvi° siècle. — La légende de la femme de Virgile, la fille d'Auguste, était très répandue au moyen âge, qui regardait Virgile comme un grand magicien. Virgile était tombé amoureux de la fille de l'empereur et avait obtenu d'elle qu'elle le hissât jusqu'à sa fenêtre à l'aide d'un panier et d'une poulie. A l'heure convenue, Virgile prend place dans le panier; mais, à mi chemin de son ascension, la princesse noue la corde pour le laisser exposé à la risée des passants. Le poète-magicien imagina, pour se venger de cette insulte, d'éteindre tous les feux de la ville; puis, il mit comme condition à son intervention pour faire cesser cette calamité publique, que la fille d'Auguste fût dépouillée de tous ses vêtements et exposée ainsi sur la grande place de Rome; le tout-puissant magicien décida en outre que ce serait seulement en touchant la Dame à l'endroit désigné par l'inscription de notre camée, que chaque citoyen pourrait rallumer son flambeau. Cette légende a servi de thème à nombre de sculpteurs, graveurs et émailleurs du xv° siècle.

58o. **Pyrame et Thisbé**. Thisbé assise se perce le cœur avec l'épée de Pyrame ; ce dernier, vu à mi-corps, aux pieds de Thisbé. leve la tête et paraît expirant. Dans le champ, l'exclamation poussée par Thisbé: PARAMIDA PERIAMVS. Travail du xv° siècle. Fragment sur coquille ayant fait partie de la décoration de la châsse de sainte Geneviève de Paris, détruite en 1793.

581. **Bethsabée au bain**. La femme d'Urie est représentée au moment où elle est aperçue par le roi David, à mi-jambes, nue, tenant de la main droite un miroir et, de la gauche, une draperie qui cache en partie sa nudité. La fontaine où elle se baigne a une margelle

ornée d'oves et de festons. En haut, son nom BARS...
(initiales de *Barsabée* pour *Bethsabée*). Travail du
xv⁰ siècle. Ce fragment sur coquille a fait partie de la
décoration de la châsse de sainte Geneviève.

582. **Lucrèce se poignardant.** Fragment sur coquille,
ayant fait partie de la châsse de sainte Geneviève.

585. **Horatius Coclès sur le pont Sublicius.** Le héros
romain est représenté sur un cheval qui s'élance au
galop ; de son glaive, il s'apprête à frapper un groupe
de quatre ennemis. Derrière Horatius Coclès sont
trois Romains armés de pioches, qui coupent le pont.
Les eaux tumultueuses du Tibre entraînent deux cadavres. Travail italien du xvi⁰ siècle.

612. **La Fontaine des Sciences.** Une Muse, représentée
en canéphore, est debout, de face, costumée à la grecque, au centre d'un grand bassin ; des deux mains,
elle soutient sur sa tête une grande vasque enguirlan-
dée, munie de deux orifices en gueule de lion d'où
s'échappent des eaux. Six personnages viennent puiser à la fontaine : l'un d'eux remplit son urne dans le
bassin qui est aux pieds de la Muse ; un second cherche
à recevoir dans ses mains l'eau qui jaillit de la vasque
supérieure ; les autres la recueillent dans des urnes, ou
paraissent boire à longs traits. (Œuvre de Jacopo da
Trezzo (xvi⁰ siècle.)

— 622. **Le lion batave rasant le Neptune anglais**
(sujet allégorique et satirique). Un lion, debout sur
ses pattes de derrière, de profil à droite, arrache la
barbe et les cheveux à un homme, agenouillé devant
lui. Au-dessus du groupe, une banderolle sur laquelle
on lit le mot : SVBINTELLIGITVR (*c'est sous-entendu*). Le revers représente le symbole de l'ordre de
la Jarretière, saint Georges combattant le dragon. Au
pourtour, sur la tranche, on lit la devise de l'ordre de

la Jarretière : HONI·SOIT·QUI MAL·Y·PENSE. Travail hollandais du xviie siècle.

3. — Iconographie des anciens.

645. **Bataille entre Constantin et Maxence, en 312.** Le Tibre est représenté charriant des cadavres. Parmi les combattants, on aperçoit les trompettes recourbées et les enseignes légionnaires des Romains. Bon travail du xvie siècle : copie de la peinture qu'on voit dans la salle du Vatican dite *de Constantin*, et qui fut exécutée par Jules Romain sur les dessins de Raphaël. Camée sur coquille jaunâtre. Monture en or guilloché ; couvercle de tabatière. A l'intérieur, sur le cercle d'or, on lit l'inscription suivante, en partie dissimulée par la monture : *Bataille de Constantin contre Maxence le 28 oct. 312.* Camée déposé au Cabinet des Médailles le 1er nivôse an V (21 décembre 1796).

665. **Milon de Crotone.** Buste en haut relief, de face, la tête rejetée en arrière. L'athlète fait une contorsion vigoureuse, comme s'il cherchait à dégager ses mains du tronc de chêne qui les retient prisonnières. Bon travail de la Renaissance. — 667. **Alexandre le Grand.** Buste de profil ; xviie siècle. —

725 à 736. **Les douze Césars.** Douze petits camées sur coquille. Fond brun et figures blanches : monture en or, avec émail bleu au revers. Ils se décomposent comme il suit : 725. *Jules César.* — 726. *Auguste.* — 727. *Tibère.* — 728. *Caligula.* — 729. *Claude* — 730. *Néron.* — 731. *Galba.* — 732. *Othon.* — 733. *Vitellius.* — 734. *Vespasien.* — 735. *Titus.* — 736. *Domitien.* — Ces douze petits camées, d'un travail très fin, ont longtemps passé pour avoir servi de boutons au pourpoint d'Henri IV ; mais ils sont seulement entrés

dans le Cabinet du Roi en 1687, époque où Louis XIV
les acheta au sieur Bosc.

4. — ICONOGRAPHIE MODERNE.

780. **François Ier.** Buste de profil, posé sur une couronne royale qui lui sert de base. Autour du champ,
sur une bordure en biseau, on lit : F · I · GRA · DEI ·
FRAN · R. (*Franciscus primus Dei graciâ Francorum
rex.*) Excellent travail de la Renaissance. Agate-onyx

Fig. 64.

à deux couches cendrées. La forme circulaire de cet
important camée et la légende qui l'entourent lui donnent l'aspect d'une grande médaille. Il est l'œuvre,
vraisemblablement, de Matteo dal Nassaro, de Vérone,

qui vint travailler à la cour de François Ier et fut
graveur de ses monnaies (Fig. 64).

781 à 787. **Henri IV**. Bustes. — 789. **Henri IV et Marie de Médicis**. Bustes accolés. Camée sur coquille;
monture en or émaillé. — 790. **Marie de Médicis**.
Buste de profil, monture en or du xviie siècle. — 791.
Louis XIII, enfant. Buste de face. Opale à reflets dorés. Jolie monture ajourée, en or émaillé, représentant une couronne de cosses de pois. — 793 à 795.
Louis XIII. Bustes. — 919 à 922. **Anne d'Autriche**. Bustes.

923. **Louis XIV**. Buste de profil, avec de longs cheveux bouclés. Les
traits du Roi sont
ceux de l'adolescen-
ce, avec moustache
naissante. Excellent
travail. Sardoine à
trois couches (Fig. 65).
— 924. **Louis XIV**.
Buste de profil; por-
trait de la fin du rè-
gne.

940. **Henri de Guise**.
Buste d'Henri Ier de
Lorraine, duc de Gui-
se, le deuxième *Bala-*

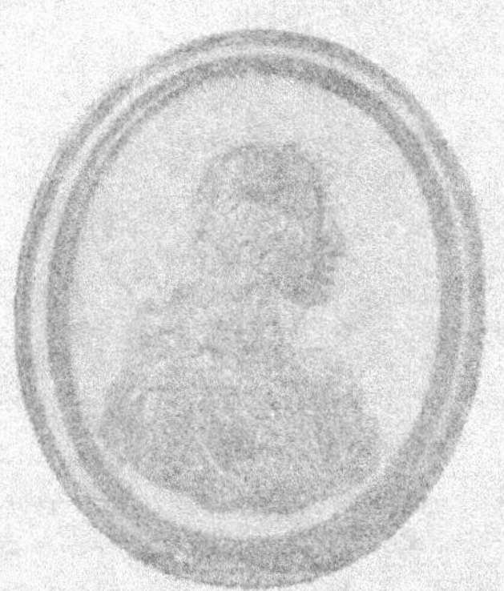

Fig. 65.

fré et le fondateur de la Ligue (1550-1588).

941. **Le cardinal de Richelieu**. Buste. Excellent travail. Agate-onyx à deux couches; monture en or
émaillé. — 942. **Le cardinal Mazarin**. Buste. Sur
la tranche l'inscription : QVI·POSVIT·FINES·SVOS
PACEM·PSAL·147· Camée gravé à l'occasion de la
paix des Pyrénées, en 1659. Monture du xviie siècle,

en or émaillé, représentant un serpent qui se mord
la queue.

948. **Victoria Colonna, marquise de Pescaire** Buste
de profil de la grande poëtesse italienne, la tête ceinte
d'une couronne de pampre, et tenant une fleur en
métal incrusté dans la gemme ; c'est l'emblème d'un
prix remporté dans un tournoi littéraire. Travail
italien du xvi⁰ siècle. — 949. **Le Pape Léon X**
(1513-1522). Tête de profil, coiffée d'un bonnet orné
d'une enseigne. Travail remarquable du xvi⁰ siècle.

950. **Le Pape Paul III** (1550-1555). Buste de profil.
Excellent travail italien du xvi⁰ siècle. Monture ajourée, en or émaillé. — 951. **Ludovic Sforza, duc de
Milan** (*Louis le More*), ou **Louis II, marquis de
Saluces.** Buste imberbe, coiffé du chaperon à la
mode du temps de Louis XII. Travail italien des plus
remarquables, de la fin du xve siècle. — 952. **Laurent
de Medicis (?)** Buste de trois quarts d'un homme
imberbe, dans lequel on a successivement proposé de
reconnaître Louis XII et Charles d'Amboise, seigneur
de Chaumont ; il nous semble avoir quelque parenté
avec des portraits de Laurent le Magnifique (1448-
1492). Il est coiffé d'un chaperon orné d'une enseigne, et ses cheveux sont coupés courts et ramassés
sur le cou, suivant la mode du temps de Louis XII.
Travail italien des plus remarquables, de la fin du
xve siècle. — 953. **Alphonse II, duc de Ferrare, et
Lucrèce de Medicis, sa femme.** Bustes accolés, de
profil. Tous deux sont, comme Hercule et Omphale,
coiffés de peaux de lions. Alphonse II d'Este, né en
1533, régna de 1559 à 1597 ; sa première femme, Lucrèce de Médicis, fille de Côme Ier, qu'il épousa en
1558, mourut le 21 avril 1561. Les camées nᵒˢ 954 à
962 représentent les mêmes personnages ; le nᵒ 961 a
une très élégante monture du xvi⁰ siècle.

963. **Princesse italienne inconnue**. Buste de profil.
Travail italien du milieu du xvi⁰ siècle; monture en
or émaillé. D'après les médailles, on peut reconnaître
dans ce magnifique portrait Barbara Borromeo
(1528-1572), femme de Camille de Gonzague, comte
de Novellara. — 964. **Personnage inconnu (l'Arétin?)**. Tête nue, de profil, avec cheveux touffus et
longue barbe. Pietro Bacci, dit l'Arétin, né en 1492,
mourut en 1557. — 965. **André Doria** (1468-1560).
Buste de face, la tête de trois quarts; il a une longue
barbe, et il est costumé à l'antique. Travail italien du
xvi⁰ siècle. Lapis lazuli. Monture en or émaillé, du
xvi⁰ siècle. — 966. **André Doria**, assis sur un monceau d'armes et vêtu en guerrier romain.

967. **Elisabeth, reine d'Angleterre** (1558-1603). Buste
de profil. Excellent travail français de la fin du xvi⁰ siècle. — 968. **Elisabeth reine d'Angleterre**. Buste.
Travail français de la fin du xvi⁰ siècle. — 970. **Olivier Cromwell** — 972. **Charles II roi d'Angleterre**, en Hercule, coiffé d'une peau de lion. — 973.
Charles II, roi d'Angleterre. Buste de face, la tête
de trois quarts — 974. **Marie Stuart (?)**. — 975.
Marie Stuart (?). Buste à mi corps, de profil; la
tête est diadémée, les cheveux nattés sont entremélés
de rubans; un long voile descend de la nuque sur le
dos. Riche costume rehaussé de broderies. Elégante
monture en or émaillé.

976. **Charles-Quint**. — 977. **Charles Quint et Ferdi-
nand Ier**. Bustes accolés, de profil. Ils sont coiffés de
la petite toque; Charles-Quint, au premier plan, a le
collier de la Toison d'or. Sardoine à deux couches;
belle monture en or émaillé. — 979. **Philippe II,
roi d'Espagne**. Buste cuirassé, avec le manteau royal
et le collier de la Toison d'or.

980. **Anne de Brunswick Hanovre**, princesse

d'Orange. Buste de face ; elle est diadémée et vêtue,
à l'antique, d'un manteau agrafé sur l'épaule. Sur la
tranche, la signature de l'artiste : L. NATTER·FEC·
Autour du champ, en lettres dorées : ANNA. ARAVS·
ET· NASS· PRINCEPS (*Anna Arausionis et Nasso-
viæ princeps*). A l'exergue, la date, 1748. Agate cendrée. — 981. **Louis de Requesens**. Buste de profil,
cuirassé. Don Louis de Requesens de Zuñiga fut gouverneur des Pays-Bas, de 1573 à 1576. — 983. **Le
Rhingrave Nicolas Iᵉʳ, comte de Salm-Neubourg**
(+ 1530) ; il a une très longue barbe. Son casque a
la forme d'une tête humaine imberbe, le menton allongé, les cheveux rejetés en arrière. Travail allemand.
— 985. **Christine, reine de Suède**. — 986. **Barbe-
rousse**. Buste de profil du célèbre corsaire d'Alger ;
il a une barbe épaisse et sa tête est enveloppée du
turban. Chaton d'une bague en agate. — 987.
Washington.

VITRINE BASSE Nᵒ XII.

Dans cette petite vitrine on a disposé de précieux bijoux et joyaux du moyen âge et de la Renaissance,
avec un choix de camées remarquables surtout par la
richesse des montures en or et en émail dans lesquelles ils sont sertis ; des souvenirs royaux se rattachent
à la plupart d'entre eux.

324. **Pectoral** carré, en or, à alvéoles cloisonnées, dans
lesquelles sont enchâssées des verroteries rouges et
bleues. Époque mérovingienne.

2781. **La Sainte Face et le Chrisme**. Plaque d'or massif avec incrustations de pâte de verre, les lettres découpées à jour. Époque mérovingienne.

325, 335, 334, 334ª. Quatre fragments d'un **reliquaire
en or cloisonné**, chef-d'œuvre d'émaillerie du xivᵉ siè-

cle; le principal de ces débris, déposés au Cabinet des Médailles sous la Révolution, figure le Christ en croix entre la Vierge et saint Jean; une vigne élégante emplit tout le champ.

329. **L'Adoration des Mages**. Charmante composition formant un médaillon en ronde bosse : émaux de couleur sur fond or ; xvie siècle.

336. — **Joyau** en or émaillé, figurant l'autel de la Concorde; l'autel est une émeraude carrée en cabochon soutenue par deux Amours en émail; au-dessous, deux mains jointes en or émaillé; xvie siècle. — **Joyau** en or émaillé, figurant une croix avec le monogramme du nom de *Jésus*; les lettres sont en cristal de roche; xvie siècle.

439. **Couvercle de coffret**, en or massif, décoré de la figure en haut relief du roi Louis XII sur son trône, la couronne en tête, le sceptre et le globe en mains et revêtu du manteau royal; le champ est semé de fleurs de lis; à droite, un quartier aux armes de Jérusalem. Légende : LVDOVICVS· DEI· GRA· FRANCORVM· NEAPOLIS· ET· HIERVSALEM· REX· DVX· MEDIOLANI. De l'autre côté, comme un contre-sceau, deux écussons, l'un aux armes de France, l'autre écartelé aux armes d'Anjou-Sicile et de Jérusalem. Ce monument, qui a servi de couvercle de coffret, comme l'indiquent les rainures du pourtour et la place des charnières, est la reproduction en or du grand sceau de majesté de Louis XII ; c'est pour cette raison qu'on a cru, à tort, qu'il avait lui-même dû servir de sceau et qu'on l'a considéré comme une bulle d'or détachée de quelque acte royal important. (Fig. 66.)

440. **Bulle d'or** de Charles II d'Anjou, roi de Naples et de Sicile (1285-1309).

396. **Moïse** debout, de trois quarts ; des cornes de feu surmontent ses tempes comme des flammes; son cos-

tume est celui du grand-prêtre juif: il consiste en une
longue robe talaire, par-dessus laquelle on en voit
une autre plus courte, serrée à la taille, et un manteau
relevé sur le bras ; au cou, un collier avec un pectoral (rational) carré sur la poitrine. De la main gauche levée, il montre le nom *Jehovah*, en hébreu,
gravé dans le champ du camée. De la main droite, il
tient les deux Tables de la Loi. Travail allemand du

Fig. 60.

XVIᵉ siècle. Topaze brûlée. La monture est formée
d'un serpent en émail vert (le serpent d'airain) enroulé tout autour du camée, et d'une croix au pied de
laquelle se rejoignent la tête et la queue du reptile.
Le corps du serpent est parsemé de petites roses en-
chassées dans l'or.

398 Le Jugement de Salomon. Salomon est assis sur
son trône, et costumé en guerrier romain ; il étend la

main droite pour prononcer sa sentence. A ses pieds,
dix personnages, parmi lesquels on reconnaît deux enfants : l'un, mort, est étendu sur une draperie ; l'autre
est saisi par le bourreau qui s'apprête à le frapper
de son glaive ; l'une des deux mères paraît indifférente
à cette barbare exécution, tandis que l'autre s'élance,
en suppliant, pour arrêter le bras du bourreau. Bon
travail du xvi⁰ siècle. Agate-onyx à deux couches ;
élégante monture en or émaillé, de la Renaissance.

595. **Roi nègre**, couronne de laurier. Buste de profil,
avec armure et manteau royal, tenant un arc, le carquois sur l'épaule. Agate. Jolie monture en or émaillé,
enrichie de brillants et de rubis, avec couronne royale
radiée.

596. **Nègre ou Maure.** Buste de profil. Légende en
creux : E PER TAL VARIAR NATURA E BELLA. *Pour va-
rier ainsi la nature est belle.* Agate, monture en or
émaillé.

619 **Salamandre** en jaspe rouge et vert, portant au cou
un collier d'or enrichi de turquoises. Sur la croupe,
fleuron en or émaillé avec bélière.

Ce joyau passe pour avoir appartenu à François Iᵉʳ.

990. **Buste de guerrier.** Joyau de grenat et d'or
émaillé. Le casque, en or, figure une tête de lion ; la
tête est un grenat, les vêtements sont en or émaillé.
Enseigne de chaperon ; xvɪᵉ siècle.

512. **Omphale.** Tabatière de forme ovale, en cornaline,
avec une riche monture en or, rehaussée de festons et
de fleurs en émail bleu. Au centre du couvercle, un
médaillon ovale dans lequel est enchâssé un camée
représentant le buste d'Omphale, de profil, la tête et
les épaules couvertes de la dépouille du lion. Travail
très élégant du xvɪᵉ siècle. Cette tabatière fut confis-
quée en 1793, au palais des Tuileries.

938. **Diane de Poitiers**. Buste de face ; son diadème d'or est surmonté du croissant de Diane, rehaussé de brillants. Une draperie en argent doré recouvre les épaules et est serrée à la taille par une ceinture ornée d'un brillant ; le carquois, fixé sur le dos par une cordelette d'or, est aussi orné de brillants. Le champ est en argent doré, et le pourtour est rehaussé d'une ceinture de brillants. Tout ce travail d'orfèvrerie et de glyptique se trouve enchâssé au centre d'une grande sardoine ovoïde. — 939 **Diane de Poitiers**, la tête surmontée de la couronne royale ; le buste est couvert d'une robe enrichie de broderies. Au dos, sur le bord de la robe, on lit : EPHESIORV · ΘEA · MAG A̅A̅ · DIANA, inscription qui compare Diane de Poitiers à la Diane d'Éphèse. La tête et la poitrine sont en cristal de roche ; les cheveux, les vêtements et tout le reste sont en or émaillé ; xvi⁰ siècle.

— (Y. 4401). **Collier et pendant de cou** en or mêlé d'émaux, de pierres précieuses et de perles. Le pendentif se compose d'un camée représentant Vénus Anadyomène dans une monture de rinceaux surmontée d'un génie de l'Abondance en or émaillé. Travail italien du xvi⁰ siècle. Don de M. Félix Doistau, 1922.

— (Y. 4415). **Bijou** d'or enrichi d'émaux, de pierres précieuses et de perles. Deux grandes lettres A et M (*Ave Maria*) dont les jambages sont faits de primes d'émeraude montées dans un bâti d'or, sommées d'une arcature semblable, sont présentées par six figures d'angelots. Travail de la fin du xvi⁰ siècle. Don de M. Félix Doistau, 1922.

624-625. **Une paire de bracelets** Chacun de ces bracelets est composé de sept camées gravés sur coquilles, et représentent divers animaux. Les fermoirs, à ressorts, sont placés sous le plus grand des camées et masqués par une plaque sur laquelle on voit, gravés

en creux, deux C entrelacés, placés au milieu d'une
couronne formée d'une palme et d'une branche de
laurier ; à chacun des angles, un S barré. Ces bracelets ont été acquis par le roi Louis XIV, du procureur
général Achille de Harlay, en 1674. Cette origine certaine renverse la tradition suivant laquelle ces bracelets n'auraient jamais quitté la collection royale depuis
le temps d'Henri II, et auraient appartenu à Diane
de Poitiers, puis à Catherine de Médicis ou même à
Catherine de Bar, sœur d'Henri IV.

786 **Henri IV en Hercule**. Buste avec la peau de lion.
Agate-onyx. Monture émaillée, exécutée sous le règne
d'Henri IV ainsi que le camée, qui est sans doute
de la main de Coldoré. Des attributs guerriers et des
lacs d'amour font le sujet de cette monture royale.
Donné au roi Louis XIV, par le chevalier de Béthune,
en 1661.

791. **Louis XIII**. Buste de face, les cheveux longs, partagés sur le front, la tête ceinte d'une couronne de
laurier. Une monture en or émaillé complète le portrait royal, la tête seule du roi étant formée d'une
gemme. Au revers, est gravé un écusson ovale représentant deux L entrelacés et surmonté de la couronne
royale. Au-dessous, une figure allégorique de femme
assise, les yeux bandés, tenant de la main droite un
sceptre et un glaive et, de la main gauche, une tablette
sur laquelle on lit : PIETATE· ET· IVSTITIA. Ce
camée fait allusion au triomphe de Louis XIII sur
les Huguenots à l'occasion de la prise de la Ro-
chelle en 1628.

Buste de femme de face. Copie sur sardoine du camée
antique n° 160, représentant Antonia. Large monture
moderne avec collier. Legs Charles Séguin en 1900.

Dans le bas de la vitrine, les deux *petites spatules en
or* à l'aide desquelles Louis XIV soulevait les médailles

et les retirait de leurs alvéoles sur les cartons en maroquin fleurdelisé de son Médaillier.

VITRINE BASSE Nᵒ X.

I. ŒUVRES DE JACQUES GUAY.

Le visiteur prendra un plaisir tout particulier à s'arrêter devant la petite vitrine basse placée devant la
troisième fenêtre de gauche, où se trouvent exposées
les œuvres de Jacques Guay qui ont fait partie du
Cabinet de la Marquise de Pompadour et que celle-ci
légua au Roi, à sa mort en 1764.

Jacques Guay était le graveur de la Cour, sous
Louis XV. Madame de Pompadour l'honora de sa protection et se fit même son élève : les camées nᵒˢ 661
et 931 portent sa signature.

Les camées et les intailles de Guay sont les chefs-
d'œuvre de la gravure française sur pierres fines. Madame de Pompadour les reproduisit elle-même par la
gravure à l'eau forte dans sa fameuse *Suite d'Estampes*.

1. — *Camées.*

920. **Louis XV.** Buste cuirassé à l'antique, la tête
   ceinte de la couronne de laurier, les cheveux noués
   sur la nuque. Sous le bras, la signature *GUAY F.*
   1753. Monture en or émaillé, du temps de Louis XV.
   Ce chef-d'œuvre de Jacques Guay, peut-être le plus
   beau camée moderne, fut exposé au Salon de 1755
   où il « captiva l'admiration de tous les spectateurs »,
   dit le texte qui accompagne l'estampe de madame de
   Pompadour ; Fréron s'exprime comme il suit à son
   sujet : « Le portrait du Roi, gravé en bas-relief sur
   une sardoine-onyx de trois couleurs, de forme ovale,

par M. Guay, est quelque chose d'unique dans son genre et par le prix de la pierre, et par la vérité de la ressemblance, et par le travail admirable de l'artiste. »

788. **Henri IV** et 927. **Louis XV**. Bustes de profil, A l'exergue. GUAY F. Ces deux camées se font pendant. Leur monture semblable se compose d'une couronne d'émeraudes arrangées en torsade et reliées par des cordelettes de roses. Ils forment les fermoirs de bracelets de madame de Pompadour.

929. **Louis XV**. Tête de profil; sur la tranche du cou, GUAY.

931. **Louis XV**. Tête de profil. Sur la tranche du cou, la signature de madame de Pompadour; POMPADOUR F. (voyez le n° 601). Sardoine à deux couches. Chaton de bague en or.

659. **La naissance du duc de Bourgogne**. Minerve, debout, étend son bouclier pour protéger un enfant nouveau-né, couché à ses pieds. En face de Minerve, s'avance la France, étendant les bras pour accueillir et recevoir l'enfant royal; son écusson fleurdelisé est à ses pieds. Sur le sol, on lit la signature de l'artiste : GUAY F.; à l'exergue, la date : M DCC LI. Ce camée fut exposé par Jacques Guay au Salon de 1757. — 660. **Alliance de la France et de l'Autriche**. Deux femmes s'avancent l'une vers l'autre et se donnent la main; elles sont vêtues de longues robes à l'antique. Aux pieds de chacune de ces figures allégoriques, l'écusson national qui les caractérise; entre elles un autel allumé et entouré d'un serpent qui se mord la queue. Sur le sol, une torche brisée et un masque. Au pied de la France, la signature: GUAY. A l'exergue : 1756.

661. **Le Génie de la Musique**. C'est un enfant ailé, de profil à gauche, tenant une flûte de la main gauche et s'apprêtant à saisir de la droite une couronne sus-

pendue à un arbre. Devant lui, une lyre. A l'exergue,
la signature de madame de Pompadour : POMPA-
DOUR F. 1752. Ce camée, gravé par madame de
Pompadour, aidée de Jacques Guay, a été reproduit
par elle-même à l'eau-forte dans sa *Suite d'Estampes*,
sous le n° 49 ; au bas de l'estampe on lit : *Boucher
d.l.*, et le titre : *Génie de la musique en bas relief*. —
602. **La France au pied de la statue équestre de
Louis XV.** A l'exergue : *1763*. Camée gravé par
Guay, à l'occasion de l'inauguration d'une statue
équestre de Louis XV, exécutée par Bouchardon et
achevée par Pigalle, à Paris, sur la place qui porta
le nom de ce prince (aujourd'hui place de la Concorde) ; la cérémonie eut lieu le 20 juin 1763. La
statue fut renversée le 11 août 1792.

933. **Louis, dauphin de France, et Marie-Josèphe de
Saxe.** Bustes accolés, de profil, posés sur un dauphin. Il s'agit de Louis, père de Louis XVI, et de sa
femme, fille d'Auguste III, roi de Pologne. Dans le
champ : GUAY F. 1758. — 934. **Louis XVI.** Buste
de profil, à gauche, les cheveux bouclés, la poitrine
drapée. Légué par le vicomte Philippe de Saint-Albin,
en 1880.

944. **La marquise de Pompadour.** *Cachet de Louis XV.*
Tête de madame de Pompadour, de profil, les cheveux nattés et relevés sur le sommet de la tête. Sur
la tranche du cou, la signature de l'artiste : GUAY.
Travail de la plus grande finesse. Agate-onyx à deux
couches. Camée enchassé dans le manche d'un cachet-
breloque, en or émaillé, muni d'un couvercle ; c'est
en ouvrant ce couvercle qu'on voit le délicieux camée
qui se trouve enfermé comme dans une boîte. La
partie inférieure est évasée en forme de pied, et sous
ce pied est le cachet proprement dit, formé d'une
cornaline sur laquelle est gravée en creux la figure

d'un Amour ailé; il tient un bouquet formé d'un lis
et d'une rose, symboles de Louis XV et de madame de Pompadour. En légende, l'inscription suivante: L'AMOUR LES ASSEMBLE. A l'exergue,

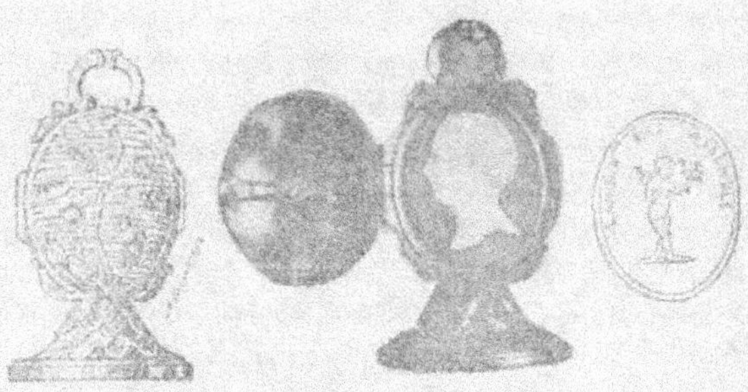

Fig. 67.

GUAY F. Après avoir été déposé au Garde-meuble,
sous la Révolution, ce cachet fut transporté à la
Monnaie; de là, il passa au Cabinet des Médailles, le
1er nivôse an V (21 décembre 1796). (Fig. 67.)

2. — Intailles.

(M. 8006). **Prêtre d'Isis**; il tient dans ses mains une petite idole. Dans le champ, les lettres grecques ΓΝΑΙΟΥ,
gravées par Guay à la place de la signature. Pierre
ovale, émeraude.

2496. **Louis XV**. Buste de profil avec la couronne de
laurier. Émeraude montée en bague d'or émaillé. —
2497. **Foudre et caducée** en sautoir au-dessous de
ces mots: *Statue du Roi 1758*. Cornaline; monture
en or avec bélière. Cette pierre est une commémora-
tion prématurée d'une statue qui devait être érigée à
Louis XV sur la place d'un hôtel de ville projeté, à

Rouen. — 2498. **Victoire de Lawfeldt**. La Victoire ailée, tenant une flèche et une couronne de laurier, foule aux pieds des drapeaux et des canons, au milieu desquels on distingue des boucliers aux armes des puissances liguées contre la France : l'Autriche, l'Angleterre, le Hanovre et les Provinces Unies. A droite, la signature : GUAY. Sardoine ; riche monture. 2499. **Préliminaires de la paix de 1748**. Louis XV en Hercule, la massue à la main, s'arrache des bras de la Victoire pour prendre un rameau d'olivier que lui présente la Paix. A droite : GUAY F. A l'exergue : *Préliminaires de la Paix, 1748*. Sardoine. Riche monture. Cette intaille et la précédente ont servi de fermoirs à des bracelets de madame de Pompadour. — 2499 *bis*. **Le triomphe de Fontenoy**. Louis XV en empereur romain, debout dans un quadrige au pas, donne la main au Dauphin debout près de lui. Une Victoire couronne le Roi; sur le biseau de la gemme montée en bague, on lit la date : *11 mai 1745*. Cornaline. Cette bague non signée, dont la gravure est l'œuvre de Jacques Guay, a été portée par madame de Pompadour. — 2500. **Le tambour-major Jacquot**. Buste en uniforme. En légende : JACQUOT, TAMBOUR-MAJOR DU RÉGIMENT DU ROY, 1751. G. F. (*Guay fecit*). Sardoine. — 2502 *bis*, **La marquise de Pompadour**. Buste. Signature : GUAY. Cornaline montée en bague. — 2502 *ter*. **Louis XV et madame de Pompadour**. Bustes conjugués. Signature : GUAY. Cornaline montée en bague. — 2503. **La marquise de Pompadour**, en Minerve, debout, posant une corne d'abondance sur un tour à graver les pierres fines. Un génie ailé soulève le voile qui cachait les trois tours du blason de Pompadour gravées sur le bouclier de la déesse. A l'exergue : GUAY 1755. Calcédoine. — 2504. **Cachet** de madame de

Pompadour. Topaze de l'Inde gravée sur ses trois faces, d'après les dessins de Boucher. Face A: **L'Amour sacrifiant à l'Amitié**. La déesse est debout, foulant aux pieds un masque; elle tient un cœur qu'elle offre à l'Amour qui fait une libation. Exergue: GUAY F. — Face B: **L'Amour et l'Amitié**. Exergue: GUAY F. — Face C: **Temple de l'Amitié**. Ces mots sont gravés au-dessous du fronton d'un temple à deux colonnes, d'ordre toscan; une tour du blason de Pompadour décore le tympan. Entre les colonnes, un médaillon portant les chiffres du Roi et de la marquise, L. P. (*Louis, Pompadour*), suspendu à une guirlande de chêne. Exergue: 1753. — 2505. **La France éplorée**, penchée sur un tombeau sur lequel on lit: A. I. (*anno primo*); à l'exergue, 1754. Calcédoine. Cette pierre non signée est de la main de Guay. Elle rappelle la mort du duc d'Aquitaine, fils du Dauphin, le 22 février 1754. — 2505 *bis*. **Alexandrine Lenormant d'Étioles**, fille de la marquise de Pompadour. Buste, signé de Guay. Cornaline montée en bague. Don de madame la comtesse de Beauhacourt, en 1890. — 250 *ter*, **Marie Antoinette**. Buste signé: GUAY F. 1787. Cornaline montée en bague. Legs du vicomte Philippe de Saint-Albin en 1879.

II. — CAMÉES MODERNES AVEC SIGNATURES D'ARTISTES.

La partie supérieure de la même vitrine est occupée par des camées qui portent des signatures d'artistes. Nous signalerons:

945. **Necker**. Buste de profil. Sur la tranche du bras, la signature: PA (*Pas agina*). Chaton d'une bague en or.

946. **Cambacérès**. Buste de profil, avec l'habit de con-

sul. Sur la tranche du bras, la signature : LE-
LIÈVRE. — 947 **Fourcroy** Tête de profil. Au dessous, la signature : JEUFFROY F. Au revers,
l'inscription : A. F. FOURCROY. Antoine-François,
comte de Fourcroy, 1755-1809). Ce camée forme le
médaillon central d'un bracelet à cordelettes tissées
avec les cheveux du célèbre chimiste.

935. **Napoléon Bonaparte** Buste de profil, avec l'habit
de premier Consul. Devant, en creux, BONAPARTE.
Sur la tranche du bras, la signature JEUFFROY.
1801. — 936. **Napoléon Ier**. Tête nue, de profil.
Dans le champ, la signature : A. MASTINI. Travail
italien. — 937ᵃ. **Napoléon** par Rega — 935ᵃ. **Napoléon**, par Leuhe — 937ᵃ. **Napoléon**, par Berini.

947. **Carle Vernet**, par Remy.

946. **Murat**, roi de Naples, par Santarelli.

1034ᵃ. **Caroline Bonaparte**, par Girometti.

906ᵃ. **Joseph Napoléon** roi d'Espagne, par Xaveria.

987ᵃ. **Charles de Dalberg**, archevêque, Prince-Primat
de la Confédération du Rhin, sous Napoléon, par
Buckle.

985ᵃ. **Le triomphe d'Alexandre Ier** empereur de Russie, en 1814, par Pistrucci.

1040ᵃ. **Inconnu**, par Santini.

937ᵇ. **Philippe d'Orléans**, duc de Montpensier, par
Remy.

441ᵃ. **Jupiter Serapis**, par Pichler.

618. **Le Printemps**. Buste d'un adolescent, de profil, la
tête ceinte d'une couronne de fleurs. Dans le champ,
la signature : GIROMETTI.

21. **Persée** délivrant Andromède, par Fedeli (Legs
Charles Seguin).

327. **Guerriers romains**, par Angelici (legs Ch. Seguin).

443. **La chèvre Amalthée**, par Adolphe David. — **Vénus et l'Amour** par Ad. David.

Nymphe embrassant un terme de Priape, par H. François.

ARMOIRE-VITRINE N° II.
Le Trésor de Berthouville.

L'armoire vitrine n° II renferme le célèbre *Trésor
d'argenterie de Berthouville* (Eure), appelé quelquefois
improprement *de Bernay*. Il fut découvert le
21 Mars 1830 par un cultivateur nommé Pierre Taurin en labourant son champ.

Des fouilles entreprises plus tard établirent qu'en cet
endroit se trouvait un temple, un théâtre et quelques
autres constructions. C'étaient les ruines d'un *forum*
ou, si l'on veut, d'un champ de *foire* gaulois, puis
gallo-romain, installé en pleine campagne, à proxi-
mité du croisement de routes nombreuses. Aujour-
d'hui encore, en Bretagne, une fois l'an, des foires,
d'où l'on arrive de trente lieues à la ronde, s'installent
en plein vent, depuis des temps immémoriaux, à côté
de quelques auberges et parfois d'une chapelle bâties à
demeure au lieu de la réunion annuelle.

Le sanctuaire ainsi construit au lieu où de semblables
assemblées se formaient, sur les confins du territoire
des Lexovii et des Eburovices, à l'époque gallo-romaine, était consacré à Mercure *Canetonnensis*, c'est-
à-dire au Mercure d'un lieu-dit appelé *Canetonum*. Ce
nom nous est révélé par les objets d'argenterie trouvés par Prosper Taurin et qui portent presque tous
des inscriptions votives à Mercure Canetonnensis. Ces
monuments constituaient en effet le trésor du temple,
les *ex-voto* offerts, par diverses personnes qui croyaient
devoir au dieu un tribut de reconnaissance, soit pour
quelque guérison, soit pour quelque service rendu. Le
3 mai 1830 Raoul Rochette acheta, pour le Cabinet

des Médailles, l'ensemble de cette précieuse trouvaille.
Quand on eut rapproché et ressoudé les portions dis-
jointes de certains objets, on compta soixante-neuf
vases et quelques débris ou ustensiles de moindre importance.

On a l'habitude de comparer les uns avec les autres
les grands trésors d'argenterie antiques qui ont été
découverts à l'époque moderne et l'on rapproche
communément du trésor de Berthouville ceux de
Hildesheim, au musée de Berlin, et de Boscoréale au
musée du Louvre. Ce qui distingue le trésor de Berthouville, c'est que, comme nous l'avons dit, il est
composé d'ex-voto offerts à Mercure. Ces objets sont
donc de provenances diverses ; ils ont appartenu à des
propriétaires de condition sociale différente et ont été
fabriqués à des époques ou dans des pays éloignés les
uns des autres : on s'explique ainsi qu'ils soient d'un
mérite artistique fort inégal. Au contraire, les trésors
de Hildesheim et de Boscoréale représentent la vais-
selle plate de somptueuses villas et de quelque riche
patricien romain. Leur ensemble présente donc plus
d'unité et revêt un tout autre caractère que le trésor
de Berthouville. Cela n'empêche qu'il se trouve, dans
ce dernier, une demi-douzaine de vases qui, au point
de vue artistique, n'ont leur pendant dans aucun
autre trésor ; ce sont les plus beaux vases d'argenterie que nous ait légués l'antiquité. Si l'on ne peut
affirmer positivement qu'ils soient l'œuvre même des
artistes que Pline cite comme s'étant illustrés dans la
ciselure de l'argenterie, du moins il est certain que ces
admirables monuments sont inspirés de ceux qui, au
dire des Anciens, devaient assurer à ces artistes l'immortalité.

Les fouilles ont établi que le temple de Mercure Canetonnensis fut détruit par le fer et le feu, dans le

cours du IIIe siècle de notre ère, au temps où la Gaule fut bouleversée par des invasions germaniques. Les desservants du temple enfouirent précipitamment le trésor du dieu dans le sous-sol d'une dépendance : il y séjourna quinze siècles préservé par l'oubli. Des 69 monuments qui le composent, nous décrirons seulement les plus importants.

1. **Statuette de Mercure**, nu, de grandes dimensions. Style gallo-romain, médiocre. — 2. **Statuette de Mercure**, moins grande que la précédente, mais de très bon style; le dieu est coiffé du pétase et vêtu de la *pénula*. Restaurée en partie, en 1831, par le sculpteur Depaulis. — 3. Petit buste de *Maia*, la mère de Mercure. — 4. Aiguière sur laquelle sont représentés, au repoussé, deux sujets relatifs à la guerre de Troie : *Première face :* Achille pleurant sur le corps de Patrocle. Le fils de Pélée, assis sur un rocher, la tête appuyée sur la main droite contemple avec douleur le corps de Patrocle enveloppé d'un linceul. En face d'Achille, Phénix, son vieil ami, également assis et se tenant les genoux avec les mains. Derrière Achille, Ulysse, coiffé du *pilos*, debout, le pied droit sur un rocher. Près du roi d'Ithaque, Antiloque, le fils de Nestor, l'ami le plus cher d'Achille après Patrocle, s'appuyant des deux mains sur sa lance. Les autres personnages sont Nestor, debout, les mains jointes avec l'expression d'une douleur profonde, entre un héraut s'appuyant sur un bâton, et un guerrier tenant sa lance. Derrière Phénix, un vieillard chauve, s'appuyant sur un grand bouclier, sans doute celui d'Achille, assis entre un guerrier et un héraut. — *Deuxième face :* Le rachat du corps d'Hector. Achille, assis sur un trône, préside la pesée des trésors offerts par Priam pour la rançon du corps de son fils. Derrière Achille, Phénix debout, faisant un geste qui

conseille la modération à son élève ; auprès du pré-
cepteur d'Achille, Diomède, casqué, tenant sa lance ;
Ulysse coiffé du pilos et paraissant donner un avis ; enfin Antiloque, la lance sur l'épaule, portant la main
droite à son visage,
et contemplant avec
douleur cette scène
cruelle. Près de ce
dernier personnage,
une grande balance
posée sur trois pieds
en triangle : le mas-
que bachique qui
rattache l'anse à la
panse du vase sert
de soutien au fléau
de la balance dans
les plateaux de la-
quelle sont placés,
d'une part, le corps
d'Hector, et de l'au-
tre, un grand cratè-
re en or. — Le se-
cond groupe de cette
composition, placé
de l'autre côté de la
balance, est celui
des Troyens sup-
pliants ; à leur tête,
Priam dont le geste

Fig. 68.

indique le désespoir ; le vieux roi porte le costume
asiatique, il a la mitre phrygienne, des anaxyrides et
un grand manteau. Quatre Troyens l'accompagnent.
(Fig. 68.) — Sur le col du vase, l'Enlèvement du Palladium. Diomède, nu, casqué, son baudrier au côté,

dans l'attitude consacrée et qu'on retrouve sur tant de monuments divers, porte le Palladium et fait avec sa courte épée un geste de menace ; en face de Diomède, mais séparé de lui par un autel, Ulysse marchant à pas précipités, conseille la modération à son fougueux compagnon.

Vers le haut de la panse du vase, on lit cette inscription dédicatoire, gravée au pointillé : MERCVRIO AVGVSTO Q DOMITIVS TVTVS EX VOTO. Plusieurs autres vases ont été offerts à Mercure par ce même personnage, Quintus Domitius Tutus.

5. **Aiguière** faisant pendant à la précédente, et ornée, comme elle, de deux sujets au repoussé, relatifs à la guerre de Troie. — *Première face* : Achille traînant le corps d'Hector derrière son char, autour des murs de Troie. Le héros grec, debout sur son char, nu, le casque en tête, le javelot à la main, se couvrant de son grand bouclier rond, est représenté d'une taille gigantesque ; Automédon dirige les chevaux. Le cadavre d'Hector, lié et traîné derrière le char, balaye la poussière. Trois guerriers grecs courent au combat sur les traces d'Achille ; sous les pieds des chevaux, un guerrier renversé. Sur les créneaux des murs de Troie qui entourent tout le vase, paraissent quatre personnages dont on ne voit guère que les bustes. Ce sont Priam et Hécube dont les gestes expriment la douleur et l'effroi, et deux Troyens qui casqués et abrités par leurs boucliers lancent leurs javelots sur Achille. — *Deuxième face* : La mort d'Achille. Le fils de Pélée, blessé d'une flèche au talon droit, est tombé sur le genou gauche, son épée est dans le fourreau ; il pose la main gauche sur son bouclier, et en même temps, de la main droite, il cherche à arracher le trait fatal. La tête du héros est penchée ; il succombe et serait déjà étendu sur le sol s'il n'était soutenu par

Ajax. Trois Troyens se pressent pour achever Achille
et enlever son corps; ce sont Énée, Pâris et Agénor.
Trois Grecs viennent en aide à Ajax pour sauver le
corps d'Achille; l'un d'eux est déjà blessé, c'est Nérée; les deux autres sont Néoptolème et Ménélas.
Une Victoire offre à Ménélas une palme et une couronne. — Sur le col du vase, Ulysse et Dolon. Le roi
d'Ithaque est reconnaissable à son pilos; mais ce qui
précise la scène, c'est la peau de loup dont est revêtu Dolon : le moment choisi par l'artiste est celui
où Ulysse interroge l'espion. L'inscription dédicatoire est la même qu'au numéro précédent.

6 et 7. **Une paire de canthares bachiques** qui se font
pendant, non seulement par la forme et les accessoi-

Fig. 69

res, mais aussi par les sujets qui les décorent. Ces
bas-reliefs admirables sont exécutés au repoussé sur
des feuilles d'argent; l'intérieur des vases est doublé
d'une cuvette d'argent massif. Les anses, décorées
d'ornements de fantaisie ciselés dans la masse, se rattachent au vase par des becs de cygne, et deux panthères. Les sujets ont rapport au culte de Bacchus et
rappellent beaucoup ceux de la Coupe de Ptolémée (v.

plus haut, p. 118), comme les vases eux-mêmes la rappellent par leur forme. Sur nos deux canthares, les principaux personnages sont un Centaure et une Centauresse. Sur l'un des vases, le centaure est enfant ; sur l'autre, il est barbu. (Fig. 69.)

8 et 9. **Une paire de canthares** bachiques, décorés de sujets exécutés au repoussé et par le même procédé que les vases nᵒˢ 7 et 8, garnis également à l'intérieur de cuvettes unies. La forme de ces vases est particulière ; évasés à l'orifice, ils vont jusqu'au pied en diminuant. Les bas-reliefs ont beaucoup de rapport avec ceux qui décorent les canthares précédents, non seulement par les sujets, mais aussi par le travail, qui indique sinon la même main, du moins le même atelier. On remarque une grande recherche de la symétrie dans la disposition des détails de l'ornementation. Le pied est décoré d'une guirlande de feuilles d'acanthe entremêlées d'iris. Les anses, d'une grande élégance, sont formées de deux pattes de cerf, réunies par un coquillage et une palmette.

10. **Gobelet des Jeux Isthmiques.** Ce *poculum* est orné de compositions au repoussé relatives à la victoire d'un athlète aux Jeux Isthmiques. L'athlète, qui paraît être le héros Corinthus, est nu, imberbe, debout, la tête ceinte d'une couronne de pin et tenant une palme ; devant Corinthus, la table des jeux. Neptune et Amphitrite, assis, président à son triomphe. Plus loin, la nymphe de la fontaine Pirène et Pégase s'abreuvant. Au second plan, l'acro-Corinthe avec le temple de Vénus armée.

11. **Grande phiale à godrons** en creux à l'intérieur, l'ombilic décoré d'un *emblema* exécuté au repoussé. Le sujet est Ariadne couronnée de lierre, endormie et couchée, dans une pose pleine de charme et d'abandon, sur la peau de lion d'Hercule, dont la

massue lui sert d'oreiller. L'arc et le carquois du dieu sont auprès d'elle, ainsi qu'un canthare bachique à deux anses, décoré d'une guirlande de lierre. Trois petits génies ailés endormis sont groupés autour de la Bacchante.

13 et 14. **Une paire de Canthares** sur lesquels sont figurées des scènes mantiques.

Canthare n° 13. *Première face*. Une magicienne à la physionomie inspirée, à demi nue, et assise sur un rocher, les plis de son voile agités par le vent de l'inspiration. Elle tient posé verticalement sur son genou un *volumen* roulé sur lequel elle étend la paume de la main droite d'un geste mystérieux et symbolique. Devant la Pythonisse se tient debout soit un magicien ou un astrologue, soit plutôt un solliciteur venu pour la consulter ; il tient le *lituus* mantique dont il pose l'extrémité inférieure sur la sphère astrologique. Dans le fond de la scène un grand cippe carré sur lequel sont posés une lyre et une colonnette surmontée de l'image de l'omphalos delphique. La surface du cippe est polie comme un miroir et l'on y distingue reflétée en minuscules proportions l'image de l'homme debout. Au pied de la magicienne, un cygne. Les attributs apollinaires que nous venons de signaler indiquent que la femme qui s'apprête à vaticiner est sans doute la Pythie delphique.

Deuxième face. Un devin, imberbe, assis sur un rocher, le torse nu, tenant un *volumen* et le *lituus*, paraît se livrer à une opération magique de concert avec une magicienne debout devant lui. Entre les deux personnages l'urne des sorts, au-dessus de laquelle la femme tient un rameau lustral. Dans le fond de la scène un grand cippe surmonté d'un masque.

Canthare n° 14. *Première face*. La Pythie prononce l'oracle. Assise sur un rocher, elle lit sententieuse-

ment le contenu du *volumen* qu'elle tient déroulé de
ses deux mains. Devant elle, un vieillard debout attentif à la lecture de l'oracle; appuyé sur un long bâton, il est enveloppé dans un vaste manteau rituel, il
a l'aspect d'un mendiant et d'un solliciteur. Entre le
vieillard et la Pythée, un grand cippe formant miroir,
sur la surface duquel se reflète la figure de la Pythonisse. (Fig. 70.)

Fig. 70.

Deuxième face. Jeune devin assis sur un trône, tenant
d'une main un *volumen* mystérieux sur lequel il appuie la paume de l'autre main. La magicienne est debout devant lui, attentive à son opération; elle est
drapée, le *lituus* sur son bras gauche. Sur la surface du
grand cippe qui forme le fond de la scène, on voit se
refléter en minuscules proportions l'image du devin.
7°. **Disque** ou plateau. L'ombilic est décoré d'un médaillon autour duquel est gravée en creux cette inscription dédicatoire : DEO. MERCVRIO. KANE-
TONNESSI. C. PROPERT. SECVNDVS. V. S. L.
M. Le sujet du médaillon, ciselé dans la masse, est

un cavalier échappant par la fuite à la poursuite de
deux animaux féroces, une lionne et un loup, qui
l'attaquent à la fois. Le bord, fort étroit, est chargé
de sujets symboliques, d'un relief assez peu saillant,
disposés avec symétrie : animaux divers, masques, autels, pedum, lyre, tympanum, vases.

16. **Patère** décorée d'un emblema au repoussé dont le
sujet est Mercure assis sur un rocher et tenant son
caducée ; à ses pieds, un bouc, une tortue, un coq et
un autel.

Dans la même vitrine, on a placé deux grands disques
d'argent qui ne proviennent pas de la trouvaille de
Berthouville. Ce sont les suivants :

2875. **Grand plateau d'argent** (*missorium*) décoré d'un
bas relief, représentant *Briséis rendue à Achille par
Agamemnon*. Achille assis, les pieds posés sur un
subsellium, tient de la main gauche sa lance, et de
l'autre fait un geste d'acquiescement au discours
d'Ulysse. Le roi d'Ithaque, vêtu d'une tunique courte,
coiffe du *pilos*, tient de la main gauche son épée dans
le fourreau, tandis qu'il met la droite sur sa poitrine
comme pour ajouter de la force à sa harangue. A la
droite du fils de Pelée s'avance Briséis conduite par
Antiloque. Derrière le siège d'Achille, deux rois grecs ;
le plus près d'Antiloque est Nestor son père, qui,
courbé par les ans, s'appuie sur un bâton ; le plus près
d'Ulysse est Diomède. A gauche d'Ulysse, deux guerriers grecs casqués et revêtus de leurs armures, tandis
que les chefs ont tous la tête nue. Celui qui est le plus
en vue, sans doute un héraut d'Agamemnon, tient une
longue trompette ; derrière lui, une table sur laquelle
sont placés un vase et les talents d'or indiqués par
Homère parmi les dons d'Agamemnon à Achille. A la
gauche d'Achille, et au-dessous de ce dernier groupe,
Phénix, son vieil ami et son mentor, assis sur une

pierre, se tenant le genou à deux mains. Au pied du siège d'Achille, des armes qui, sans doute, font partie des présents du Roi des rois. Le fond de la composition est occupé par un édifice à trois portiques, au milieu duquel paraît un personnage dominant toute la scène; c'est Agamemnon, qui ordonne la remise de ses présents et la restitution de Briséis à Achille. Le plateau est muni d'un pied circulaire peu élevé. Traces de dorure. Diam : 70 cent. Poids 10 kilog. 300 Ce plateau de table, de la basse époque romaine, a été trouvé dans le Rhône, non loin d'Avignon, en 1656; les anciens antiquaires le désignèrent longtemps sous le nom de *Bouclier de Scipion*, parce qu'on croyait y reconnaître l'anecdote bien connue de Scipion l'Africain rendant à son mari une jeune captive que les soldats romains avaient amenée à leur général

2875. **Grand plateau d'argent** (*missorium*) dénommé autrefois *Bouclier d'Annibal*. Il est décoré d'un médaillon central entouré de rayons allant jusqu'au bord. Dans ce médaillon, un lion au pied d'un palmier. En exergue, une patte de chèvre. Découvert en 1714 par un fermier de la terre du Passage, en Dauphiné, ce plateau fut acquis par Gros de Boze en 1730, pour le Cabinet du Roi; on y voyait alors un travail carthaginois, d'où l'idée que ce monument « pouvoit bien avoir appartenu à Annibal et estre une offrande qu'il auroit faite, après son passage du Rhône, à quelque divinité des environs » C'est, en réalité, un plateau de table du VIe siècle de notre ère. Au revers on remarque deux *graffiti*; l'un est la mention du poids : *XXXIII libræ*; l'autre est un groupe composé de onze grands caractères cursifs d'écriture mérovingienne, entre deux croix : + AGNERICO SOM + On est fort tenté de reconnaître ici le nom du patrice

Agnéricus, gouverneur du pays de Vienne (Dauphiné) vers le commencement du VIIᵉ siècle.

ARMOIRES-VITRINES III ET IV.

1. — *Monuments d'argent*

2876. **Disque** ou plateau de bronze, plaqué d'argent : l'ombilic est décoré d'un *emblema* estampé, dont le sujet est le combat d'un cavalier (peut-être un empereur) avec une bête féroce. La Victoire apporte au vainqueur une couronne. Sur le bord extérieur, combats d'animaux, masques et attributs bachiques, en relief.

2875 *bis*. **Grand plateau d'argent** *(missorium)* orné d'un bas-relief représentant *Hercule jeune étouffant le lion de Némée*. Basse époque romaine. Ce plateau a fait partie de la collection du marquis Carlo Trivulzio († 1789) à Milan. Acquis à la vente de la collection Eugène Piot, en 1890.

2875 *ter*. **Grand plateau d'argent** *(missorium)*. Au centre, un astre rayonnant, inscrit dans un bandeau annulaire qui porte la légende suivante : + GEILAMIR REX VANDALORVM ET ALANORVM. Pied annulaire. Diam. 50 cent. Poids. 3ᵏ. 630. Ce monument a été trouvé le 20 janvier 1875, avec le suivant (nᵒ 2875 4) et quelques autres objets, dans la vallée de Feltre, province de Bellune, au-dessus du village d'Arten. Le dernier roi des Vandales et des Alains, Geilamir, dont le nom, inscrit sur ce plateau, lui donne toute son importance, régna de 530 à 534. Acquis à la vente de la collection du baron Jérôme Pichon en 1897.

2875 4. **Plateau d'argent** *(missorium)*. Le sujet représente les *Amours de Vénus et Adonis*. Adonis, s'appuie sur un épieu de chasse ; son chien est assis derrière lui. Vénus tient une fleur ; un amour est à ses pieds.

Diam. 29 cent. Poids, 853 gr. Trouvé avec le *misso-rium* précédent, dans la vallée de Feltre et acquis à la vente de la collection Pichon, en 1897.

2. — Bronzes antiques

3. **Jupiter** nu, debout, tenant le foudre. Excellent travail romain.

40. **Junon** debout, diadémée ; elle tenait une patère et une pyxide à parfums. — 50. **Junon** voilée, debout.

Fig. 71.

— 54. **Hera** portant une œnochoé et des fruits sur un plateau ; sa tête est surmontée d'un haut stéphanos ; un long voile descend sur ses épaules, et elle est vêtue d'un chiton talaire et d'un ample diploïdion. Figure d'applique, de style archaïsant.

64. **Oceanos** debout, barbu ; au-dessus de ses tempes émergent des pinces de homard ; une légère draperie est sur son bras gauche. Les attributs de ses mains ont disparu

(Fig. 71). — 98. **Apollon** nu, debout; sur la jambe
droite, on lit en caractères grecs archaïques : Καφι-
σοδωρος Αισκλαδιω (Céphisodore, à Esculape). — 101.
Apollon nu, debout (dit *Apollon de Ferrare*); sa
tête est ceinte d'une couronne de laurier et il a au cou
un collier auquel sont suspendues cinq bulles; au bras
gauche, un bracelet
aussi orné de bulles.
Sur la jambe, une in-
scription étrusque en
deux lignes. Conservée
au xvie siècle dans la
bibliothèque des ducs
de Ferrare, cette sta-
tuette étrusque passa
dans le cabinet de
Thoms, et à la mort de
cet amateur célèbre,
vers 1730, elle fut ac-
quise pour le Cabinet
du Roi. (Fig. 72.) —
103. **Apollon** nu, de-
bout. Bon style gréco-
romain. Legs Marcot-
te-Genlis, 1867.
129. **Diane Lucifère**, en
marche. Elle est vêtue
du chiton dorien rele-
vé et serré à la taille;

Fig. 72.

un carquois en sautoir sur ses épaules; des deux mains
elle tient un flambeau incliné. Travail romain.
176. **Mars** ou **Arès** combattant; de la main droite levée
il brandissait un javelot qui a disparu; il est casqué,
cuirassé et porte le bouclier au bras gauche. Ancien
style grec. — 251. **Venus, l'Amour et Priape**. Base

cylindrique à moulure. Groupe trouvé à Reims en 1878.
— 267. **L'Amour** fuyant. Excellent style et gracieux mouvement.

313. **Hermès criophore** debout tenant un bélier sous son bras ; il est coiffé du pilos, vêtu d'une tunique et d'un manteau court. Style grec archaïque ; réplique de l'Hermès d'Onatas, à Olympie, décrit par Pausanias. — 315. **Mercure** à demi nu, debout, sa chlamyde sur l'épaule gauche ; il tenait une bourse et un caducée qui ont disparu. Bon style gréco-romain. Cette statuette importante, réplique de l'Hermès de Polyclète, a été trouvée à Limoges en 1841. — 326. **Mercure** nu, debout, coiffé du pétase ailé et tenant le caducée. Statuette trouvée à Arles en 1847. — 353. **Mercure** debout entre un coq et une chèvre. Travail gallo-romain. Trouvé dans les environs de Langres et donné par Prosper Dupré, en 1835. — 363. **Buste de Mercure**, entouré des divinités du Capitole, et orné de clochettes. Ce buste est coiffé du pétase à ailerons et placé entre deux cornes d'abondance masquées par deux longues feuilles d'acanthe. Un buste de Jupiter est appliqué en haut relief au milieu de la poitrine de Mercure ; au-dessus des cornes d'abondance, les bustes de Junon et de Minerve. Sept petites clochettes (*tintinnabula*) sont suspendues par des chaînettes à ce curieux monument qui paraît avoir été un ex-voto dans un temple de Mercure. Trouvé à Orange et acquis en 1834. — 367. **Bacchus** imberbe debout, nu, les cheveux répandus sur le cou ; manquent les pieds et les bras. Bon style hellénistique ; cette statuette paraît dérivée d'un type de Dionysos imberbe et efféminé, créé par Praxitèle. — 377. **Silène** à demi nu, debout, sa nébride sur le dos. Statuette importante par ses dimensions et son bon style gréco-romain. Patine noirâtre avec taches vertes, rappelant les bronzes d'Her-

culanum. — 410. **Satyre** nu, debout, avec une barbe en pointe et des oreilles de cheval ; ses pieds manquent. Style grec archaïque. — 416. **Satyre** nu, debout, avec une longue barbe et des oreilles de cheval. De la main droite il tient un thyrse dont l'extrémité s'appuie sous son aisselle et qui lui sert de béquille ; sa jambe gauche seule pose à terre. Ancien style grec. — 426. **Satyre** nu, dansant ; il est barbu et a des oreilles de cheval ; les attributs de ses mains ont disparu. Réplique libre du Marsyas de Myron. Excellent style gréco-romain. (Fig. 73.) — 427. **Jeune Satyre** debout, portant une panthère sur ses épaules. — 428. **Satyre ou jeune Pan**

Fig. 73.

debout, tenant une syrinx. Son attitude rappelle le Doryphore de Polyclète. (Fig. 74.)

517. **Héraclès** nu, debout, imberbe, les cheveux longs et nattés ; il brandissait une massue ou un javelot. Statuette d'ancien style grec. — 549. **Hercule** tenant les pommes du Jardin des Hespérides ; il est imberbe et nu, la tête ceinte d'une torsade. Importante statuette de style hellénistique, dont la pose est inspirée du Doryphore de Polyclète. — 565. **Hercule** *bibax*, debout, tenant un canthare, la peau de lion sur les épaules.

598, **Esculape** debout, vêtu d'une chlamyde qui laisse la poitrine à découvert; de la main droite, il tient un *volumen*; le bâton sur lequel il s'appuyait de la main gauche a disparu. Trouvé à Reims en 1878. — 624.

Démos ou Génie de ville masculin, assis sur un rocher; il a une couronne de tours et il tient une corne d'abondance Travail romain.

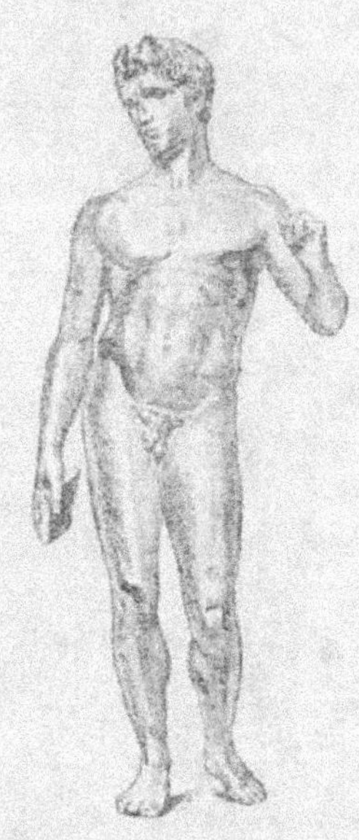

Fig. 74.

689. **Epona** assise sur une cavale accompagnée de son poulain; la déesse est diadémée, le buste nu, les jambes enveloppées dans une draperie; de la main gauche elle tenait les rênes du cheval et, de la droite, une patère ou des fruits. Le groupe est posé sur une haute base carrée avec un ressaut ou plate-forme dans laquelle a été pratiquée une entaille permettant d'y introduire les pièces de monnaie offertes à la déesse (comme dans un tronc d'église). Travail gallo-romain. Ce précieux monument a été trouvé le 1ᵉʳ juillet 1860 au hameau de la Sarrazine, commune de Loisia (Jura). Don Prosper Dupré, 1860 (Fig. 75.).

695. **Dispater**, debout; la main gauche levée s'appuyait sur un maillet à long manche; la main droite tient l'*olla*; le dieu gaulois est vêtu de la *caracalle* à manches longues et étroites, fendue du haut en bas sur le devant et serrée à la taille par une ceinture. Travail gallo-romain. Trouvé à Lyon au xviiiᵉ siècle. — 702.

Hypnos, debout, nu, la figure juvénile, des ailerons aux tempes; il tenait vraisemblablement un rhyton et des pavots. Époque romaine. — 709. **Tête de Méduse**, le visage contracté, les cheveux entremêlés de serpents. Bon style hellénistique.

802. **Cephale** assis sur un rocher. Figure d'applique en

Fig. 75.

demi-ronde bosse, d'une admirable souplesse de mouvement. Excellent style grec (Fig. 76). — 809. **Ulysse** debout, barbu, coiffé du *pileus*, vêtu d'une tunique (*exomis*) agrafée sur l'épaule. — 814 **Héros grec**, nu, debout, casqué (Achille ou Thésée?) Style hellénistique. — 815. **Héros grec** combattant (Achille ou Thésée?); il est nu, avec une barbe naissante, casqué, les jambes écartées, le corps penché en avant. La main droite tenait un glaive et la gauche un bou

Fig. 78.

clier. Travail excellent de l'époque hellénistique. Trouvé près de Vienne en Dauphiné, en 1823, et légué par le duc de Blacas, en 1866 (Fig. 77). — 816. **Tête de héros grec,** casqué (Achille ?). — 817. **Tête voilée d'Achille** (?). — 855. **Buste d'un Romain inconnu.**

882. **Victimaire** tenant la hache; le torse nu, vêtu seulement d'une sorte de jupon ou *limus.* — 916. **Athlète** debout; il a les traits d'un adolescent, nu,

imberbe, avec de longs cheveux qui rappellent la chevelure du tireur d'épine du Capitole. Du bras gauche baissé, étendu verticalement, l'épaule relevée, la main repliée et contractée, il paraît essayer le poids du disque qu'il va lancer. Son bras gauche est ramené en arrière, le revers de la main appuyé sur la hanche. Excellent style grec; patine détériorée (Fig. 78.). — 937. **Athlète** ou **Bateleur** marchant sur la pointe des pieds. Style étrusque. — 1010. **Esclave éthiopien** debout, vêtu d'une tunique courte. — 1032. **Jeune éphèbe** debout, les cheveux partagés au milieu du front, vêtu d'une courte chlamyde nouée sur l'épaule droite. Style grec. — 1045. **Canéphore grecque**

debout; ses bras manquent. Ses cheveux sont partagés au milieu du front; son costume consiste en un
chiton talaire serré à la taille par une ceinture, et
une diplois agrafée sur les deux épaules. Incrusta-

Fig. 77.

tions d'argent aux yeux et sur les seins. Style archaïsant : remarquable copie d'une œuvre grecque du
vᵉ siècle, exécutée vers le temps d'Auguste (Fig. 79).
1287. *Miroir étrusque* (Fig. 80). **Hercule présentant**

**Eros à Jupiter ; Hélène et Agamemnon à Leucé ;
Déesse du sort**. *Registre supérieur :* Jupiter (*Tinia*),
diadémé, assis sur un trône, les pieds sur un escabeau
soutenu par deux sphinx ; il a le torse nu, les jambes
enveloppées dans une chlamyde ; de la main gauche
il tient un foudre. Devant lui, Hercule (*Hercle*), diadémé, imberbe, est debout, nu, tenant sa massue ;

Fig. 78.   Fig. 79.

sur son bras il porte Eros ailé, *Epeur*, qu'il présente
à Jupiter. A chaque extrémité de la composition,
une déesse assise sur un trône. Celle qui est derrière
Jupiter est *Talna*, diadémée, portant un collier de
perles et un bracelet ; un péplos couvre ses jambes,
laissant le torse à découvert ; un cygne est aux pieds
de la déesse. Celle qui est derrière Hercule est la

Vénus étrusque ordinaire, appelée *Turan*. Son torse
est nu, et un péplos couvre ses jambes. De la main
droite elle s'appuie sur un long sceptre surmonté
d'une grenade. Une branche de myrte est à ses pieds.
— *Deuxième registre*. Au centre, Hélène (*Elanae*),

Fig. 80

reconnaissable à son riche costume phrygien, est
assise sur un trône. Comme reine de l'île de Leucé,
elle présente la main droite à Agamemnon (*Achmem-
run*), qui arrive dans le séjour réservé aux ombres
des héros; le roi de Mycènes, barbu, a la tête enveloppée dans un linceul; son torse est nu, et ses jambes

sont enveloppées d'une draperie brodée. Ménélas (*Menle*), est à côté de lui, imberbe, n'ayant pour tout vêtement qu'une chlamyde qui laisse à nu presque tout son corps ; il s'appuie sur sa lance et tient une phiale. Pâris-Alexandre (*Elchsntre*), imberbe, est devant Hélène ; il tient sa lance de la main droite et paraît s'entretenir avec une Lasa ailée (*Méan*) qui lui présente une bandelette ; à ses pieds, une biche. Derrière Méan, se tient Memnon ou Ajax (*Aryas*), nu, imberbe, coiffé du bonnet phrygien, portant la main gauche à son bonnet. Derrière Agamemnon, une autre Lasa appelée *Lasa Thimrae*, tournant le dos à la scène ; elle tient un vase à parfums et une sorte de stylet. — *Troisième registre*. Une Lasa ailée dont le nom est *Lasa Racuneta*, est couchée au-dessus du calice d'une fleur d'où elle semble sortir ; de la main gauche elle tient un vase à parfums, et de la droite une sorte de stylet. — 1288 *Miroir étrusque*. **Minerve, Hercule et Iolaos.** Figures en relief avec incrustations d'or (diadème et collier de Minerve) ou d'argent (détails de la cuirasse, du carquois et de l'arc d'Hercule, de l'égide et de la robe de Minerve, de la chlamyde d'Iolaos, etc...)

1354. *Miroir grec* à relief, avec sa boîte. **Apollon et Artemis. Eros et Niké.** Le miroir proprement dit montre Apollon assis sur un rocher. Il est lauré et vêtu d'une robe longue, ornée de broderies ; il tient la lyre et le plectrum. Devant lui, Artémis chasseresse debout, descendant de la montagne, le carquois sur l'épaule, vêtue d'un court chiton serré à la taille et chaussée de brodequins. Son bras droit levé s'appuie sur une lance. Les figures sont argentées. — La boîte qui forme le couvercle est ornée de deux figures d'applique, Eros et Niké.

3. — *Vases peints et terres cuites.*

4908. **Lécythe** blanc attique; peinture au trait rouge.
Un personnage barbu et une femme se rencontrent à
un tombeau représenté par une stèle surmontée d'une
palmette; la femme est enveloppée dans un ample
himation, l'homme est barbu, le corps nu, une courte

Fig. 81.

chlamyde jetée sur le haut du bâton sur lequel il
s'appuie. Dessin d'une remarquable pureté de lignes.

Grand vase en terre cuite jaunâtre, de fabrique
gallo-romaine. La panse est ornée de sept bustes en
relief qui représentent les divinités gauloises des
jours de la semaine. L'un d'eux a trois têtes barbues,
celle du centre munies de petites cornes. Trouvé à
Bavay (Nord) au xviiie siècle (Fig. 81).

Sirène ou Harpye étrusque, figure d'applique trouvée

dans un tombeau de Vulci ; elle a la forme d'un oiseau à tête de femme ; les bras se détachent en relief sur les ailes à demi éployées ; ses pattes d'oiseau sont ramenées sous le ventre et sa queue est en éventail. Elle est coloriée en blanc, rouge et noir. Style étrusque, archaïque.

Deux vases donnés, en 1899, par les fils d'Ernest Beulé, en souvenir de leur père. L'un est une urne funéraire en verre, encore munie de son couvercle, que E. Beulé a trouvée dans un tombeau découvert par lui sur la colline de Byrsa, à Carthage, en 1859. L'autre, en terre cuite vernissée, est célèbre sous le nom de *Vase de Bérénice* ; on y voit la reine Bérénice elle-même, désignée par son nom gravé dans le champ, sacrifiant sur un autel. Il s'agit de Bérénice, femme de Ptolémée III, dont une constellation rappelle encore le nom.

Tibère. Buste, la tête nue. Porcelaine bleue d'Égypte.
Livie. Buste avec la coiffure d'Isis. Porcelaine bleue d'Égypte.
Tanit, déesse de Carthage. Masque en terre cuite trouvé à Carthage en 1884 (Mission S. Reinach et E. Babelon.).

ARMOIRES-VITRINES V ET VI.

Vases peints.

186. **Aryballe** à figures brunes, de style primitif, trouvée à Cervetri en 1869. *Iliupersis*. Les Grecs sortant du cheval de bois et combattant les Troyens. Inscriptions à la pointe.
253. **Hydrie** à peintures noires, trouvée à Vulci et re-

présentant les noces d'Héraclès et d'Hébé, Héraclès
descend de son quadrige, conduit par Iolaos ; les
trois déesses Athéna, Hébé et Hera, se présentent à sa
rencontre.

255. **Hydrie** de style attique, à figures noires. Hercule
combattant Nérée ; de chaque côté du groupe, une
Néréide dont le geste exprime l'effroi.

232. **Amphore** à figures rouges. Protésilas et Palamède
assis en présence d'Athéna et jouant aux dés.

510. **Pinax** (*plat*) à figure rouge représentant un personnage nu, portant un scyphos et, sur l'épaule, un
bâton noueux auquel est suspendue sa chlamyde.
Dans le champ, le nom de l'artiste *Epictetos*.

189. **Cylix** à figures noires, trouvée à Vulci et célèbre
sous le nom de *Coupe d'Arcésilas* (Fig. 82). Sur le
pont d'un navire dont on voit les voiles et les cordages, le roi cyrénéen Arcésilas, assis sur un trône, préside à un marché de silphium ; son nom ΑΡΚΕΣΙΛΑΣ
est à côté de lui. Il est coiffé d'un pétase à bords plats
surmonté d'une fleur de lotus ; les boucles de ses
longs cheveux descendent sur son dos ; il porte une
barbe pointue, comme les figures de l'art grec archaïque. Sa robe de laine blanche, sans manches, dépasse
à peine sous son grand péplos rouge chargé de broderies ; il étend la main droite en déployant l'index, et
de la gauche, il tient un sceptre surmonté d'un fleuron. Sous le trône est accroupi un chatpard avec un
collier au cou ; un grand lézard grimpe par derrière.
Voici la scène qui se passe sous les yeux du roi. A
une poutre horizontale est suspendue une balance
dont le nom est écrit ΣΟΜΘΑ, (σΤΑΘΜΟΣ). Sur la
poutre, un singe ; derrière le singe, un pigeon qui
prend son vol ; devant le singe un autre pigeon. Une
cigogne et un troisième pigeon accourent en volant
pour recueillir, eux aussi, les grains échappés des

sacs. Le fléau de la balance est fixé à la poutre par
des cordages et une cheville passée dans un anneau.
Les plateaux, très vastes, sont chargés d'une matière
floconneuse comme la laine. Point d'aiguille surmontant le fléau ; c'est à l'inspection approximative qu'on
juge d'une bonne pesée. Point de poids non plus ; on

Fig. 82.

se contente de mettre dans chaque plateau une charge
égale, comme s'il s'agissait d'un partage. Le personnage qui s'entretient avec le roi est en partie dissi-
mulé par un des plateaux ; ses cheveux sont liés par
un bandeau ; il est imberbe et nu, sauf une tunique
qui le couvre depuis la taille jusqu'aux cuisses ; son

nom est ΙΟΦΟΡΤΟΣ, « l'écuyer porteur des flèches. »
Plus loin, un homme barbu prête une attention particulière au plateau de la balance ; il porte dans le
pan de son vêtement une certaine quantité de silphium
et il s'apprête à en mettre ou à en retrancher pour
atteindre l'équilibre parfait. Un tas de matière non
pesée est à ses pieds. Un serviteur, ΙΡΜΟΦΟΡΟΣ, « le
porteur de sac tressé », a sur son épaule un sac plein.
Deux personnages, enfin, complètent la scène et entassent le silphium dans un sac posé à terre ; ils regardent le fléau de la balance pour s'assurer que l'on a
bien pesé. Celui qui est debout s'appelle ΣΑΙΦΟΜΑΦΟΣ
(pour σιλφομαφος) « le préparateur du silphium » ; au-
dessus de son compagnon on lit ΟΧΥΡΟ en légende
rétrograde (peut-être pour ὀρύχω, extraham ?). La
partie inférieure est occupée par un grand magasin
voûté où des portefaix entassent les sacs. A l'entrée,
le gardien, ΦΥΛΛΚΟΣ, se tient accroupi à l'orientale ;
à côte de l'un des porteurs de sacs, qui marchent à
pas précipités, on lit ΜΑΕΝ, qu'on a essayé d'interpréter par ἅμα ἰν, simul in (eamus). — Le silphium
était, on le sait, le produit par excellence de la Cyrénaïque qui en faisait un grand commerce d'exporta-
tion C'est l'emblème national des Cyrénéens ; on le
voit figurer sur presque toutes leurs monnaies, en
tige, en feuilles ou en grains. Ils en retiraient un suc
qu'ils préparaient avec de la farine d'après une formule enseignée par le dieu Aristée ; c'était, disait on,
un remède infaillible contre le poison et les morsures
des serpents, des scorpions et des chiens enragés.
Aristophane et Théophraste, aussi bien que Pline et
Dioscorides, parlent du silphium comme d'une pana-
cée universelle ; la graine servait pour assaisonner les
aliments, et la racine se mangeait en salade, apprêtée
au vinaigre. A Delphes, parmi les dons sacrés, se

trouvait une tige de silphium envoyée par un roi de
la Pentapole cyrénéenne. A Rome, le silphium était
précieusement renfermé dans le trésor de l'État. —
Quel est cet Arcésilas en l'honneur de qui la cylix a été
peinte? La Cyrénaïque compte quatre princes de ce
nom, appartenant tous à la dynastie fondée par Battus
vers l'an 640. Il s'agit ici, vraisemblablement, d'Arcésilas IV, le dernier des Battiades, qui mourut assassiné en 450, après un règne prospère. Il noua les
relations commerciales les plus actives avec les Grecs
de Cypre, de la Crète, de Rhodes, de Samos, et avec
les Tyrrhéniens, dont les flottes sillonnaient alors la
Méditerranée. En 466, il prit part aux jeux Pythiques
célébrés à Olympie et il remporta le prix de la course
des chars : Pindare a chanté son triomphe. Ce prince
a dû être aussi célèbre par les artistes, et l'on peut
conjecturer que c'est lui qui figure sur notre vase.
Quoi qu'il en soit, nous sommes en présence d'un
tableau qui n'est point, comme ceux qu'on rencontre
sur presque tous les vases antiques, une représentation mythologique ; c'est un épisode de la vie journa-
lière et commerciale des anciens Cyrénéens, analogue
à certaines scènes des hypogées pharaoniques. — Cette
magnifique cylix est non moins remarquable par sa
fabrication, par les procédés techniques auxquels l'artiste a eu recours, et par l'originalité de son style.
Une fois que le céramiste en eut façonné au tour les
parois si minces, et aujourd'hui si fragiles, elle a été
enduite complètement d'un engobe blanchâtre, puis
on a peint la scène et les ornements qui l'environnent
en appliquant seulement trois couleurs : blanc, rouge
violet et noir brun. Alors le vase fut soumis à la cuisson ; après quoi, l'artiste a dessiné au trait, à la pointe
sèche les principaux contours des figures, afin de les
faire ressortir davantage, surtout aux endroits où des

objets différents, mais de même teinte, se trouvent en
contact.

190. **Cylix** à figures noires. Polyphème dévorant un
des compagnons d'Ulysse. Le Cyclope, assis sur un
rocher, tient dans ses mains les jambes du héros qu'il
a dévoré; Ulysse, debout, lui présente à boire; en
même temps, le rusé roi d'Ithaque, assisté de ses trois
compagnons, dirige sur l'œil unique de Poliphème
le pieu aiguisé qu'il a préparé. Au-dessus des Grecs,
un long serpent; à l'exergue, un poisson s'approchant
d'un appat.

319. **Grande cylix** signée de *Nicosthènes*; à l'intérieur
un médaillon orné d'une tête de Gorgone.

920. **Cratère etrusque.** Peintures rouges. Ajax immolant un Troyen, en présence de Charon. ᴙ. Le Charon
étrusque avec Penthésilée et deux de ses compa-
gnes.

977. **Hydrie** lucanienne à figures rouges rehaussées de
peinture blanche. Myrtile, aurige d'Œnomaos, se donnant la mort devant l'attelage brisé par sa trahison.

ARMOIRE-VITRINE VII

**Épée d'honneur des grands maîtres de l'ordre de
Malte**, dite *Épée de la Victoire* (Fig. 83.) La poignée
en or émaillé et ciselé est un des plus remarquables
monuments de l'orfèvrerie allemande de la seconde
moitié du xvɪᵉ siècle. Autour du pommeau, quatre
têtes de lion sont posées sur des arceaux découpés à
jour et séparés par des fleurs et des enroulements symétriques. La fusée, de forme légèrement ovoïde, se
divise en trois zones. Au centre, un médaillon dans
lequel est la tête laurée de l'empereur Titus; en pendant, sur l'autre plat, un médaillon semblable, avec la
tête de Faustine la mère. Les deux autres zones sont

décorées, sur chaque face, d'une petite tête d'homme
encadrée dans des rinceaux d'émail. Les côtés de la
fusée sont également symétriques : au milieu, un
mascaron dans des rubans d'or, des festons et des
entrelacs. La garde est formée d'une armature très
compliquée. Sur le plat extérieur, un médaillon, repré-

Fig. 85

sentant une tête de femme de trois quarts, est serti
dans un cadre formé de quatre volutes en émail blanc.
Tout le reste de la croisée est orné de rinceaux, de
fleurs, de graines semées dans les enroulements mul-
ticolores ciselés et évidés. Aux quillons est adaptée
une armature, recourbée en arc de cercle, qui s'appli-

que sur les deux côtés de la lame, et une coquille fixe qui fait saillie en fer à cheval perpendiculairement à la fusée. Le plat intérieur de la garde présente un médaillon avec la tête de Jules César, de trois quarts. Cette magnifique épée de cérémonie a été exécutée par Hans Muelich qui, dans la seconde moitié du XVIe siècle, exerçait à Augsbourg la double profession de peintre et d'orfèvre. Donnée à l'Ordre de Malte par Philippe II roi d'Espagne (1554-1598) *l'épée de la Victoire* fut remise au général Bonaparte après la prise de Malte en 1798. Bonaparte l'envoya au Directoire pour être déposée au Cabinet des Médailles. (Le poignard est au Louvre.)

Fig. 84.

Au-dessus de l'Épée de la Victoire, **grand médaillon de marbre**, représentant en haut-relief le buste d'une jeune fille, se détachant sur fond bleu clair; les cheveux, les bijoux et divers ornements sont dorés. Au revers, la signature de Mino de Fiésole : OPUS MINI (Fig. 84).

Diptyques consulaires romains et byzantins.

Les *diptyques consulaires* étaient de doubles tablettes
d'ivoire que les consuls distribuaient aux sénateurs en
entrant en charge comme nous l'apprennent les inscriptions des diptyques eux-mêmes. Ces tablettes renfermaient le registre des fastes consulaires depuis L. Junius Brutus jusqu'au consul qui en faisait le présent.
Ce dernier y était figuré avec ses noms et ses titres,
et le plus souvent, en outre, avec une représentation
des jeux célébrés à ses dépens, ainsi que de ses larges-
ses au peuple. Ces monuments fort rares fournissent
ainsi les plus précieux renseignements sur la chrono-
logie de la dernière période de l'histoire romaine.

40. **Diptyque d'Anastasius**, consul en 516, provenant
de la cathédrale de Bourges (Fig. 85.). — Feuille de
droite : ✝ FL. ANASTASIVS PAVLVS PROBVS
SABINIAN POMPEIVS ANASTASIVS ✝ Au cen-
tre, le consul Anastasius assis sur la chaise curule et
agitant la *mappa circensis* pour donner le signal des
jeux. Au-dessus, deux génies portant des guirlandes
et trois médaillons ornés chacun d'un buste de face.
En bas, scènes de jeux et combats du cirque. — Feuille
de gauche : ✝ VIR INL. COM. DOMESTIC. EQVIT.
ET CONS. ORDIN. ✝ Le consul assis, surmonté
également de deux génies et des trois médaillons. En
bas, deux chevaux de courses, conduits par la bride,
et des scènes théâtrales. La face postérieure de ce diptyque porte une liste, en grande partie fruste, des
évêques de Bourges, écrite au XIIᵉ siècle.

41. **Diptyque de Flavius Félix**, consul en l'an 428.
Le consul est debout dans sa loge des jeux dont les
rideaux sont relevés ; il a la tête nue et porte la tunique de dessous sans ornements (*subarmalis profun-*

dus), la tunique de dessus richement brodée (*tunica palmata*) et la *trabea*, ancienne robe prétexte, rétrécie jusqu'à devenir une sorte d'écharpe. Il porte les chaussures patriciennes (*calcei aurati*). De la main gau-

Fig. 83.

che, il tient un long sceptre surmonté d'un globe et des bustes des empereurs régnants, Valentinien III et Théodose II. La main droite est placée sur la poitrine. On lit sur la frise de la loge, en creux : FL. FELICIS. V. C. COM. AC. MAG. (*Flavii Felecis, viri consula-*

ris, comitis ac magistri... Le reste de l'inscription se
continuait sur la seconde feuille d'ivoire qui a disparu).
Provient du Trésor de l'abbaye de Saint-Junien de
Limoges.

43. **Diptyque de Flavius Theodorus Filoxenus Sotericus**, consul en 525, avec inscriptions grecques et
latines. Les deux feuilles de ce diptyque sont encore
réunies dans leur ancien encadrement en bois plaqué
d'argent. Donné à l'abbaye de Saint Corneille de
Compiègne, par Charles le Chauve, et transféré au
Cabinet des Médailles en 1792.

46. **Triptyque byzantin**. Le tableau principal, ou partie
du milieu, représente Constantin le Grand et sainte
Hélène, sa mère, en prières au pied du Christ en croix.
Au pied de la croix, la sainte Vierge et saint Jean, debout. Au-dessus de la tête du Christ le soleil et la
lune et les archanges Michel et Gabriel vus à mi corps.
Tous les personnages sont nimbés; l'empereur et sa
mère sont revêtus des habits impériaux et ont la couronne en tête. Sur les volets les bustes de saints,
nimbés, accompagnés de leurs noms : saint Pierre et
saint Paul, saint Pantaléon et saint Étienne, saint Nicolas et saint Jean Chrysostome, saint Damien et
Saint Côme. Très important monument d'ivoire.

D'autres diptyques et triptyques sont répartis dans les
Vitrines VII, VIII et IX.

Bronzes du moyen âge et de la Renaissance.

1. **Buste d'enfant**, sans cheveux, avec boucles d'oreilles,
les yeux incrustés d'argent, la prunelle figurée par une
opale.

3. **Berger** jouant de la syrinx, par Riccio (?).

5. **Cléopâtre** assise sur un tronc d'arbre et se faisant
mordre le sein par un serpent.

6. **Harpocrate**. — 10. **Faune** nu debout, le pedum (brisé) dans la main droite. Grande statuette.

13. Copie en réduction de la statue équestre de **Marc Aurèle** au Capitole.

26. **Jeune femme debout**, portant un panier ; col droit évasé, corsage lacé par devant, jupe courte. Élégante statuette.

27. **Homme barbu debout**, coiffé d'un bonnet à trois cornes, vêtu de haut-de-chausses et d'un justaucorps à manches évasées. Statuette du moyen âge.

31. **Satyre agenouillé**, tenant un bassin. Travail de l'École de Padoue.

34. **Homme sauvage** barbu, vêtu d'un justaucorps collant, ceinture au dessus de la taille. Bronze ciselé. Moyen âge.

35. **Femme debout, coiffée d'un turban**, chaussée de souliers à la poulaine, tenant une écharpe, le corsage échancré en pointe sur la poitrine. Statuette du moyen âge.

36. **Homme imberbe debout**, vêtu de chausses collantes, d'un justaucorps à gros boutons, serré à la taille par une ceinture ; il lève le bras droit et porte la main gauche à sa ceinture. Curieuse statuette médiévale de grandes dimensions.

Monuments divers.

37. **Coupe en émail** de Limoges, signée de Jean Courtois ; le sujet est l'arche de Noé.

53. **Plat en faïence italienne**. Hercule enfant étranglant les serpents.

55. Statuette de **Neptune**, en marbre.

54. **Bas-relief** en marbre attribué à Ligier Richier, et dont le sujet est Jésus Christ accueillant les petits enfants.

47 à 52. **Oliphants** d'ivoire décorés de scènes de chasse, de divers animaux réels ou fantastiques, de rinceaux et festons.

ARMOIRE-VITRINE VIII

Diptyques et triptyques en ivoire.

24. **Feuillet d'un diptytique consulaire** de Rufius Achillius Sividius. Provient du couvent de Geronde (Valais).

25. **Diptyque de Flavius Petrus Sabbatus Justinianus**, consul en 516. Au centre, on lit le vers latin : *Munera parva quidem pretio sed honoribus alma*. Au revers, des litanies pieuses écrites à l'encre avec notations musicales en neumes, de l'époque carolingienne.

1. **Triptyque byzantin**. *Partie centrale*. Couverture de l'Évangéliaire de Saint-Jean de Besançon. Sur cette tablette célèbre, on voit Jésus-Christ debout sur un piédestal élevé sur une base sur laquelle sont placés l'empereur Romain IV et l'impératrice Eudocie. Le Seigneur place la couronne impériale sur la tête de chacun des deux époux, qui sont revêtus des habits impériaux et nimbés. Le nom du Sauveur est écrit en abrégé par les signes ordinaires : IC XP. Au-dessus de la tête de l'empereur Romain IV, on lit : PΩMANOC BACIΛEYC PΩMAIΩN. Au-dessus de la tête de l'impératrice : EΛΔOKIA BACIAIC PΩMAION. L'Évangéliaire auquel cette précieuse tablette d'ivoire servait de couverture, fut conservé dans le Trésor de la cathédrale de Besançon jusqu'à la Révolution.

Pièces de Jeux d'échecs (n°s 2 à 19).

Ces pièces de Jeux d'échecs en ivoire, fort curieuses, n'ont point de rapport, comme style, avec la Pièce de

l'Echiquier de Charlemagne, exposée dans la grande vitrine centrale. Toutefois, comme cette dernière, elles
proviennent, pour la plupart, du Trésor de Saint-Denis.
Ce sont des *rois, reines, cavaliers, pions, fantassins*,
ayant appartenu à des jeux divers fabriqués en Occident
vers les xiie et xiiie siècles par des ivoiriers fort inférieurs
au sculpteur hindou. L'une des plus curieuses pièces représente un roi assis sous un dais; deux valets écartent
la draperie de chaque côté de lui. Le toit plat de l'édicule sous lequel il trône est surmonté de créneaux. La
partie postérieure a la forme d'une abside semi-circulaire
et à claire-voie avec d'élégantes colonnes géminées, des
chapiteaux et des arades de style roman. Une autre
pièce représente une reine assise sous un dais gothique,
les pieds sur un escabeau ; elle a une couronne ornée de
pierreries et elle tient un globe. Deux dames d'atours
écartent les rideaux. Sur un toit, à chaque angle, un
homme d'armes. Des feuilles de chêne, des rinceaux, des
enroulements en cordelettes décorent le bord du toit, et
à l'arrière de la voûte sont postés, comme sur les tombeaux, deux chiens accroupis et adossés.

Monuments orientaux, sassanides et arabes.

35. **Aiguière en argent**, sassanide. Sur chacune des
deux faces, deux lions qui se croisent pour s'élancer
en sens contraire ; sur l'épaule de chacun de ces lions,
une étoile. Les deux groupes sont séparés, d'un côté,
par la représentation de l'arbre sacré verdoyant
nommé *hom*, de l'autre, par deux tiges desséchées du
même arbre. L'anse de l'aiguière a disparu.
36. **Coupe d'argent perse**, de l'époque sassanide, décorée d'un sujet en bas-relief doré et niellé : tigre marchant parmi les lotus au bord d'un fleuve. Diam. 25 cm.
42 et 43. **Deux disques sassanides** en argent doré. En

haut relief, des combats d'animaux réels et fantastiques ; au centre du plus petit, hyène dévorant une an-
tilope ; au centre du plus grand (mutilé), tête d'éléphant et hyène dévorant un cerf. Le long de la lèvre
intérieure court une inscription gravée à une époque

Fig. 86.

postérieure qui fait de ces disques des ex-votos d'un
roi Mithridate. Diam. 155 et 165 mill.

37. **Coupe d'argent doré**, de travail perse de l'époque
sassanide, décorée d'un sujet en bas-relief (Fig. 86). Le
milieu est occupé par une figure de la déesse asiatique
Nanæa ou Anaïtis, assise sur l'animal fantastique appelé *marticoras* par les auteurs anciens. Autour du
groupe central, huit personnages affrontés deux à deux

symétriquement : c'est le cortège des hiérodules (prêtres et prêtresses de la déesse). Ils portent des offrandes ou des instruments du culte en exécutant une danse choragique. Le groupe du haut est dominé par la figure symbolique du dieu Mên ou Lunus (buste humain dans un croissant). Les deux hiérodules en adoration devant lui sont vêtus d'une tunique sur laquelle s'enroule la ceinture à bouts flottants appelée *kosti*. Celui de gauche est, en outre, coiffé d'une tiare ronde d'où pendent les extrémités flottantes d'une bandelette et il tient un seau analogue au *hovan* des Mazdéens. Le groupe d'en bas, composé de deux femmes, est également surmonté du buste du dieu Mên ; elles portent la coiffure à bandelettes flottantes ; celle de gauche tient une patère remplie de fruits. Les groupes latéraux sont composés chacun d'un homme imberbe (sans doute un eunuque) et d'une femme. Les hommes tiennent, l'un, une branche de lotus et un oiseau (colombe ?), l'autre un long bâton et un pyrée ou *atechgah* portatif sur lequel brûlent des parfums. Les femmes qui leur font face sont voilées ; dans leurs mains, un encensoir à couvercle ajouré, une patère à godrons (la *ptalet*, dans laquelle les Parsis font des offrandes de lait), une sorte d'étui allongé et souple qui semble être en cuir gaufré et une pièce d'étoffe ou *mappa*. Diam. 25 cent.

40. **Coupe arabe** en métal de cloche, couverte d'incrustations d'or et d'argent dont les sujets sont des scènes de chasse (xiiie siècle).

35. **Coupe persane** en laiton ornée de damasquinures d'argent, représentant des arabesques, des oiseaux et des cartouches où se lisent des vers du poète persan Hafiz.

44. **Lampe arabe**, trouvée en Cilicie et portant en relief l'inscription suivante en caractères coufiques :

« Luis, ô lampe, et ne t'éteins pas ; éclaire de ta lumière et ne te renverse pas. »

Monuments divers.

38. **Aiguière en argent.** On lit sur le sol, en caractères niellés, la formule votive : VIVAS IN CHRISTO, QVINTA (Vase chrétien du ive siècle).

32. **Coupe en bronze**, du xie ou du xiie siècle, représentant diverses scènes de la jeunesse d'Achille, avec inscriptions inspirées de l'*Achilléide* de Stace ou copiées dans ce poème : 1. L'éducation d'Achille par le centaure Chiron. — 2. Thétis venant chercher le jeune Achille endormi. — 3. Arrivée dans l'île de Scyros de Thétis et d'Achille, celui-ci déguisé en femme. — 4. Découverte par Ulysse de l'identité d'Achille. — 5. Achille s'apprêtant à partir. — 6. Achille demandant la main de Déidamia. — 7. Au centre du bassin, le départ d'Achille (Fig. 87).

33. **Gémellion**. Bassin rond en cuivre doré et émaillé, muni d'un goulot en forme de tête de lion. Fond champlevé et émaillé. Travail de Limoges.

23. **Coffret de mariage** italien, en forme d'édicule hexagonal, en marqueterie de corne et d'ivoire. Le corps du coffret est orné de plaques d'ivoire représentant des scènes du roman de Pyrame et Thisbé.

21. **Coutelière en cuir**, du xve siècle. Elle est à trois étuis renfermant des couteaux de chasse à manches d'ivoire sculpté.

28. **Coupe de laiton** à large panse damasquinée d'argent, aux armes de Paulus de Urbe, évêque d'Isernia puis archevêque de Montréal en 1379 ; sur le bord, douze poissons.

26. **Règle de bois et couteau d'investiture**, de la fin du xiie siècle, renfermés dans un vieil écrin. Sur les

côtés de la règle, l'inscription suivante, écrite à l'encre, en minuscule du xiᵉ siècle : *Ebrardus et Hubertus de Spedona villa servi scilicet beate Marie Parisiensis per hoc lignum Fulconi decano rectum fecerunt in capitulo sancte Marie de conquestu antecessorum quem*

Fig. 87.

tenuerant suorum absque canonicorum permissione. Cette règle a ainsi servi de symbole dans une déclaration faite par deux serfs au chapitre de Notre-Dame. Sur le manche en ivoire du couteau, est l'inscription suivantes en caractères gothiques de la fin du xiᵉ siècle :

† HIC CVLTELLVS FVIT
FVLCHERI DE BVOLO *Per* QVE*m* WID
O DEDIT AREAS DROGON
IS ARCHIDIACONO ECCL*es*
IE *Sa*C*t*E MARIE ANTE E
ANDE*m* ECCL*esi*AM SIT[AS *Pro*]
ANNIVERSARIO [MATRIS SVE]

Cette inscription nous apprend que ce curieux couteau, appartenant à Foucher de Beuil, servit de symbole de transmission dans une donation faite à l'église de Paris, par un personnage nommé Gui, de terrains situés devant Notre-Dame, et qui avaient été la propriété de l'archidiacre Drogon. Le donateur voulait assurer, par ce don, la célébration d'un service annuel à la mémoire de sa mère. Ces deux curieux monuments proviennent du Trésor de Notre Dame de Paris, où ils furent conservés jusqu'en 1791.

Armoire-Vitrine IX

23. **Diptyque antique** provenant de la cathédrale de Bourges. Trois feuilles d'ivoire superposées et maintenues dans un cadre commun. Elles représentent les Muses, Apollon et Léda, et enfin une Bacchanale.

25. **Diptyque chrétien** du xiii* siècle. Cette feuille d'ivoire est en trois compartiments : 1º Le Christ sur son trône, entre la Vierge et saint Jean, debout, jugeant les vivants et les morts, qu'on voit à ses pieds, représentés nus, sous une sorte de voûte qui sert de *scabellum* au Sauveur. 2º Cinq personnages debout, tenant chacun un livre : peut-être Jésus et les quatre Évangélistes. 3º L'Adoration des Mages ; les trois Rois apportent des présents au Sauveur ; l'un d'eux s'age-

nouille et a déposé sa couronne ; derrière eux, un serviteur tenant les chevaux.

26. **Diptyque d'Anastasius Magnus**, consul en 518 (Flavius Anastasius Paulus Probus Moschianus Probus Magnus). De chaque côté du trône du consul, les figures de Rome et de Constantinople. Dans la partie inférieure, les libéralités faites au peuple par le consul entrant en charge : deux esclaves vident dans des boisseaux des sacs pleins de pièces de monnaie.

5. **Buste d'enfant** en marbre, de l'école florentine de la fin du xvᵉ siècle ; attribué à Donatello (Fig. 88.).

6. **Coffret en argent**, ayant appartenu à Franz de Sickingen, dont les armoiries paraissent en plusieurs endroits, au milieu des divers sujets qui décorent ce précieux monument. — *Sur le couvercle :* saint Michel frappant Satan ; au pourtour, scènes diverses : 1º Marcus Curtius, à cheval, se jetant dans l'abîme en présence des citoyens romains ; 2º l'enlèvement d'Hélène dans la barque de Pâris ; 3º Mutius Scævola se brûlant la main en présence de Porsenna ; 4º Lucrèce se poignardant ; 5º Pyrame et Thisbé ; 6º Judith et Holopherne. — *Au pourtour :* 1º Franz de Sickingen et sa

Fig. 88.

femme Hedwige de Flersheim prenant part à un banquet ; 2° divers épisodes de chasse ; 3° un tournoi ; 4° une chasse à l'épieu ; 5° promenade d'un seigneur et de sa suite en barque ; 6° combat à pied avec l'épée à deux mains. — Franz de Sickingen (1481-1523) fut un des plus puissants seigneurs du Rhin, dont Charles-Quint et François Ier se disputèrent l'appui et le suffrage. Le remarquable coffret exécuté pour lui, provient probablement d'une confiscation révolutionnaire ; déposé à la Monnaie pour être fondu, il fut heureusement oublié et envoyé au Cabinet des Médailles le 12 décembre 1796.

17. **Saint Antoine**. Bas-relief en bois, avec la signature de Lucas de Leyde (xvie siècle).

32. **Vieille femme assise**, les bras croisés. Curieuse étude d'écorché : la peau paraît avoir été enlevée sur toutes les parties du corps, à l'exception du dos. Bronze (Fig. 89).

7. **Grand hanap en ivoire** (xviie siècle) avec couvercle et pied en vermeil ornés de pierreries ; sur la panse, un combat de cavalerie. Ce vase fut légué par le maréchal de Lowendal à Louis XV. Sur le couvercle, l'empereur Léopold Ier (1658-1705), vainqueur des Turcs à la bataille de Vienne en 1683, terrassant le grand-vizir Kara-Mustapha. Sur le pourtour du vase, la mêlée de la bataille au milieu de laquelle on reconnaît les héros principaux de la journée : Sobieski, le duc Charles V de Lorraine, l'électeur de Saxe, Jean-Georges III, et le comte de Staremberg.

18. **Crosse de cuivre émaillé** de N.-D. de Paris ; au crosseron, un serpent replié sur lui-même et dévorant un monstre (le démon).

40. **Pommeau d'épée**, représentant le *Jugement de Pâris* ; dans le champ, IO. F. F., signature de Giovanni delle Corniole (1470-1516). — 16. **Sceau en argent**

de la reine Constance de Castille, seconde femme du
roi Louis VII le Jeune : recueilli dans le tombeau de
cette princesse à Saint-Denis. — 14. **Sceau en argent**

Fig. 86.

de l'Université de Paris, au XIII⁰ siècle. — 15. **Sceau
en argent** des Quatre-Nations de l'Université de Paris, au XVI⁰ siècle.

Salle de Luynes

Cette salle est ainsi dénommée pour consacrer le souvenir du duc de Luynes qui, en 1862, donna ses collections de médailles et d'antiques à la Bibliothèque nationale. Elle est ornée d'un grand buste en marbre de l'illustre Mécènes, exécuté par Bonnassieux d'après un moulage sur nature.

Le centre de la Salle est occupé par un admirable **torse en marbre d'Aphrodite Anadyomène**, de l'époque hellénistique (Fig. 90.) Le duc de Luynes l'acheta à Rome; c'est tout ce qu'on sait de la provenance de cette statue que, malgré ses mutilations, l'on regarde comme l'un des chefs-d'œuvre de la sculpture grecque. (Haut 1 mètre.)

A droite et à gauche de la statue, deux petites vitrines hautes contenant des camées et des bagues antiques, de très beaux bijoux phéniciens, grecs, étrusques et romains.

Sous la vitrine n° I, un grand trépied étrusque en
bronze (n° 1472). Le *lébès*, sans fond, est orné de mou-
lures et soutenu par six groupes de figures disposées alternativement par deux et trois personnages dans lesquels on reconnaît Héraclès avec Minerve ou Hébé,

Fig.

Dionysos avec Sémélé et Apollon, Aphrodite avec Adonis,
Hermès, Libera et Dionysos, les Dioscures Castor et
Pollux ; enfin Alcmène, Zeus et Rhadamante. Cette pro-
cession forme le couronnement des tiges du trépied.

Les tiges se rejoignent en faisceaux et forment trois pieds
terminés en griffes de lion reposant sur des tortues.
Trouvé à Vulci, en
1831 (Fig. 91).

Vitrine I

Camées : 227. **Achil-
le** ou Séleucus I Ni-
cator (Fig. 92). Tête
de profil imberbe
avec de légers favo-
ris, coiffée d'un cas-
que rond à cimier.
Sardonyx à deux
couches. Ce beau
camée a reçu tour à
tour les noms d'A-
chille, d'Alexandre,
de Séleucus Nica-
tor. — 238. **Drusus
le Jeune** — 123.
**Cérès et Triptolè-
me.** — 314. **Démos-
thène**, monture
moderne. — 16.
Hébé. Buste de pro-
fil. — 84. **Bacchant**
ou athlète. Buste vu
de dos, la tête, de
profil, ceinte d'un
diadème. Style grec

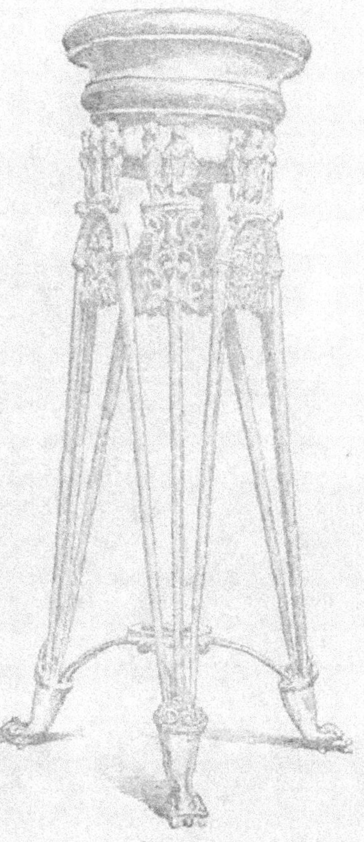

Fig. 91.

remarquable (Fig. 93.). — 67. **Sapho**, assise sur un
rocher. — 153. **Achille** vainqueur de la reine des
Amazones Penthésilée. — 250. **Tibère.** — 145. **Le**

devin Melampos guérissant les Prœtides. Le personnage qui domine la scène est Melampos représenté
barbu, la tête ceinte
d'une couronne de
laurier. Il tient de
la main gauche le
rameau lustral et,
de la main droite le-
vée, la victime ex-
piatoire, un jeune
porc dont il fait dé-
goutter le sang sur
la tête des malades
qu'il veut guérir.
Les trois filles du
roi Prœtos, Lysip-
pé, Iphinoe et Iphia-

Fig. 92.

nassa, sont assises devant lui dans des attitudes tour-
mentées. Celle qui reçoit sur la tête le sang du porc
est calme et résignée, la tête légèrement inclinée; ses
cheveux sont répandus sur
son cou, ses vêtements en
désordre. La seconde des
Prœtides, en proie à une
agitation fébrile, se dresse,
le buste fortement cambré,
s'arrachant les cheveux de
la main gauche, faisant de
la main droite un geste de
rage impuissante. D'Iphi-
noe on n'aperçoit que le
buste nu; la tête penchée

Fig. 93.

en avant, les bras inertes retombant presque jusque
sur le sol, elle succombe et meurt. Deux autres personnages complètent le tableau : à droite l'acolyte qui

porte l'eau lustrale; à gauche, une jeune fille, la nymphe de la source dont les eaux ayant des vertus curatives servent aux lustrations de Mélampos. Style grec du vi° siècle, travail très remarquable. Calcédoine à deux couches. — Prœtos, roi de Tyrinthe, avait trois filles qui se vantaient d'être plus belles que les Charites. Celles-ci, irritées et jalouses, les punirent de leur orgueil en les affligeant de la lèpre et en les frappant de démence. Les malheureuses se mirent à parcourir l'Argolide, l'Arcadie et le Péloponèse en se livrant à toutes sortes d'excentricités. Leur père, désolé, alla trouver le devin Mélampos, et le pria de rendre la raison à ses filles. Mélampos promit son concours à la condition que Prœtos lui donnât en paiement le tiers de son royaume. Prœtos refusa d'abord d'accéder à une semblable prétention; mais la folie de ses filles augmentant, il se vit contraint à recourir de nouveau à Mélampos qui, cette fois, se fit concéder un tiers du royaume pour lui-même et

Fig. 94.

un autre tiers pour son frère Bias. La légende arrange finalement tout pour le mieux en faisant épouser à Bias et à Mélampos les deux sœurs que ce dernier avait réussi à guérir. (Fig. 94). — 116. **Thétis** emportée par un Triton. — 54. **Vénus marine** emportée par deux hippocampes. Sardonyx.

Bijoux et bagues (Fig. 95). — 406. **Collier** formé d'une chaîne d'or tressée. Les fermoirs sont deux têtes de mulet en grenat. Le pendant est un *ombilic* d'or à surface granulée enrichi de grenats. — 408. **Collier** d'or trouvé à Milo. — 477. Paire de **pendants** d'oreille étrusques. — 520. **Anneau d'or**. Au chaton, en relief, *les Dioscures* tenant leurs chevaux. — 55o. **Fibule** sassanide ornée de grenats en incrustation cloisonnée. —

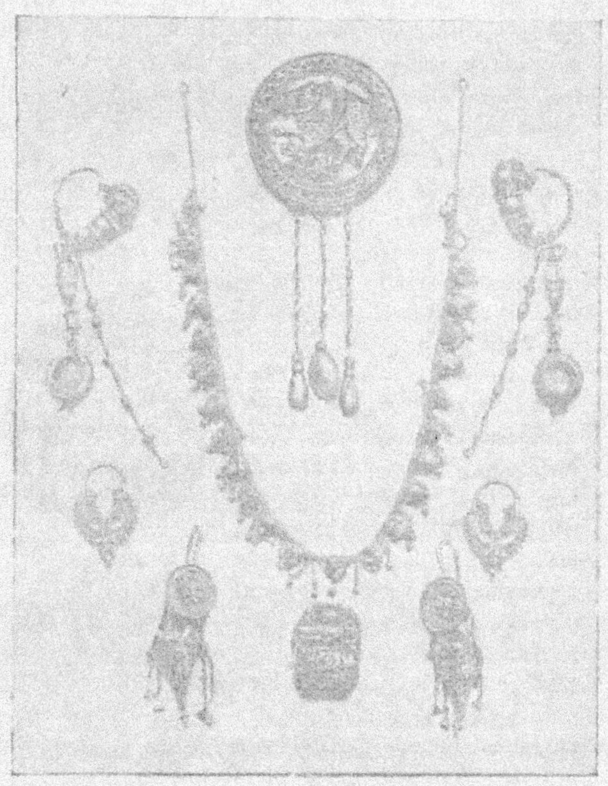

Fig. 98.

497. **Collier** trouvé à Canossa. Le fermoir est composé de deux têtes de jeunes taureaux en or. — 5o2. **Pendant de collier** étrusque représentant une tête de lionne. — 465. Paire de **pendants d'oreille** trouvée

en Syrie — 511. **Bracelet** trouvé en Syrie. — 544.
Plaque de collier en forme de corymbe épanoui. Sur
les pétales deux masques d'hommes coiffés du klaft,
deux têtes de taureau et deux mouches. Provient de
Milo. — 509. **Fragment de collier** ; corbeille ornée
de cordelettes granulées. — 510. **Bracelet** d'enfant
travaillé à jour, orné de perles et de saphirs. Trouvé
en Syrie. — 482. **Pendant d'oreille** italo-grec, d'une
délicate fantaisie, figurant une petite manne tressée en
or dans laquelle sont posés des fleurs et des oiseaux.
— 478. Paire de **pendants d'oreille** en or trouvés à
Tarente. — 522. **Anneau d'or**. Au chaton, en creux,
un *Dieu marin*. — 533. **Anneau d'or** ; au chaton, en
creux, la *Fortune* marchant au devant d'un roi à cheval. — 513. **Bracelet gaulois**, trouvé à Aurillac.

VITRINE II

Camées : 259. **Antonia**, femme de Drusus l'Ancien. —
155. **Amazone blessée**. — 232. **Octave**. — 150. **Laodamie** embrassant l'ombre de Protésilas. — 77.
L'éducation de Bacchus. Gé ou Rhéa, sortant de la
terre, confie le jeune Bacchus à un Satyre. — 38. **Diane
ou l'Aurore** dans son char.

Bijoux et bagues : 405. **Collier** trouvé à Tarente. — 499.
Collier de perles alternées avec des primes d'émeraude d'Égypte. Provient de Syrie. — 468. **Pendants
d'oreille**, trouvés à Milo. — 479. **Pendants** d'oreille
trouvés en Syrie : petits génies, dont l'un joue de la
lyre et l'autre tient des crotales. — 507. **Fibule** représentant un génie ailé jouant de la syrinx. Provient de
Syrie. — 500. **Collier** trouvé en Syrie formé d'émeraudes d'Égypte taillées en prismes. — 523. **Anneau
d'or** dont le chaton est formé d'un aureus de Lucius
Verus. — 501. **Pendant de collier**. Tête de femme

diadémée portant un collier et des pendants d'oreille.
Trouvé en Étrurie. — 470. **Pendants d'oreille**. Trouvés en Étrurie. — 515. **Anneau d'or** ; au chaton, en
creux, *Aphrodite d'Aphaca* (Cœlesyrie), assise et voilée, la tête appuyée sur sa main et pleurant. — 471.
Paire de **pendants d'oreille** trouvés en Syrie. — 519.
Anneau d'or. Au chaton, en creux, Philoctète tenant
l'arc d'Hercule.

Fig. 96.

Derrière le grand torse d'Aphrodite Anadyomène, dans
le fond de la Salle, une *Armoire-vitrine* (n° III), à trois
pans, renferme la plus grande partie des Vases peints de
Luynes. Elle est surmontée d'un énorme acrotère en
terre cuite peinte (n° 780) représentant une tête de lion,
et provenant des fouilles entreprises par le duc de Luynes aux ruines de Métaponte.

Le corps inférieur de cette armoire-vitrine sert, pour
ainsi dire, de cadre à une *Commode-médaillier* (Fig. 96.)
et à deux encoignures-médailliers, en bronze doré, qui
sont des chefs-d'œuvre de l'art du meuble sous Louis XV ;
la commode centrale, dessinée par les frères Slodtz, a été

exécutée par l'ébéniste Gaudreaux en 1739; les encoignures n'ont été faites que plus tard, en 1755, par Jouber. Ces meubles somptueux, qu'on pourra peut-être trouver un peu surchargés de bronzes ciselés, faisaient partie du mobilier de la chambre à coucher du roi Louis XV, lorsque le Cabinet des médailles se trouvait au château de Versailles. Ils renfermaient les médailles du règne.

À droite de ces commodes médailliers, une grande armoire formée de panneaux chinois dont la décoration se compose de figures de jade en relief plat. Ces panneaux ont été montés par Boulle dans de larges cadres agrémentés d'incrustations de cuivre sur écaille. Au château de Versailles, cette belle armoire renfermait une partie de la collection numismatique de Louis XIV.

En face, c'est-à-dire à gauche des commodes-médailliers, une autre armoire qui provient aussi du mobilier du Cabinet de Louis XIV, est faite de précieux panneaux en laque de Coromandel.

À gauche, dans l'entre-fenêtres, une troisième armoire-médaillier : celle-ci, à deux corps et de forme très élégante, exécutée pour le duc Philippe d'Orléans le Régent), par Charles Cressent. Le duc Louis d'Orléans, fils du Régent (1703-1752) l'ayant reçue en héritage, elle passa avec les collections qu'elle renfermait à l'abbaye de Sainte-Geneviève, lorsque en 1742 ce prince se retira dans ce monastère. L'armoire de Cressent fut enfin transférée au Cabinet des Médailles en 1792. On la voit surmontée d'un buste du duc Louis d'Orléans par Cressent qui ne faisait pas partie de sa décoration primitive; il fut exécuté en 1754.

Armoire-Vitrine III.
Vases peints de Luynes.

La collection céramique du duc de Luynes est l'une

des plus célèbres qu'amateur ait jamais constituée, à
cause du goût et de la science qui ont présidé à sa sélection, au temps où, vers le milieu du XIXe siècle, se
pratiquaient les grandes fouilles des nécropoles de
l'Étrurie et de la Grande Grèce.

Les formes élégantes de ces vases grecs et étrusques,
l'extrême habileté du dessin des figures qui les décorent,
parfois les signatures des artistes qui les ont exécutés,
enfin l'intérêt mythologique et archéologique des scènes
représentées : tout concourt à donner à ce choix de vases peints un intérêt exceptionnel. Dans la haute-vitrine
qui surmonte les commodes Louis XV, nous signalerons,
entre autres, les vases suivants :

421. Fragment de cratère à peintures rouges : **Thésée
attaquant l'Amazone Antiope**; derrière le héros,
Phalerus.

251. Stamnos. **La dispute du trépied**. Héraclès emporte le trépied et se retourne vers Apollon. Auprès
des deux adversaires, Artémis et sa biche.

277. Lécythe à peintures noires. **Persée et les Gorgo-
nes** Persée, vêtu d'une courte tunique, chaussé de
bottines ailées, porte à son bras gauche la cibisis dans
laquelle est renfermée la tête coupée de Méduse,
comme l'indique le sang qui en découle. Le héros
court vers Hermès. Derrière Persée, Pallas, casquée,
vêtue d'une tunique talaire et de l'égide, appuyée sur
sa lance, regarde Sthéno et Euryale, qui arrivent au
secours de leur sœur ; vêtues de courtes tuniques,
chaussées de bottines ailées, elles ont aux épaules de
grandes ailes, de l'attache desquelles partent des serpents. Devant Pallas, le tronc décapité de Méduse,

443. Hydrie. **Apollon, Artémis, Latone et Hermès.**

254. Hydrie. **Apothéose d'Héraclès**. Héraclès barbu,
la tête nue et ceinte d'une bandelette, vêtu d'un am-

ple manteau et tenant sa massue, est monté dans un
quadrige. Près de lui, l'aurige Iolas. A côté du char,
Pallas, Apollon citharède et Hermès. Signature d'artiste : *Panthaios*.

227. Amphore. **Thésée tuant le Minotaure** Thésée
saisit par une corne le monstre qui le menace d'une
pierre. Une jeune Athénienne et un éphèbe assistent
à la scène. ℞. Quadrige vu de face, monté par un hoplite et un aurige vêtu d'une tunique blanche.

202. Amphore à peintures noires et violettes. Fabrique
chalcidienne; dessin des plus remarquables. **Combat
d'Heraclès et de Geryon**. Héraclès lance des flèches ;
Géryon a trois têtes, six bras et deux grandes ailes.
Aux pieds des combattants, le chien Orthros, éventré
par Héraclès. Près de Géryon, gît le berger Eurytion,
percé d'une flèche dans le dos. Derrière Héraclès, et
à gauche de la scène, Pallas debout, tête nue, vêtue
d'une étroite tunique de pourpre et d'une égide. Derrière elle, le troupeau de Géryon, composé d'un taureau blanc et de quatre génisses noires et pourpres.
Entre ce troupeau et Géryon, un quadrige, vu de face,
conduit par Iolas vêtu en hoplite. De chaque côté du
quadrige, grand oiseau de proie volant.

223. Amphore. **Heraclès et Géryon**. Héraclès vêtu
d'une courte tunique et de la dépouille du lion dont
la tête lui sert de casque, décoche une flèche contre
Géryon. Derrière le héros, Pallas. Géryon est représenté par trois guerriers combattant côte à côte. Chacun d'eux est armé d'un casque béotien, d'une cuirasse, de cnémides, d'un bouclier argien et d'une
lance. Devant Géryon, à terre, le chien bicéphale Orthros percé de flèches.

442. Calpis à peintures rouges. 1° **Dionysos et son
thiase**. 2°. **Expédition des Argonautes** (à la frise
du vase). Polydeucès, qui vient de lutter au pugilat

contre Amycus, est assis sur une amphore, tenant un strigile. Le roi des Bébryces est lié à un rocher par son vainqueur. Un des Argonautes vient puiser de l'eau à la fontaine dont Amycus interdisait l'approche. Plus loin, Calaïs et Zétès, ailés, appuyés sur leurs lances ; enfin Jason appuyé sur une rame ; derrière lui on distingue le navire Argo.

171. Amphore à peintures noires. **Apollon tuant Ischys et Coronis**. Apollon dans un bige de chevaux ailés, poursuit de ses flèches un homme (Ischys) et une femme (Coronis).

222. Amphore. **La dispute d'Athéna et de Poseidon**. Peintures noires, signées d'*Amasis*. Athéna debout, casquée, vêtue d'une tunique parsemée d'étoiles, l'égide sur la poitrine, tient une lance et discute avec Poseidon qui est armé du trident.

229. Amphore. **Réunion des dieux de l'Olympe**. Zeus, assis, tient le sceptre et le foudre. Devant lui, Héra debout, puis Arès assis. Derrière Zeus, Athéna et Hermès debout.

257. Hydrie. **Les noces de Dionysos et d'Ariadne.**

256. Hydrie. **Thésée enlevant Hélène**. Thésée casqué, armé de deux javelots, les jambes munies de cnémides, tient dans ses bras Hélène vêtue d'une tunique talaire et d'un péplos. A gauche, les Apharéides Idas et Lyncée, armés, et dont les boucliers ronds offrent pour épisèmes un faucon et un épervier, combattent pour donner à Thésée le temps de porter Hélène jusqu'au quadrige dont on aperçoit les chevaux à droite. Sur la frise, les Dioscures, en présence de Pallas, combattent ces mêmes Apharéides pour leur enlever leurs fiancées Phœbé et Hiléaira.

418. Cratère. **Poseidon et Thésée**. Poseidon, barbu, couronné de plantes marines, vêtu d'une longue tunique brodée et d'un ample manteau, est assis sur un

trône. Il tient son trident de la main gauche et serre
dans sa droite celle de Thésée, vêtu d'une courte tunique sans manches. Der-
rière le trône de Posei-
don, Amphitrite diadé-
mée, vêtue d'une tunique
talaire et d'un peplos,
tresse une couronne pour
Thésée (Fig. 97.). — *B.*
La nymphe **Salamis**, **Hébé et Iris** assis.

Fig. 97.

846. *Intérieur.* **Poseidon et
Polybotés.** Poseidon, diadémé, barbu, vêtu seulement d'une chlamyde, blesse de son trident le géant
Polybotés sur lequel il fait tomber en même temps un
bloc de terre habité par des reptiles et un renard qui
s'enfuit précipitamment : c'est l'île de Nisyros. Le géant
barbu, armé d'un casque, d'une cuirasse et d'un bouclier, est blessé à la cuisse. Il s'appuie sur le genou
gauche et tire son épée d'une main mourante. — *Extérieur.* **Gigantomachie.** Six groupes de combattants :
1º Hermès, tête nue, vêtu d'une courte tunique, menace de son épée le géant Hippolytos imberbe, appuyé
sur le genou droit et tenant son épée. — 2º Dionysos
barbu, couronné de lierre, menace de sa lance un
géant qu'il a enlacé dans un sarment de vigne. — 3º
Pallas tuant le géant Encelade. — 4º Héphæstos portant dans des tenailles deux masses de fer brûlant ; il
en applique une sur l'épaule du géant Clytios. — 5º
Poseidon et Polybotés, répétition du groupe peint à
l'intérieur de la cylix. 6º Apollon menaçant le géant
Ephialtès déjà terrassé.

424. Oxybaphon. **Déméter, Perséphone et Triptolème.**
Triptolème, lauré, imberbe, va monter sur son char
ailé. Dans sa main droite sont des épis ; dans la gau-

che un sceptre. Déméter, vers laquelle il se tourne, est
coiffée d'un cécryphale, vêtue d'une tunique talaire.
Elle tient deux flambeaux allumés et en offre un à Triptolème. Derrière elle, Perséphone, vêtue de même,
apporte la charrue.

Auprès de la fenêtre de droite, au-dessus de l'armoire à panneaux chinois, on remarquera (n° 422) un
magnifique cratère en terre cuite, à figures rouges :
Face A. **Jugement de Pâris**. Au centre, Pâris assis.
Devant lui, Hermès debout, appuyé sur un arbre, lui
fait connaître la volonté de Zeus. Derrière Pâris, Aphrodite assise tenant sur ses genoux un lapin. Derrière
Hermès, Héra assise, se regardant dans un miroir. Au-
dessous d'elle, Pallas lave ses bras nus à une fontaine.
— *Face B*. **Ulysse évoquant l'ombre de Tirésias**.
Ulysse barbu, nu, est assis sur un monceau de pierres,
recouvertes de son manteau, au bord de la fosse qu'il a
creusée et dans laquelle doivent venir s'abreuver les
morts. A ses pieds, la tête d'une brebis et celle d'un bélier qu'il a égorgés et dont Tirésias doit boire le sang
avant de prédire l'avenir. L'ombre de Tirésias sort de
terre : on ne voit que sa tête, barbue, aveugle. Il a or-
donné à Ulysse de retirer son épée pour qu'il puisse
boire le sang des victimes ; le roi d'Ithaque lui obéit.
Près d'Ulysse, ses compagnons Périmédès et Eurylo-
chos. Trouvé à Pisticci, (Basilicate) en 1843.

ARMOIRE-VITRINE IV

Cette vitrine renferme quelques vases peints, des terres cuites, des verres antiques et des bronzes.

I. — Vases peints.

357. Amphore à peintures rouges. **Dionysos et son thiase.**

440. Hydrie. **Zeus confie le jeune Iacchos aux Hyades.**

918. **Les adieux d'Admète et d'Alceste.** Alceste, coiffée d'une sphendoné, vêtue d'une tunique talaire et d'un péplos, jette ses deux bras au cou d'Admète lauré, vêtu d'un ample manteau. Derrière Admète un génie ailé, barbu, à la chevelure hérissée, qui tient un serpent dans chaque main, et s'avance à grands pas, d'un air menaçant ; il est devant l'entrée des enfers. De l'autre côté, le Charon étrusque, barbu, à cheveux hérissés, à larges oreilles, vêtu d'une courte tunique sans broderie et chaussé de bottines ailées.

573. Cylix. **Poseidon tuant le géant Polybotès.** inscription : ὁ παῖς καλός.

539. Cylix. **Thétis et Pélée.** A l'extérieur, scène dionysiaque.

818. Cylix **Pélée et Atalante.**

821. Cylix, *Intérieur.* **Éros et Gaia.** Éros nu, ailé, plane au-dessus de Gaia (la Terre), représentée par une femme de stature colossale, vue à mi-corps. — *Extérieur.* De chaque côté, un gymnasiarque entre deux éphèbes nus. Dans chaque scène, le gymnasiarque, enveloppé dans son manteau, tient dans la main droite un sac contenant une éponge.

512. Cylix. **Scènes de combats** entre héros grecs.

320. Cylix. — *Intérieur.* **Dionysos et son thiase.** Au centre, le Gorgoneion ; au pourtour, des Satyres et des Ménades faisant la vendange à laquelle préside Dionysos monté sur un mulet. — *Extérieur.* Satyres et Ménades.

1066. Cylix. — *Intérieur* : **Pasiphaé** assise, tenant sur
ses genoux le Minotaure. — *Extérieur* : Satyres et
Ménade.

576. Cylix. **Dionysos** jouant de la lyre.

219. Petite amphore à figures noires. **Naissance de
Dionysos**. Inscriptions : καλος Διος ̣φος.

849. Canthare à figures rouges. **Bacchanale**.

2. — Monuments divers.

On remarquera dans cette vitrine des statuettes de terre
cuite, des verres irisés, quelques bronzes et de petits
monuments d'albatre, parmi lesquels un petit **bas-relief** de calcaire friable, qui représente un Génie perse
fantastique : c'est un *kéroub* (chérubin) à cornes d'æga-

Fig. 98.

gre, à oreilles de taureau, à corps de lion ; il a des
ailes et ses pattes de devant sont celles du lion, tandis que celles de derrière sont des griffes d'aigle. Les
sculptures de Suse et de Persépolis présentent des
monstres analogues (Fig. 98.)

450. **Grande statuette du dieu Aristée,** portant un bélier sur ses épaules, prototype du Bon Pasteur chrétien (Fig. 99.). Cette statuette, de grandes proportions, a été trouvée à Rimat (Syrie), en 1849. Elle ornait un *sacellum* voûté, en même temps que le buste d'Hélios signalé plus haut (n° 597).

664. Statuette en pierre calcaire représentant la *Venus d'Aphaca*, à demi couchée et pleurant la mort d'Adonis.

2297. **Tablette de bronze de Dali ;** l'un des plus importants monuments de l'épigraphie cypriote ; l'inscription est un décret rendu par Stasicypros, roi d'Idalium vers 450 avant J.-C. : il y est décrété des

Fig. 99.

récompenses au médecin Onasilos, fils d'Onasicypros, en raison des services rendus par lui, au cours d'une guerre récente soutenue contre les Perses. Les caractères, en écriture cypriote, gravés sur les deux faces de cette plaque, sont d'une remarquable netteté.

ARMOIRE-VITRINE V

Épée mauresque de la fin du xv° siècle, connue sous le nom d'**épée de Boabdil.** Sur les garnitures, le pommeau, la poignée et les quillons retombant formés par des trompes d'éléphants, on distingue de beaux ornements en filigrane. Sur les viroles, les médaillons et les écussons émaillés, on lit en écriture coufique : « Il n'y a vainqueur que Dieu », devise des rois de Grenade répétée en lettres de filigrane d'argent sur le fourreau de maroquin. Sur la lame, un *perillo* (petit chien), marque de l'armurier. On peut conjecturer que cette belle arme a appartenu, sinon à Boabdil, le dernier roi maure de Grenade, du moins à l'un des princes de la dynastie des Beni-Nasr. Quelques épées de même époque sont conservées dans des collections espagnoles. (Fig. 100.)

Fig. 100

368. **Bas relief étrusque** en terre cuite, de très ancien style, représentant un *guerrier dans un char attelé de deux chevaux*. L'aurige a une cuirasse ornée de spirales et d'une fleur de lotus ; il est coiffé d'un casque surmonté d'un apex ; le guerrier, debout près de lui, a un casque à haute *crista*, une lance et un grand bouclier rond orné d'un aigle, les ailes éployées ; au-dessus des chevaux, un aigle volant ; le harnais des chevaux, très intéressant, est orné d'une tête de griffon.

364. **Coupe sassanide** en argent, avec des reliefs dorés qui représentent le roi Chosroés II, à cheval, dans une partie de chasse, galopant et lançant des flèches sur

des sangliers, des buffles et des antilopes. (Fig. 101.)

779. Figure grotesque en terre cuite dans laquelle on a
voulu voir une caricature de Jésus-Christ, avec des
oreilles d'âne et portant le livre des Évangiles sous son
bras.

2023. **Casque** en forme de bonnet phrygien, (casque

Fig. 101.

d'Atys) orné de figures et d'ornements au repoussé, parmi lesquels on distingue sept croix gam-
mées (*swastika*). Trouvé à Herculanum au siècle dernier, ce beau casque a fait partie des collections de
Caylus (Fig. 102.).

117. **Buste radié du Soleil**. Trouvé à Rimat, en Syrie.

710. **Méduse**. Grande tête de face, en haut relief, avec
ailerons aux tempes, à laquelle est suspendu un anneau mobile. Marteau de porte.
Parmi les bronzes :

35. **Ganimède** assis sur un rocher, tenant d'une main
son pedum et regardant l'aigle qui est à côté de lui. —

Fig. 102.

250. **Venus** à sa
toilette sur le
bord d'un bas-
sin, elle tient un
miroir et met du
fard à sa chevelu-
re; deux Amours
sont à ses pieds.
— 263. A**phro-
dite Melænis**
debout, dans une
attitude hiérati-
que, les cheveux
calamistrés, vê-
tue du chiton et
de la diploïs;
d'une main elle tient une pomme et de l'autre le bord
de son vêtement. Style archaïsant.

942. **Rétiare** debout, combattant; le *subligaculum*
est fixé autour de ses reins par une large ceinture;
son bras gauche est protégé par un brassard (*manica*);
des deux mains il tient son trident (*fuscina*), et il paraît attendre de pied ferme le mirmillon, son adver-
saire. (Fig. 103.)

929. **Athlète** debout, nu, imberbe; les yeux sont incrustés d'argent. Les bras manquent. Époque romaine.

928. **Athlète** debout, nu et imberbe. Excellent style
grec. — 822. **Alexandre le Grand** en héros, nu, debout, casqué.

2013. **Casque à nasal** ; une garniture de clous d'argent
borde le contour des yeux et de la face jusqu'à l'oreille.
Sur le frontal, un bas-relief représentant la lutte de
l'Héraclès Tyrien et de l'Apollon Scythique pour la
possession de la biche sacrée. Trouvé à Vulci, dans
le tombeau d'un guerrier étrusque.

Dans le compartiment inférieur de la même vitrine :

Fig. 103.

Oliphant de travail européen du xie siècle, exécuté
sous l'influence de la tradition asiatique et arabe. Sur
six zones sont représentés, en relief, le Bon Pasteur
et des animaux fantastiques. L'étui, en cuir, est aux
armes de la reine Blanche de Castille. Ce monument
provient de la Chartreuse de Portes (Ain).

Les *vitrines basses* de la Salle de Luynes contiennent un

grand choix de Monnaies grecques et romaines prises
à la fois dans l'ancien fonds et dans la collection de
Luynes, disposées de manière à constituer pour le visiteur un résumé de l'Histoire de la Monnaie dans
l'Antiquité. Elles seront décrites et expliquées dans le
Guide numismatique.

PRINCIPALES PUBLICATIONS
SUR LE CABINET DES MÉDAILLES

Recherches sur les origines du Cabinet des médailles et particulièrement sur le legs des collections de Gaston d'Orléans au roi Louis XIV, par A. Chabouillet (1874, in-8°, 82 p.; extr. des *Nouv. Archives de l'art français*, t. II).

Histoire du Cabinet des médailles, antiques et pierres gravées, par Marion Du Mersan, nouv. éd. (1840, in-8°, xvi-192 p.)

Le Cabinet des médailles et antiques de la Bibl. nat., étude documentaire (S. d., gr. in-8, p. 309-390 ; extr. du *Musée*).

Le Cabinet des Antiques, par J. de Foville (extr. de *Les Arts*, mars 1913), in-4°, 18 p.

Le salon Louis XV au Cabinet des Médailles, par E. Babelon, (extr. de la *Revue de l'Art ancien et moderne*, 1919) 11 p. in-4°.

Le Nouveau Cabinet des Médailles, par J. Babelon, (extr. de *La Renaissance de l'art*), 11 p. gr. in-8°.

Le Cabinet des Antiques à la Bibliothèque nationale. Choix des principaux monuments de l'antiquité, du moyen-âge et de la renaissance conservés au département des médailles et antiques, par E. Babelon (1887, in-fol., xix-225 p. et 60 pl.).

Notice sommaire des principaux monuments exposés dans le département des médailles et antiques de la Bibl. nat., par A. Chabouillet (1889, in-8°, xii-165 p.).

Guide illustré au Cabinet des médailles et antiques de la Bibliothèque nationale. Les antiques et les objets d'art, par E. Babelon (1900, in-8°, xv-368 p.).

Catalogue des monnaies grecques de la Bibl. nat., par E. Babelon. *Rois de Syrie, d'Arménie et de Commagène* (1890, gr. in-8°, ccxxii-268 p. et pl.) — *Perses Achéménides, satrapes et dynastes tributaires de leur empire, Cypre et Phénicie* (1893, cxciv-412 p. et 39 pl.).

Catalogue de la collection de Luynes. Monnaies grecques, par Jean Babelon (Paris, 1924 et suiv., in-4°).

Invent. somm. de la collection Waddington, par E. Babelon (1898, in-8°, xv-376 p. et 21 pl.).

Les monnaies grecques et romaines de la coll. Valton [1], par J. de Foville (1912, in-8°, 290 p. et 7 pl.).

Catalogues des monnaies gauloises de la Bibliothèque nationale par E. Muret et A. Chabouillet (1889, in-4°, xxvii-327 p.). — *Atlas*, par H. de La Tour (1892, in-fol., iv-12 p. et 55 pl.).

Catalogue des monnaies françaises de la Bibliothèque nationale, par M. Prou. *Monnaies mérovingiennes* (1892, gr. in-8° cx-630 p., 36 pl. et 1 carte) — *Monnaies carolingiennes*, (1896, lxxxix-183 p., 23 pl.).

Catalogue des monnaies françaises de la Bibliothèque nationale, par A. Dieudonné. *Les Monnaies capétiennes de Hugues Capet à Saint Louis* (1923, gr. in-8°, xciv-87 p., 18 pl.).

Catalogue des jetons de la Bibliothèque nationale. Rois et reines de France, par H. de la Tour (1897), gr. in-8°, xlvi-304 p., 36 pl.).

Catalogue de la collection Roayer léguée en 1897. Jetons et méreaux, par Henri de la Tour (1899-1910, in-8°, xviii-301 et 468 p., pl.).

Catalogue des monnaies et médailles d'Alsace de la collection Henri Meyer, donnée au *Cabinet des médailles*, par M. Carlos de Beistegui (1902, in-8°, xii-31 p., pl.).

Catalogue de monnaies et de médailles de l'Amérique du Nord de 1652 à 1858, offertes par A. Vattemare (1861, in-12, 135 p.).

Catalogue des monnaies musulmanes, par H. Lavoix, *Khalifes orientaux* (1887, gr. in-8°, lv-448 p. et 18 pl.). *Espagne et*

---

1. Il a paru dans la *Revue numismatique* diverses notices de MM. Babelon, Prou, Dieudonné et de Foville sur des monnaies grecques, romaines ou du moyen âge acquises, isolément ou en séries, par le Cabinet de France. Voy. notamment années 1896, p. 425 ; 1902, p. 452 ; 1903, p. 272, 350 ; 1904, p. 103 ; 1908, p. 1, etc. ; 1911, p. 293 1910, 1920 ; ces notices ont fait l'objet de tirages à part ; quelques-unes d'entre elles ont en outre été réunies en un fascicule intitulé : *Département des médailles et antiques de la Bibl. nat. Dons et acquisitions*, 1907-1908 (1909, in-8°, 112 p., 5 pl.).

Afrique (1891, XLVII-571 p. et 14 pl.). *Egypte et Syrie* (1896, gr. in-8°, IX-562 p. et 10 pl.).

Catalogue des plombs de l'antiquité, du moyen-âge et des temps modernes, par Michel Rostovtsew et Maurice Prou (1900, in-8°, 416 p. et 12 pl.).

Les monuments sabéens et himyarites de la Bibliothèque nationale, par H. Derenbourg (1804, in-16, 45 p., pl.).

Catalogue des monnaies de l'Élymaïde, par Allotte de la Füye (1905, in-4°, 67 p., 5 pl.).

Catalogue général et raisonné des camées et pierres gravées... suivi de la description des autres monuments exposés dans le Cabinet des médailles et antiques, par M. Chabouillet (s. d. in-16, VIII-634 p.).

Catalogue des cylindres orientaux et des cachets assyro-babyloniens, perses et syro-cappadociens de la Bibl. nat., par L. Delaporte (1910, gr. in-8°, LI-384 p. et album de 38 pl.).

Catalogue des camées antiques et modernes, par E. Babelon (1897, in-8°, CLXXIX-462 p. et album de 76 pl.).

Collection Pauvert de la Chapelle. Intailles et camées. Catalogue par E. Babelon (1899, in-8°, XXIV-62 p. 10 pl.).

Catalogue des bronzes antiques, par E. Babelon et A. Blanchet (1895, in-8°, 800 p.).

Le trésor d'argenterie de Berthouville, par E. Babelon (1916, in-fol., 156 p. et 34 pl.).

Catalogue des vases peints, par A. de Ridder (1902-1904, 2 vol. in-4°, XVI-716 et 455 p. et 22 pl.).

Le tombeau du roi Childéric, par E. Babelon (1923, in-8°, 112 p.).

Ce Guide a été rédigé sous la direction effective de
M. E. Babelon, conservateur du département, et les
dernières feuilles corrigées dans les premiers jours de
l'année 1924.

Itinéraire du Visiteur

PREMIÈRE SALLE
Galerie des Donateurs
(Salle des colonnes)

DEUXIÈME SALLE

Salon du Grand Camée

Index